KB181832

한국 고대 숟가락 연구 2

한국 고대 숟가락 연구 2

정의도 지음

경인문화사

책머리에

『한국고대숟가락연구』를 2014년에 간행하였으니 6년이 지났다. 숟가락은 워낙 흔한 물건이고 지금도 우리가 들고 밥을 먹는 것인데 무슨 그리 할 말이 많으냐고 묻는 분들도 많았다. 사실 뭐 하나에 대하여 바로 아는 것도 어렵고 다 알기는 불가능한 것이라고 생각한다.

숟가락에 대하여 본격적인 관심을 가지게 된 것은 고성 신전리 조선시대 분묘 조사에서 적지 않은 숟가락이 출토된 이후이다. 그런데 고려나 조선시대 분묘에서 출토되는 숟가락을 살펴보면 술잎이 거의 닳아 남아 있지 않은 것도 포함되어 이렇게까지 썼을까 싶은 경우도 없지 않다. 당시 사람들의 고된 삶이 한순간 다가오면서 잡힐 듯도 한 순간이 있는 것이다. 사람이 살아가면서 정말 중요한 것은 먹는 것이구나 하는 생각이 절로 들어 밥을 먹을 때 빼놓을 수 없는 숟가락 공부가 나름 의미가 있다고 더 열심히 하는 게 좋지 않겠냐고 나를 다독거린다.

하긴 사람은 먹지 않고는 살 수 없는 동물이라 먹을 것을 가지고 또는 더 먹겠다고 또는 더 잘 먹겠다고 끊임없는 투쟁을 이어왔고 지금도 진행 중이다. 「목구멍이 포도청」 「세 끼 굶으면 군자가 없다」 「눈물은 내

러기고 숟가락은 올라간다.라는 말들은 모두 먹어야 하는 우리 인간들의 숙명을 나타낸 말이다. 그런 점에서 필자가 우리 인간들의 삶을 이해하는 도구로서 주목한 것이 숟가락이고 유적으로서는 성곽이며 행위로서는 제사이다. 직접 음식을 떠먹는 도구로서의 숟가락, 먹는 것과 가족과 나라를 지키기 위한 성곽, 그리고 좀 더 잘 먹고 풍년이 들고 무사히 난국을 이겨 나가기를 기원하는 것이 제사라고 고대사회를 이해하는 개념으로 품게 되었다. 어쨌거나 공부를 하는 사람이니 관심의 결과는 당연히 글로서 생각한 주제에 대한 논증의 결과를 쌓아가야 하는데 마음만 뻔하고 축적되는 성과는 별로 없으니 한심한 생각도 든다.

우리나라 고고학은 대체로 고분 전공자가 많고 선사시대 전공자가 다음인 듯 하고 시대는 대체로 통일신라까지 연구하는 것이 주류를 이룬다. 우리나라 고고학 연구를 대표하는 한국고고학회에서는 고려나 조선시대를 주제로 학회를 개최한 적이 없고 우리 지역의 영남고고학회에서는 수년전에 중세고고학 워크숍을 한번 개최한 것이 전부로 고려시대, 조선시대 고고학 연구에는 별 다른 관심이 없다. 어쩌면 많은 고고학 전공자들이 고려시대나 조선시대는 고고학 연구의 대상이 아니라고 생각하고 있는지 모르겠다.

필자는 삼국시대 무덤이나 무덤에서 출토되는 유물이 고고학 연구대상이라면 고려시대, 조선시대 무덤이나 무덤에서 출토되는 유물도 당연히 고고학 연구대상이라고 생각한다. 유구와 유물을 통하여 당시의 시대상을 복원하고 인간을 이해한다는 고고학 연구 목적은 시대를 가리지 않는 것이다. 다행히 2014년을 지나면서 현재 발굴 조사되고 있는 유적의 반 이상이 고려·조선시대인 현실적인 이유와 이 시대 연구를 보다 활성화시키기 위하여 중세고고학회의 설립이 필요하지 않을까 하는 여러 연구자들의 논의가 있었다. 그런 과정 끝에 2016년 한국중세고고학회 발기인대회를 거쳐 2017년 3월에 정식으로 한국중세고고학회가 출범하였고 필자는 나이 덕분에 회장으로 선출되었다.

중세고고학 연구는 주된 연구대상 시대가 고려시대와 조선시대이며 고고학적 연구가 그 본령이다. 마침 필자의 숟가락 연구는 삼국시대와 통일신라시대에도 걸쳐 있지만 고려시대와 조선시대에 연구량이 더 많다. 그것은 남아 있는 자료가 많기 때문이지 근본적인 고고학 연구 방법이 시대를 따라 달리 적용되는 것은 아니다.

한국중세고고학회의 출범으로 같은 시대를 문헌으로 공부하는 한국 중세사 전공자들을 많이 만나 문헌을 해석하는 새로운 세계를 접하였고 그 해석의 남다른 경지도 볼 수 있었다. 또한 고려 건국 1100주년을 기념하여 국립해양박물관에서 한국중세사학회와 우리 한국중세고고학회가 공동으로 개최한 학회에서 해상교통로연구, 무역교류, 종교활동 등 다양한 주제에 대하여 문헌사적 접근과 우리나라 수중 침몰선에서 출수된 화물표에 대한 해석도 정치하고 다양한 문헌사 연구 성과를 확인하는 계기도 되었다. 사실 이번에 실린 고려전기 숟가락에 관한 글은 중세사학회에 참석하였다가 든 생각을 정리한 것이며 중세고고학회 주제발표와 학보 발간 과정에서 고고학 전공자로서 문헌사에 마냥 무지할 수는 없겠다는 생각이 좀 더 절실해진 것도 사실이다.

사실 한국중세고고학회를 창립하게 된 배경에는 중세고고학 연구자들과 중세사 연구자들이 모여서 토론하는 가운데 서로의 간극을 좁혀가면서 도달할 수 있는 접점이 있지 않을까 하는 기대가 컸다. 창립 30년이 넘는 한국중세사학회에 비하면 한국중세고고학회는 이제 3년을 넘기는 신생학회이니 그 연구 성과의 축적이라는 것은 그야말로 미미한 형편이라 고고학 분야에서는 배워야 할 것이 아주 많은 상황인 것이다. 중세사 연구자들과 접하면서 중세사 연구 성과를 고고학 연구의 지평을 더 넓혀가는 계기로 삼는 작업이 절실하다고 생각하게 되었다.

아무튼 이렇게 대단치도 않은 숟가락 연구 결과를 다시 세상에 내놓는 것은-중세사 연구 성과가 일부라도 반영되어 있기를 바라지만- 이 연구로 우리들의 삶의 방식이 좀 더 다양한 관점에서 이해되기를 바라는 마음이며 또한 고고학 연구 대상이 특정 시기나 유적, 유물 될 수 없다는 것을 알아주었으면 하는 바람에서이다. 아무쪼록 조금이나마 필자의 기대가 이루어지기를 바라면서 다음에 기회가 있다면 숟가락에 대한 어려운 학술서 말고 대중서로 다시 만날 수 있기를 기대한다.

끝으로 필자가 부족하나마 공부를 지금까지 할 수 있게 된 것은 건강한 몸을 물려주신 부모님의 은덕이 가장 크다. 공부가 머리로 하는 것도 있지만 버티고 앉아 있어야 할 체력이 되어야 하는데 나는 부모님으로부터 튼튼한 몸을 물려받아 아프지 않고 잘 돌아다니면서 공부를 할 수 있었다. 아울러 필자가 근무하는 한국문물연구원에는 마침 통일신라에서부터 고려시대와 조선시대 미술사를 전공하는 최은아실장, 김윤희실장, 허선영부장, 김순정과장, 전병진과장이 있어 각자의 연구 성과를 쌓아가면서 필자의 뜬금없는 질문에도 성실히 답을 해주었고 자료를 찾아주기도 하였다. 또 고고미술사학과를 졸업한 후 각자의 길에서 서로 모르는 것을 물어보는 사이가 된 최종혁선생, 배은경선생, 김기민선생, 김성진선생, 권주영선생, 정현광선생, 배보늬선생 모두 정말 고마운 사람들이다.

그리고 문헌을 찾아볼 때 모르는 것이 있거나 또는 논문을 작성하는 과정에도 넓고 깊은 공부에서 우러나오는 답을 주시고 길을 가르쳐주시는 동아대학교 김광철교수님, 변함없이 도자기에 대한 모든 질문에 성실한 답을 주는 아모레퍼시픽미술관 전승창관장, 대단치 않은 공부를 늘 잘하고 있다고 응원해주시는 한강문화재연구원 신숙정원장님 그리고 늘 성실한 자세로 부지런히 공부하면서 모르는 것을 물어보면 어김없이 답해주는 동경예술대 카타야마교수 등등 한분한분 모두 큰 도움을 받았다. 또한 필자가 활동하고 있는 한국성곽학회와 한국중세고고학회의 차용걸 전 성곽학회 회장님, 홍영의교수, 나동욱관장, 안성현실장, 서정석교수, 라경준실장 등 많은 회원들의 관심과 조언이 있었다.

끝으로 지난 번 책처럼 바랜 논문을 꼼꼼히 읽고 고쳐준 김순정과장의 노고를 늘 기억할 것이며 경인문화사 한정희사장님의 따뜻한 배려에도 감사의 말씀을 드린다.

2020년 10월 28일 만권당에서 필자 씀

들어가는 글

    2014년 숟가락에 대한 책을 펴낸 이후 그때 다하지 못했던 질문에 대한 답을 달고자 한 것이 이번 『한국고대숟가락연구2』이다. 사실 저번 연구 성과는 삼국시대로부터 조선시대까지 숟가락의 사용과 변화의 과정을 훑는다고 하기는 하였으나 군데군데 허술한 점이 적지 않았고 필자는 그게 마음에 늘 걸렸다. 특히 통일신라의 숟가락은 경주 월지(안압지)에서 출토된 것과 일본 나라 쇼소인(正倉院)에 소장된 것이 같은 것인데 별다른 연구 성과가 없었던 것도 걸렸고 많은 숟가락이 물과 관련된 유적에서 출토되는 것에 대한 배경에 대해 무지했던 것도 늘 신경이 쓰였다. 그리고 통일신라의 멸망과 고려의 개국, 북방민족과의 갈등을 겪으면서 장례 풍속이 변화하게 되는데 그런 과정 속에서 숟가락은 어떻게 이해하여야 할지 숟가락 연구를 처음으로 하던 시절처럼 어렵기는 마찬가지였다. 그전까지는 일부 계층에서만 사용하던 숟가락이 어떻게 좀 더 다양한 계층의 숟가락으로 사용되고 부장품으로 선택되었는지에 대한 설명이 필요하였다. 또한 지금 우리는 젓가락을 숟가락과 함께 쓰고 있지만 조선시대 분묘에서는 젓가락이 늘 숟가락과 함께 출토되지 않는 것도 필자가 해결해야 할 문제였다.

그런 점에서 의례폐백으로 이해한 통일신라 숟가락 연구와 통일신라의 전통이 이어지고 있었던 고려 건국 이후 약 100년간의 시기는 통일신라시대와 고려 초기 숟가락 연구의 성과라고 하겠고 고려 후기 숟가락에 대한 연구는 숟가락이 음식물을 떠서 입으로 운반하는 도구인데 그것이 과연 음식의 변화와 어떤 상관관계가 있을지 생각해 본 결과이다. 젓가락에 대한 연구는 우리가 언제부터 젓가락을 본격적으로 사용하게 되었을까 하는 질문에 고고학 자료를 분석한 결과이다.

아울러 필자가 가장 궁금했던 것 중의 하나가 숟가락은 과연 어느 시기에 지금과 같은 모양으로 만들어졌을까 하는 것이었다. 역사적으로 볼 때 숟가락은 중국 상주시대에 제기로 사용된 것인데 그것이 개인 식도구로 정착된 것은 위진남북조시대를 지나 수당시대쯤 될 것이라고 예상은 하고 있었지만 분명한 자료로서 논증된 것은 아니었다. 부족한대로 그 주제에 대한 과정을 고고학적 유물을 통해 이해하고자 하였다. 또한 필지로서 정말 피할 수 없었던 질문은 조선시대 전기까지 숟가락이 그야말로 웬만한 무덤에서는 대부분 출토되는데 그 숟가락을 들고 들어간 사람들은 과연 누구였을까 하는 것이었다. 그에 대한 답을 김해 구산동유적에서 조사된 2,500여기의 분묘와 출토유물, 그리고 남아 있는 몇몇 문헌사료를 통하여 제시하고자 하였다.

어쨌거나 『한국고대숟가락연구』를 펴낸 이후 적어도 1년에 한편씩 숟가락에 대한 논문을 작성하고자 노력하였고 그간의 조그만 성과를 『한국고대숟가락연구2』라는 제목으로 만들어 올리게 되었다. 필자가 처음 책을 내면서 앞으로의 연구 과제를 지적한 것이 있는데 그에 비하면 아직도 많이 부족하다. 특히 숟가락을 밥 먹는 내내 사용하게 되는 것이 분명한 시기는 조선 말기라고 할 수 있고 회화자료를 참고하면 18세기 후반에는 숟가락 사용이 일반화된 것으로 볼 수 있다. 그러므로 임진왜란 이후부터 대개 1750년 전후까지의 상황을 고고학 자료로 구체적으로 이해할 수 없다는 문제가 있다는 것이다. 이것은 필자의 다음 과제라고 할 수 있겠지만 지금으로서는 상당히 어렵지 않을까 하고 걱정만 하고 있다. 그리고 시간과 사람이 허락한다면 지금까지 발굴조사를 통하여 출토된 모든 숟가락과 젓가락을 계측하여 숟가락 연구를 위한 기본 자료로 확보해 두고 싶기도 하다. 또 한편으로 이것은 필자의 게으름 때문인데 일본의 숟가락에 대한 글은 아직 진행 중이다. 이런 저런 글로 밀리고 다른 일 때문에 우선순위에서 늘 뒤처지고 있어 맘이 쓰인다.

앞서 이야기한 것처럼 다 알기도 어렵고 바로 알기는 더욱 어려운 공부의 세상에 부족하지만 필자가 공부한 결과가 다른 연구자들의 공부에 조금이라도 도움이 되었으면 한다.

통일신라시대 식도구 연구

숟가락과 의례

1

01 머리말

　　지금까지 통일신라시대의 식도구에 대한 연구가 그다지 없는 것은 출토유물이 많지 않다는 것이 가장 큰 이유일 것으로 생각된다. 또한 현재까지 전하고 있는 통일신라시대의 식도구가 모두 매장문화재로 발굴조사나 토목공사 중에 확인된 것이지만 그나마 숟가락이 가장 많이 출토된 월지(안압지)유적이 정상적인 발굴조사를 거쳐 수습된 것이 아니라는 것도 통일신라시대 숟가락 연구를 어렵게 하는 요소로 볼 수 있다.

　　필자는 삼국시대에서 통일신라시대에 걸쳐 사용된 숟가락에 대한 고찰을 통해 무령왕릉에서 중국 남조의 영향으로 청동숟가락이 등장한 이래 극히 일부 계층에서만 사용되다가 통일신라를 지나면서 경주 왕경을 비롯한 일부 지역과 한정된 계층이지만 그 사용이 늘어나게 되는 것으로 보았다.[1] 이번 글에서는 기왕의 논점을 보완하여 최근까지의 조사에서 출토된 통일신라시대 청동숟가락을 중심으로 일차적인 형식 분류와 편년, 그리고 출토 유구와 상황을 고려할 때 드러날 수 있는 고고학

1　정의도, 2009, 「武寧王陵 출토 청동시저연구」, 『선사와 고대』 30, 한국고대학회.

적 의미에 대하여 검토하여 보기로 하겠다.[2]

---

2 통일신라시대 출토 숟가락은 글 말미에 표로 만들어 제시하였으니 참고하기 바란다.

02 통일신라 식도구 출토현황

발굴조사에서 출토된 통일신라시대의 식도구는 숟가락과 젓가락, 국자가 있다. 출토지를 성격 별로 정리하면 왕궁의 원지, 저택의 우물(국립경주박물관부지내, 경주 재매정지, 경주 노동동 12번지 우물, 천관사지 우물, 경주 동궁과 월지유적 출토 우물, 경주 동천동 696-2번지 우물 및 원형유구)에서 출토 사례가 가장 많고 사찰(분황사, 감은사 서삼층석탑, 화엄사 서삼층석탑), 산지 제사유적(대구 칠곡3택지 수혈, 칠곡 송정리 산45-2번지 수혈1호, 부소산유적, 황해도 평산유적, 용인 언남리유적 수혈내), 산성 내 집수지(한우물2호)에서 출토되는 경우도 있다. 또한 석곽유구(청주 용정동 Ⅱ-7호), 퇴장유구(말흘리퇴장유구), 폐기층(당진 삼웅리 나무고개, 이천 설성산성 트렌치 내)에도 출토된 사례가 있다. 이 가운데 중요한 사례만 추려서 제시하면 다음과 같다.

1) 월지(안압지) 출토 식도구[3]

월지는 삼국을 통일한 신라 30대 문무왕 14년(674)에 왕궁 안에 조성한 궁원지이고 사적 18호로 지정된 임해전지는 문무왕 19년(679) 안압지 바로 서편에 세운 동궁의 정전자리를 말한다. 출토유물로는 식생활에 관계되는 금동완, 합, 청동접시, 대접, 숟가락 등의 식도구와 금동가위, 거울, 동곳, 비녀 반지 등의 생활도구, 금동제 용두, 귀면문고리, 봉황장식, 발걸이 장식, 연봉형 장식, 옷걸이 장식 등이 있다. 실생활 도구 이외에도 불상과 목제품, 칠공예품, 토기와 도자기, 농경이나 어로에 쓰이는 가래, 보습, 쇠스랑, 호미, 낫, 도끼, 끌, 가위 등의 목공구와 투구와 철검 등의 무구, 등자, 행엽, 재갈 등의 마구 등이 출토되었다. 월지에서는 모두 26점의 청동숟가락이 출토되었는데 모두다 통일신라시대에 편년되는 것은 아니다. 먼저 월지 출토 유물은 문무왕 14년(674)라는 상한 연대가 있으므로 이를 기준으로 하여 유물에 대한 관찰이 필요하다.[4]

a. 3번

끝이 뾰족한 술은 4.5cm까지 넓어졌다가 줄어들어 술목으로 가면서 작은 각을 만들면서 자루로 이어지며 자루의 너비(0.6cm~0.7cm)가 술잎의 너비(4cm)에 비하여 폭이 좁고 길어서(22cm) 세장한 느낌이 들고 술잎 길이(6.5cm)는 전체 길이(27.5cm)에 비하여 1:4 정도로 아주 세련된 형

---

3 안압지의 통일신라시대 명칭은 월지이며 이미 공식적인 명칭도 변경되었으나 1978년에 간행된 보고서 제목이 안압지로 발간된 사정도 있으므로 안압지 또는 월지라고 부르기로 한다.

4 숟가락 번호는 필자가 경주박물관 소장 안압지 출토 숟가락을 열람할 때 편의상 붙인 번호로 경주박물관 소장 유물 번호와는 관련이 없다. 그리고 자세한 숟가락에 대한 설명은 정의도, 2008, 「청동숟가락의 등장과 확산—삼국시대~통일신라시대—」, 『석당논총』 42, 동아대학교석당학술원을 참고하기 바란다.

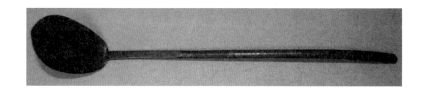

태를 하고 있고 사용흔이 없는 것이다. 이 숟가락은 남아 있는 상태도 최상을 유지하고 있지만 제작 기법이나 형태도 지금까지 전하고 있는 어떤 숟가락보다 뛰어난 것이다. 자루는 술총으로 가면서 휘어지고 자루의 끝은 마름모꼴로 다듬었으며 자루가 술부 폭에 비해 현저하게 좁아서 세장한 느낌이 든다. 자루와 술의 경계가 분명한 것이 특징이다. 전체길이 27.5cm, 자루길이 22cm, 술 길이 6.5cm, 술 너비 4.5cm 이다. [도 1]

b. 4번

술은 길이보다 너비가 조금 더 크지만 거의 원형에 가깝고 술의 왼쪽이 닳아 있어 실생활에 사용한 것으로 보인다. 단조품으로 자루 끝 부분을 두들겨 넓게 편 자국이 남아 있고 자루 끝에서부터 약 5cm 지점에서부터 동심원을 2개를 한 단위로 하여 시문하였다. 자루 끝은 호선으로 처리했으나 오른쪽으로 약간 돌출되어 있고 자루의 단면은 반타원형으로 아랫부분은 편평하고 윗부분은 약간 볼록하게 되어 있다. 전체

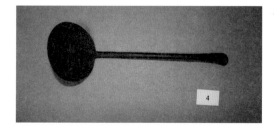

길이 23cm, 자루 길이 18.5cm, 술 길이 6.8cm, 술 너비 7cm 이다. [도 2]

c. 5번

녹슬지 않은 완벽한 상태를 유지하고 있으며 시면과 자루의 경계가 뚜렷하다. 술은 길이보다 너비가 조금 더 커서 앞선 숟가락과 형식이 동일하다. 자루 끝은 약

도 3
안압지 출토 5번 숟가락

간 뾰족하게 처리하였는데 자루의 너비는 0.7cm에 불과하여 상당히 가는 느낌을 준다. 사용 흔적은 없다. 전체 길이 24.5cm, 자루길이 20cm, 술 길이 6.2cm, 술 너비 6.5cm이다. [도 3]

d. 6번

자루의 일부가 결실된 것으로 3번과 유사한 형태일 것으로 보인다. 술에서 이어지는 자루가 능선을 이루는 부분부터는 남아 있지 않은데 능형으로 처리하여 자루를 따로 결합하여 사용하는 것이 아닐까 한다.

도 4
안압지 출토 6번 숟가락

술은 나무로 된 자루에 긴 홈을 내어 패시를 결합하는 것처럼 자루를 술 상단에 끼워 결합 후 녹여서 접합한 것처럼 보인다. 술은 길이가 5.8cm, 너비가 5cm로 원형에 가까운 형식이다. 숟가락이 남아 있는 부분의 상태는 대단히 좋고 사용 흔적은 없다. 전체길이 12.2cm이다. [도 4]

e. 12번

술의 날이 둥글고 술목과 자루의 너비도 넓게 처리된 것으로 앞선 숟가락과는 그 형태가 다르다. 자루는 술목에서 중간으로

도 5
안압지 출토 12번 숟가락

갈수록 가늘어지다 다시 넓어지며 끝은 마름모꼴로 처리하였다. 자루의 중앙에는 능선이 살아 있고 자루의 양 가장자리에는 침선이 돌아간다. 자루 끝에서 9.5cm 지점까지는 중앙에 능선이 있고 그 이후로는 술

잎까지 친선을 새겼는데 자루 앞쪽의 다며은 방형이고, 뒤쪽은 삼각형이다. 전체 길이 25.5cm, 자루 길이 17.8cm, 술 길이 8.2cm, 술 너비 4.5cm이다. [도 5]

2) 분황사지 출토 청동숟가락 및 젓가락, 거푸집(匙鑄型)

도 6
분황사지 출토 숟가락 거푸집

분황사에서는 모두 3점의 청동숟가락이 출토되었고 젓가락은 2점이 출토되었다. 젓가락 1점은 지표에서 수습된 것이며(보고서 유물번호 1481) 다른 1점은 사역 남쪽 지역의 현 지표하 45cm에서 발견되었고 뚜렷한 양식적 특징이 보이지 않아 통일신라시대의 것으로 단정 짓기는 어렵다. 청동숟가락은 3점 모두 지표 채집되어 통일신라시대의 것으로 단정하기는 어렵다. 다만 분황사 발굴에서는 청동숟가락 거푸집이 출토되었는데 파손된 것이지만 너비 16cm, 길이 13.5cm로 술의 앞날이 둥글고 최대 너비가 상단에 있는 또 다른 통일신라시대 청동숟가락의 형태를 잘 보여주고 있다.[5] [도 6]

3) 경주 북문로 왕경유적 II 출토 숟가락

경주시 북문로 도로 개설구간에서는 통일신라시대의 도로, 수혈, 우물, 석군, 석렬, 적심 등이 노출되었다. 우물은 모두 11기가 조사되었는

5 국립경주문화재연구소, 2005, 『분황사』 발굴조사보고서 I (본문)(유물 도판).
   국립경주문화재연구소, 2006, 『특별전 분황사 출토유물』 특별전 도록 제2책.

데 우물 주변에서는 재매정지와 유사하게 부정형 수혈유구가 다수 분포하고 있는 것이 확인되었다. 우물 내에서는 기와나 두레박, 청동완 등이 출토되었는데 6호에서는 기와편과 함께 숟가락 1 점이 확인되었다. 숟가락은 거의 완형으로 술날은 둥글게 처리되었고 술목에서 넓게 자루로 이어지고 술총은 약간 넓어지면서 마감되었다. 길이 22.2cm, 술 길이 7.8cm, 너비 4.3cm이다.[6] [도 7]

도 7
경주 북문로 왕경유적II 우물 6호 출토 숟가락

4) 경주 노동동 12번지유적 출토 숟가락

경주역사문화관 건립부지로 황남대총과 봉황대 고분 사이에 위치한다. 여기에서는 삼국시대 연못과 통일신라시대~조선시대에 이르는 도로 1기, 연못 1기, 건물지 16동, 적심 50여기, 진단구 4기, 담장 2동, 우물 32기와 최하층 (니질층)에서 주혈군이 출토되었다. B구역 2호 우물은 깊이 143cm, 하단부 너비 70cm이며 내부는 13~25cm 내외의 납작한 돌을 뉘여 쌓아올렸다. 내부에서는 청동숟가락, 완형의 목기, 무문전, 원반형와제품, 대부완, 대부호, 평저병, 덧띠무늬병, 주전자 등이 출토되었다. [도 8]

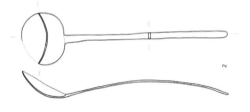

도 8
경주 노동동 12번지유적 B-1구역 13호 우물 출토 숟가락

숟가락은 A-1구역 1호 우물, B-1구역 13호 우물, C-1구역 26호 우물에서 각각 1점씩 출토되었으나 A-1구역 1호 우물에서 출토된 숟가락은 술잎이 유엽형이고 길이 25.4cm, 술 너비 3.5cm, 자루 너비 0.7cm

---

6 한국문화재보호재단 경주시, 2007, 『경주 북문로 왕경유적 II -서부동 북문로 도로개설구간(봉황로~서성로)내 시·발굴조사보고서-』학술조사보고 제191책, pp.115~118.

이 조선시대 것이다. 한편 B-1구역 13호 우물에서 출토된 숟가락 술의 길이는 4.4cm, 너비는 5.5cm로 길이보다 너비가 크게 제작된 것으로 자루 너비가 0.5~0.8cm에 불과하다. 원형에 가까운 술잎의 왼쪽이 상당히 마모되어 있어 상당 기간 동안 사용된 것을 알 수 있다. 자루 단면 타원형, 술총은 호형이다. 전체 길이는 22.5cm이다.

그리고 C-1구역 26호 우물에서 출토된 숟가락은 자루는 잘 남아 있으나 술은 전면과 가운데가 일부 훼손되었다. 술은 길이보다 너비가 더 크고 너비 0.8cm의 세장한 자루가 부가되는 것이 특징이다. 전체 길이는 21.7cm이고 술 길이는 3.6cm, 너비는 5cm이다.[7] [도 9]

도 9
경주 노동동 12번지유적
26호 우물 출토 일괄유물

7 신라문화유산연구원, 2016, 『경주 노동동 12번지유적-경주역사도시문화관 건립부지 발굴조사 보고서-』 조사연구총서 제82책.

5) 경주 천관사지(3차) 출토 숟가락

천관사는 김유신장군이 천관녀를 위해 세운 절이라고 전해지며 김유신장군의 집터인 재매정이 바라보이는 도당산 자락에 있다. 3차 발굴조사에서는 신라~고려시대 연못, 건물지, 담장, 배수로, 우물, 석조시설, 지진구, 공방지, 주혈군 등 다양한 유구가 출토되었다. 숟가락은 D구역 3호 우물에서 출토된 것으로 깊이 442cm, 상부지름 80cm, 최대지름 120cm인데 우물 바닥에서 1m 높이까지 각종 토기와 청동접시, 숟가락, 두레박 등의 유물이 매납되어 있었고 그 상부는 폐기와 초석, 가공석 등의 건축 부재를 채워 폐기하였다. 숟가락은 바닥 상부에 퇴적된 최하층에서 2점이 출토되었고 한점은 완형(1)이고 다른 한점(2)은 술부가 남아 있지 않다. 숟가락1의 술은 비교적 편평한 호선을 그리며 4.1cm의 너비를 이루지만 술목으로 가면서 좁아져 약간 각을 만들어 자루로 연결되고 폭은 1cm, 전체 길이는 25.1cm이다. 숟가락2는 술은 없고 자루만 남은 것으로 전체 길이는 17.8cm이며 숟가락1과 두께나 너비, 술총 등 형태가 거의 동일하다.[8] [도 10]

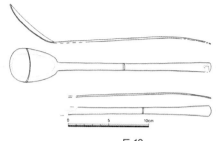

도 10
천관사지 D구역 3호 우물
출토 숟가락

6) 경주 동궁과 월지 I 유적 출토 숟가락

동궁과 월지 I 유적에서 숟가락은 2점이 출토되었다. 숟가락1은 1

---

8 경주시·신라문화유산연구원, 2015, 『경주 천관사지(3차)—유적정비를 위한 학술조사보고서—』조사연구총서 제76책.

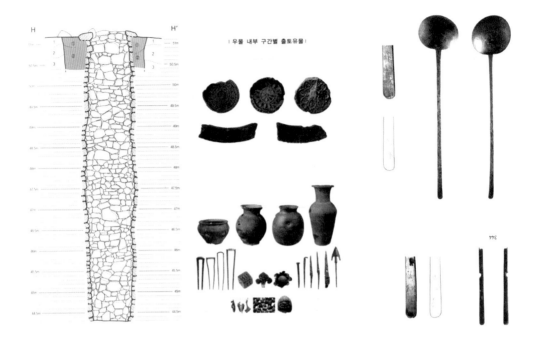

도 11
경주 동궁과 월지 I 유적 우물
출토유물(좌) 출토 숟가락(우)

호 우물에서 출토되었는데 우물1호는 4호건물지군 내부시설로서 확인
될 당시 상부가 대형 천석으로 매립되어 있었다. 우물 서편에는 배수로
가 2기 확인되었는데 우물 배수시설로 추정하였고 숟가락2는 배수로 상
부에서 수습되었다. 우물은 천석을 이용한 석축우물로서 상부 안지름
은 80cm, 깊이는 7m이다. 우물 내부에서는 각종 토기와 기와편, 금속
류, 목재, 동물뼈, 씨앗 등 다량의 유물이 출토되었는데 깊이에 따라 주
종을 이루는 그 종류가 다르다. 즉 우물 상부는 천석과 기와편으로 매
몰된 반면 하부에서는 와전류를 제외한 토기류와 금속기류가 출토되었
다. 숟가락1은 430~650cm 정도에 형성된 층에서 출토되었는데 이 층
에는 항아리, 병, 뒤꽂이와 도자, 건축 및 장식부재, 골제 주사위도 함께
출토되었다. 크기는 길이 24.9cm, 술 너비 5.6cm, 길이 4.6cm이고 자루
의 이면에는 「東伊」라고 새겼다. 배수로2 상부에서 수습된 숟가락2는 자
루 일부만 남아 있는데 길이 10.4cm이고 자루의 이면에는 「漢丙伊」라고

새겼다.[9] [도 11]

7) 칠곡 송정리 산45-2번지유적(Ⅱ구역) 수혈1호 출토 숟가락

조사대상지 남동쪽 해발고도 54.08m 선상에 위치한다. 유구는 풍화 암반층에서 확인되었다. 규모는 장축 196cm, 단축 196cm, 깊이 45cm 이고 장축방향은 N-S이다. 평면 형태는 원형이고 수혈 내부에는 굴광 벽을 따라 할석이 2단 정도 돌아간다. 유구의 바닥 중앙에는 원형의 주 혈 1기가 있고 수혈유구 굴광선 밖으로 원형의 주혈이 방사상으로 7기 가 확인된다. 유물은 바닥 전면에서 연질의 유개대부완 1점, 연질완 5 점, 청동숟가락, 청동국자, 편병, 철제괭이, 판상의 불명철기, 철도자 등 모두 17점이 출토되었다. [도 12]

도 12
칠곡 송정리 산45-2번지유적(Ⅱ구역) 수혈1호 유물 노출상태 및 출토유물일괄

---

9 국립경주문화재연구소, 2012, 『경주 동궁과 월지 I 발굴조사보고서』.

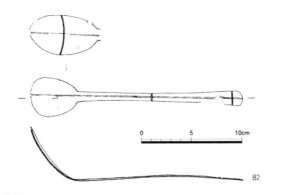
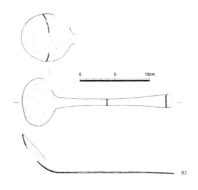

도 13
칠곡 송정리 산45-2번지유적(II구역) 수혈1호 출토 숟가락(좌)(우)

청동숟가락의 전체 길이는 21.2cm, 술잎은 길이 4.4cm, 너비 3.9cm
로 최대 너비가 4부쯤에 형성되어 있고 자루에 연결되는 부분의 너비는
1cm 정도이다. 다른 한점은 청동제국자로 보고된 것인데 전체 길이는
21.8cm이고 술은 길이 6.8cm, 너비 7.2cm로 너비가 좀 크지만 거의 원
형에 가깝다. 원형의 술잎에서 자루로 이어지는 부분은 둥글게 처리되
었고 너비는 1.6cm 가량이다.[10] [도 13]

8) 창녕 화왕산성내 집수지 출토 숟가락

화왕산성에는 3기의 집수지가 있는데 계곡을 따라 남문에 이르기까
지 3기의 집수지가 남아 있다. 남문 쪽으로 위치한 집수지의 동쪽에 위
치한 우물지 바닥에서 청동제 그릇 5점과 숟가락 1점, 국자 1점이 출토
되었다고 보고하였다. 국자로 보고된 것은 술잎이 원형인 숟가락으로

---

10 경상북도문화재연구원·영진전문대학, 2014, 『칠곡 송정리 산45-2번지유적(II구역)』
학술조사보고 제213책.

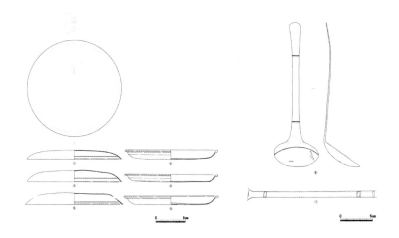

도 14
화왕산성 내 우물지 출토
유물(청동제 접시와 숟가락)

전체 길이 21.8cm, 술잎 길이 3.8cm, 너비 6.9cm로 청주 용정동 Ⅱ-7
호석곽묘 출토 숟가락과 거의 동일하다. 자루만 남은 것은 단면 장방형
으로 길이 19.7cm이다.[11] [도 14]

9) 부소산 출토 청동숟가락

　1943년에 출토된 부소산 숟가락은 부소산 북악 송월대 동쪽으로 뻗
은 산등성이 남쪽으로 경사진 그 아래편에서 출토되었다고 한 당시 인
부의 이야기를 종합하고 다시 주변의 조사에서도 특별한 유구를 확인할
수 없었기 때문에 아마도 은익매장의 유적인 것 같다고 하였다.

　이 숟가락은 술부가 부러진 것을 복원하였는데 중량감이 있고 두꺼
운 느낌이며 전체 길이 25cm이다. 자루 부분은 두껍고 술부와 자루가
이어지는 부분에서 자루가 약간 가늘어 졌다가 끝으로 가면서 넓어지는
데 자루의 가장 좁은 부분은 1cm, 넓은 부분은 1.8cm로 체감비가 느껴

11　우리문화재연구원, 2014, 『창녕 화왕산성 내 집수시설』.

도 15
1943년 부소산 출토 숟가락

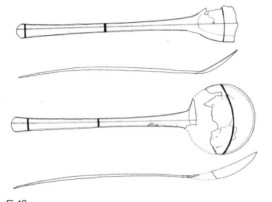

도 16
1941년 부소산 출토 숟가락

지지 않고 전체적으로 만곡한다. 자루 끝부분은 호선형으로 처리하였다. 술부는 장방형에 가까운 타원형인데, 가장 넓은 부분의 폭은 4cm, 자루와 이어지는 부분의 폭은 3cm, 술부의 길이는 약 8cm로 체감비가 없어 보인다. 술끝의 중앙 좌우에 사용흔이 남아 있어 보이지만 단언하기는 힘들다. 전체적으로 마연되어 있으며 자루의 끝 부분에 녹이 남아 있다. [도 15]

그리고 부소산 1941년 출토 숟가락은 술부가 원형인 것 3점, 타원형인 것 3점으로 원형 숟가락은 자루길이가 18cm~18.5cm, 술잎의 길이는 6.5cm×7.0cm이다. 타원형 숟가락은 자루 길이 18cm~19cm, 술잎의 크기는 7.5cm×3.5cm이다.[12] [도 16]

10) 보은 삼년산성 출토 숟가락

삼년산성의 서문을 들어서면 바로 앞에 집수지가 위치하는데 연못의 북쪽 바위에 「娥眉池」(아미지)라고 새겨져 있어 집수지의 이름이 되었다. 집수지의 구조를 밝히는 조사는 여러 차례 이루어졌지만 초축은 확하지 못하였다. 2003년 조사에서는 4기의 트렌치를 설치하였는데 퇴적층에서 출토된 유물은 일정한 문화층을 이루면서 수습되지 않았고 삼

---

12 이난영, 1975, 「한국시저의 형식분류」, 『역사학보』 67, 역사학회.
   이난영, 1977. 6, 「부소산 출토 일괄유물의 재검토」, 『미술자료』, 국립중앙박물관.

국시대에서 조선시대에 이르는 유물이 혼
재되어 출토되었다고 한다. 유물은 다량
의 토기와 기와류가 출토되었고 아울러 철
촉, 철부, 철완 등과 함께 방제소문단뉴소
문경, 가랑비녀, 청동숟가락이 출토되었다.
숟가락은 완형은 아니지만 넓은 술목과 타
원형의 술잎이 부가된 것과 원형의 술잎이
부가된 것이 포함되어 있는데 길이는 각각
19.6cm, 20.5cm이다.[13] [도 17]

도 17
2003년 보은 삼년산성 출토 숟가락

11) 황해도 평산군 평산면 산성리 출토유물

원형 숟가락 1점은 길이 25.3cm이고, 타
원형 숟가락 2점은 완형 길이 26cm, 결손품
현 길이 26.2cm이다. 술잎의 길이는 원형이
6.5cm, 타원형이 7.1cm 내외의 것으로 일본 정
창원의 사파리제 세트와 비슷한 크기이다. 다만
자루의 선이 거의 직선에 가깝고 특히 타원형
숟가락의 경우 정창원의 금은제 숟가락과 비슷
한 형태라고 하였다.[14] [도 18]

도 18
황해도 평산 출토 숟가락

---

13 충북대학교 중원문화연구소·보은군, 2005, 『보은 삼년산성』 중원문화연구총서 제46책.
    국립중원문화재연구소, 2008, 『중원의 산성』, pp.168~187.
14 이난영, 1992, 「II. 금속공예품의 유형과 형식분류」, 『한국고대금속공예연구』.
    충남 부여 부소산과 황해도 평산 산성리에서 출토된 숟가락은 모두 일제강점기 때 수
    습되어 국립중앙박물관에 수장되어 있다. 이들 숟가락은 모두 국립중앙박물관 유물관
    리부의 협조를 받아 필자가 직접 조사하고 촬영한 것이다.

12) 화엄사 서오층석탑 출토 사리장엄구 청동숟가락

화엄사에는 대웅전 앞 쪽에 보물 132호로 지정된 화엄사 동삼층석탑과 보물 133호로 지정된 화엄사 서삼층석탑이 세워져 있다. 화엄사 서오층석탑 출토 유물은 사리병과 지류뭉치, 각종 공양구들을 포함하여 총 47점이라고 하였다. 이 가운데 청동제 숟가락은 2점으로 술잎이 비교적 완전한 한 점은 길이 23.5cm인데 손잡이의 끝 부분이 약간 파손되었다. 술잎의 형태는 타원형이며 길이는 현재 6.9cm이고 술잎이 거의 파손된 다른 한 점은 현재 길이 20.7cm인데 손잡이는 거의 완전한 상태이다. [도 19]

화엄사 숟가락은 측면에서 보면 자루가 둥그스름하게 약간 휘어 있다. 자루의 폭은 거의 일직선에 가까울 정도로 변화가 없으며 맨 끝 부분은 둥글게 처리하였다. 두 점의 숟가락은 굵기, 크기가 거의 비슷하기 때문에 파손된 부분을 고려하여 원형을 복원하면 전체 길이는 약 26cm 내외로 추정된다.[15]

도 19
화엄사 서오층석탑 출토 숟가락

13) 한우물 출토 숟가락

서울시 구로구 시흥동 산 93-2에 있는 호암산고성의 내부에서는 우물지 2개소와 건물지 4개소가 발견되었다. 제 2우물지(집수지)는 한우물

---

15 주경미, 2007, 「화엄사 서오층석탑 출토 사리장엄구의 고찰」, 『2007 상설전』, 불교중앙박물관

에서 남쪽으로 약 300m 가량 떨어진 곳에
위치하고 있는데 이 지역은 산성지의 중앙
부에 해당되는 곳이다. 시굴조사에서 확인
된 규모는 남북 18.5m, 동서 10m 이상, 깊

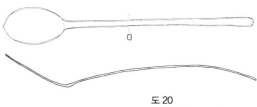

도 20
한우물 출토 숟가락

이 2m 이상 되는데 한우물보다 장축은 약간 길고 폭은 약간 좁아 세장
한 형태를 하고 있다.

유물은 북벽 트렌치 내에서 상당한 양의 유물이 집중되어 출토되었
는데 토기등잔을 비롯한 각종 토기류, 완형의 토수기와가 겹쳐서 출토
되었다. 그리고 연못 바닥에서 청동제 숟가락 2점이 출토되었는데 그
중 한 점에는 드물게 명문이 새겨져 있었다.

2점 가운데 한 점은 완형이고 한 점은 파편이다. 완형은 전체길이가
25cm 가량 되고 술은 길이가 6.2cm, 너비는 3.5cm 가량 되는데 보고
서에서는「손잡이 부분과 입술부분이 서로 많이 꺾여 있고 손잡이 부분
도 휘어 있으며 입술부의 주변은 약간 도드라져 있고 손잡이의 단면은
저변이 넓은 사다리꼴이다」라고 묘사하였다. [도 20] 이 숟가락의 뒷면에
「仍伐內力只乃末ㅁㅁㅁ」라는 명문이 음각되어 있다. 명문은 숟가락의 제
작 이후에 날카로운 도구를 이용하여 얕게 긁어 새긴 것인데 끝의 3자
는 상태가 불량하여 확실히 알 수 없다. 그리고 다른 한점은 술목과 술
의 일부만 남은 것인데 술목의 너비는 1.8cm 가량으로 넓은 형식에 속
하는 것으로 자루에는 좌우로 나누는 선이 남아 있다.[16]

16 임효재·최종택, 1990, 『한우물』 호암산성 및 연지발굴조사보고서, 서울대학교 박물관.

1칸) 청주 용정동 II-7호석곽묘 출토 숟가락

청주 용정동 II-7호석곽묘는 북동쪽의 구릉 정상부에서 남동쪽으로 경사진 능선의 해발 92.8m에 위치하며 주변에는 고려시대 이후의 토광묘가 인접하고 있다. 석곽묘의 장축은 등고선 방향과 평행하는 동서방향이며 평면은 남장벽이 파괴되었으나 장방형이다. 규모는 잔존 길이 190cm, 최대 깊이 92cm로 비교적 규모가 크다. 관대는 석곽의 북장벽에 거의 인접하여 설치하였고 유물은 석곽의 바닥에서 서쪽에 관대와 인접하여 나란한 방향으로 청동숟가락 1점이 자루를 서쪽으로 향하여 바로 놓여 있었다. 이 숟가락은 완형으로 단면상 술에서 완만한 호를 그리며 자루에 이르고 자루 끝에서 약간 꺾여 있다.

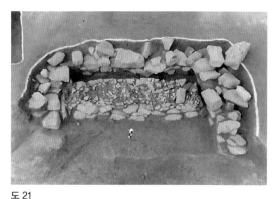
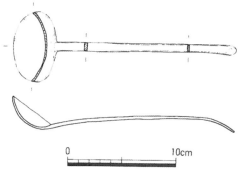

도 21
청주 용정동 II-7호석곽묘(좌)
출토 숟가락(우)

전체길이 20.8cm, 자루 너비 0.8cm, 술 길이 4.0cm, 너비 6.4cm이며 관정 4점도 석곽의 시상 위에서 출토되었다. [도 21] 여기서 출토된 숟가락은 경주박물관 부지 내에서 출토된 청동숟가락과 비교하면 크기가 약간 작을 뿐 전반적인 형태는 거의 동일하다.[17]

---

17 정의도, 2008, 「청동숟가락의 등장과 확산―삼국시대~통일신라시대―」, 『석당논총』 42, 동아대학교 석당학술원.

15) 용인 영덕동유적 1지점 5호 수혈주거지 출토 숟가락

영덕동유적 1지점은 해발 35m 내외의 원천천변에 형성된 충적대지 상에 위치하며 유적의 서쪽으로 두 개의 물길이 합류하고 있기도 하다. 5기의 통일신라시대 수혈주거지가 출토되었는데 숟가락이 출토된 수혈 주거지가 가장 북쪽에 위치한다. 수혈의 크기는 506×384×48cm 정도 이며 내부에서는 토제 완과 접시, 그리고 청동숟가락 1점이 출토되었다. 청동숟가락은 술잎의 가운데가 탈락되었으나 술잎과 자루가 이어지는 부분이 뚜렷하게 직각을 이루어 통일신라시대 숟가락이 분명하다. 보고 서에 기록된 전체 추정 길이는 25cm이고 술잎의 너비는 5.6cm이지만 당시의 숟가락을 참고하여 수정하면 23cm 내외이다. [도 22]

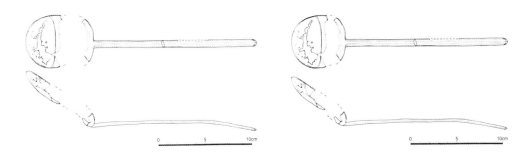

도 22
용인 영덕동 1지점 5호 수혈주
거지 출토 숟가락 보고서 제
시도면 (좌). 필자수정(우)

16) 창녕 말흘리유적 퇴장유구내 출토 숟가락

1호 건물지의 서남우에서 확인된 직경 70cm의 평면 수혈로 깊이 60cm 정도이다. 건물지의 정지토인 황색점토층에서부터 굴착하여 들 어가 생토층에 이른 수혈이다. 그 내부에는 동체가 긴 철제 솥이 놓여 있었다. 장동의 철부는 바닥에 정치하고 그 내부에는 바닥에서 중위까

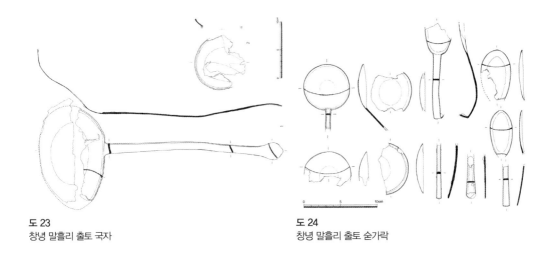

도 23
창녕 말흘리 출토 국자

도 24
창녕 말흘리 출토 숟가락

지 각종 청동제의 투조 장식판들이 겹겹이 채워져 있었는데 거의 빈틈이 없을 정도였으며 그 다음 동병과 같은 지금을 채우고 그 위에 병향로, 쇄, 정 및 초두와 같은 용기류를 넣었다. 이렇게 한 다음 여러 종류의 철부 편들을 겹겹이 포개어 장동철부의 구연부를 봉하였다. 한편 장동철부와 수혈 사이의 빈 틈에는 수혈 바닥에서부터 금동제 풍경을 가로 눕혀서 채워 장동철부의 상부에까지 채웠다.

국자는 2점이 출토되었는데 1점은 대형이다. 국자 1점은 음식물을 뜨는 부분만 일부 남아 있을 뿐이지만 나머지 한점은 음식물을 뜨는 부분의 일부는 손상되었으나 원형 복원이 가능하다. [도 23]

청동숟가락은 모두 10점이 출토되었는데 술잎이 원형인 것과 타원형인 것으로 나누어 볼 수 있다. 술잎이 원형인 숟가락은 4개체가 확인되었으며 술잎의 구연부를 따라 두껍게 테를 두른 것도 있다. 대부분 자루가 남아 있지 않은데 한점만 가는 자루가 일부 남아 있어 안압지 출토 숟가락과 거의 같은 특징을 보인다. 술잎이 타원형인 것은 6개체분이 확인되었는데 복원된다면 전체 수는 줄어들 수 있다. 이 중 1개체에만 술부와 자루가 남아 있는데 자루가 만곡을 이루고 있기도 하지만 그

끝이 꺾어져 있어 그 경위나 목적은 알 수 없다. 술잎은 대체로 유엽형
에 가까우나 남아 있는 자루의 끝은 방형이거나 능형이다.[18] [도 24]

18   경남고고학연구소, 2005. 6, 『창녕 말흘리유적』.

통일신라 식도구의 형식분류

1)연구사

통일신라시대의 숟가락에 대한 편년 연구는 이난영에 의하여 이루어졌다. 이난영은 『한국시저의 형식분류』에서 부여나 황해도 평산, 안압지, 경북지역에 출토된 숟가락을 정리하여 타원형숟가락과 원형숟가락으로 나누었고 일본 정창원 소장의 숟가락과의 관계를 밝히고 있다.[19] 통일신라시대의 유적 중에서 가장 많은 숟가락이 출토된 곳은 안압지로 발굴조사보고서에 따르면 숟가락 25점과 국자는 2점이 출토되었다고 하였다. 그러나 숟가락과 국자의 출토 상황을 보여주는 사진은 실려 있지 않고 개별적인 기술도 없는 가운데 민속학적 고찰 편에서 일상용구에 나타난 민속품으로 숟가락을 술잎의 형태에 따라 원형, 타원형(행엽형), 목엽형, 유엽형 등의 4개 유형으로 분류하였다. 이 중 원형과 타원형 술잎을 가진 숟가락은 통일신라시대의 유품으로 판단하고 일본 정창원

---

19 이난영, 1975, 『한국시저의 형식분류』, 역사학보 제67집, pp.111~146.

소장 佐波理匙의 丸形匙 杏葉形匙와 동일한 양식으로 주목되며 일본의 숟가락과 젓가락은 한국의 시저계보가 일본으로 전수된 것이라고 하였다. 또한 목엽형은 원형과 타원형 숟가락을 계승한 것으로 연미형은 고려시대의 분묘에서 다수 출토되는 것이며 유엽형 숟가락은 여말선초의 전형적인 형식으로 보았다.[20]

이와 같은 형식분류와 편년은 이난영의 연구 결과를 답습한 것으로 술잎의 형태를 구체적인 관점에서 파악하지 못한 결과를 바탕으로 형식분류를 진행한 결과 편년에 적지 않은 오류가 확인되고 일본 정창원 소장 유물에 대한 이해도 재고의 여지가 없지 않다.

다음으로 정의도는 삼국시대와 통일신라시대의 숟가락에 대한 글에서 통일신라의 숟가락이 일부 귀족층에 국한되긴 했지만 삼국시대를 지나면서 그 사용 계층이 확대되는 한편 제사도구로서도 사용되었음을 지적하였다.[21]

2) 형식분류 기준

형식분류는 고고학적 자료를 집단으로 나누는 과정(classification)을 의미하기도 하지만, 고고학에서 가장 기본적인 개념인 형식(typology)을 추출하는 과정으로 형식이 편년수립에 이용될 경우 이를 위한 기초작업이 된다는 것에 있다.[22] 그러므로 형식분류의 출발은 유물을 하나의 관점에 따라 나누는데 있으며 여기서 말하는 하나의 관점이 고고학자가 유물을

---

20 김택규, 1978, 「IX. 민속학적 고찰 2. 민속학적인 유물과 그 민속학적 고찰」, 『안압지 발굴조사보고서』, 문화공보부 문화재관리국.

21 정의도, 2008, 「청동숟가락의 등장과 확산―삼국시대~통일신라시대―」, 『석당논총』 42, 동아대학교석당학술원.

22 국립문화재연구소, 2001, 『한국고고학사전』.

이해하는 기본 개념에서 출발하는 것이라고 할 수 있다. 숟가락의 구성은 술잎과 자루가 결합된 단순한 운반도구지만 시대를 따라 그 기능과 형태가 변해 왔다고 볼 수 있다. 그런 점에서 숟가락에 대한 형식분류는 역사적인 흐름을 반영하는 것이 바람직하다고 하겠다.

필자는 고려시대와 조선시대의 숟가락에 대한 연구를 진행하면서 제시한 형식분류 안은 먼저 술잎의 형태가 타원형인지 유엽형인지에 따라 1차 분류한 다음 술잎에 부가된 자루의 형태에 따라 2차 분류를 하였다.

숟가락의 구조가 술잎과 자루로 나누어 볼 수 있는 만큼 유효한 분류기준이 될 수 있겠지만 기본형이니 쌍어형이니 하는 고려·조선시대의 숟가락에 대한 형식분류 안을 통일신라시대에 그대로 적용하기는 어려울 것으로 생각된다. [표 1]

표 1 고려·조선시대 청동숟가락 형식분류안(필자)

술잎 유엽형 [I]	기본형 (I-1)	
	쌍어형 (I-2)	
	약시형 (I-3)	
	연봉형 (I-4)	
술잎 말각장방형 [II]	장릉형 (II-1)	
	장릉보주형 (II-2)	

앞서 제시된 바와 같이 통일신라시대의 숟가락은 고려 · 조선시대의 숟가락에 상대적으로 앞선 시기로 형식적인 원류에 해당되기도 하고 전혀 다른 형태를 하고 있어 고려 · 조선시대 숟가락의 형식 분류를 그대로 적용하는 것은 합리적인 접근으로 보기 어렵다. 그러므로 고려 · 조선시대 숟가락의 형식분류안을 참고하고 술잎과 자루의 형태를 기준으로 형식분류를 시도하되 술잎의 형태를 이루는 요소를 구체적으로 파악하여 기준으로 삼기로 한다.[23]

3) 형식적 특징과 명칭

통일신라시대 숟가락으로 지금까지 확인된 숟가락 가운데 대표적인 것을 들자면 술잎의 끝이 뾰족하고 최대 너비가 비교적 상단에 있으며 자루목으로 이어지는 부분이 약간 각이 져서 세장한 자루에 연결되는 형식이 있다.[안압지 3번][24] 그리고 너비가 길이보다 크지만 원형에 가까운 형태의 술잎에 역시 세장한 자루에 연결되는 형식[안압지 5번]이 있고,[25] 둥근 술날에 술잎의 최대 너비는 고려시대에 보이는 유엽형 술잎에 비하여 상단에 있으며 술잎에서 자루로 이어지는 술목이 상당히 넓게 이어지는 형식[안압지 12번]으로 나눌 수 있다.[26]

---

23 필자는 삼국시대와 통일신라시대 숟가락을 일반적인 숟가락으로 볼 수 있는 것과 술과 자루의 연결된 각이 큰 것으로 나누어 설명한 바 있으나 그간의 연구성과를 반영하고 최근까지 출토된 숟가락 자료를 더하여 새롭게 형식분류 안을 제시하고자 한다.(정의도, 2008, 「청동숟가락의 등장과 확산–삼국시대~통일신라시대–」, 『석당논총』 42, 동아대학교석당학술원)

24 이 형식을 안압지 보고서에서는 숟가락 其 2 : 杏葉匙(술잎의 형태가 은행나무잎 모양의 숟가락)라고 하였다.

25 이 형식을 안압지 보고서에서는 숟가락 其 1 : 圓形匙(술잎의 형태가 둥근 모양의 숟가락)라고 하였다.

26 이 형식은 안압지 보고서의 숟가락 其 4 : 여말선초의 숟가락에 포함되어 있다.(문화공

미지막으로는 술잎이 유연형으로 최대 너비가 안압지 3번이나 안압지 12번과 달리 술잎 중앙에 위치하는 형식[한우물 출토]이 있다. 이 중 안압지 3번과 5번의 가장 큰 특징은 술잎과 자루의 연결 부위, 즉 술목이 뚜렷하게 구분되며 가늘고 긴 자루가 부가된다는 것이 특징이며 특히 안압지3번의 술잎은 최대 너비가 술 전체 길이의 4부 이상에 위치하지만 술어깨라고 해도 좋을 정도로 분명하게 각을 만들면서 자루에 연결되고 있다는 것이다. 안압지 5번 또한 자루와 술잎의 연결 부분인 술목이 분명하게 구분된다는 것이 특징이라고 하겠다. 그에 반해 안압지 12번이나 한우물에서 출토된 숟가락은 술잎과 자루가 별다른 구분점이 없이 연결된다는 것이 앞선 두 형식과 차이를 보인다.

한편 안압지 3번과 동일한 형식의 숟가락은 자루가 변형되긴 했지만 안압지 출토 숟가락 가운데 1점이 있을 뿐으로 그 출토 예가 상당히 드물다. 그에 비해 안압지 5번과 동일한 형식의 숟가락은 안압지에서도 출토 예가 4점이 더 있고 경주박물관 우물지 출토 숟가락, 동궁과 월지 우물 출토숟가락, 경주 노동동 12번지유적 우물 출토 숟가락, 동천동 696-2번지유적 21호우물과 원형유구 출토 숟가락, 창녕 말흘리 퇴장유구 출토 숟가락, 청주 용정동 Ⅱ-7호석곽묘 출토 숟가락 등 경주를 중심으로 다수 출토되고 있다.

그리고 안압지 12번과 동일한 형식의 숟가락은 천관사지3차 출토 숟가락, 경주 북문로 왕경유적Ⅱ 출토 숟가락, 창녕 말흘리 퇴장유구 출토 숟가락, 당진 삼웅리유적 출토 숟가락, 1943년 부소산출토 숟가락, 황해도 평산 출토 숟가락 등으로 경주와 지방에서도 함께 출토되고 있는 경향을 보인다. 아울러 숟가락 실물은 아니지만 분황사에서 출토된

보부 문화재관리국, 1978, 『안압지』, p.394, 삽도 6 숟가락 其4(좌, 사진 ABC, 우, B 실측도)

숟가락 거푸집은 당시 유행하던 숟가락의 형식을 알려주는 것이며 숟가락의 제작지와 주된 사용처를 알려주는 유물이라고 할 수 있다. 또한 술잎이 유엽형인 한우물 출토 숟가락과 동일한 형식의 숟가락은 화엄사 서오층석탑 출토 청동숟가락, 그리고 말흘리 퇴장유구 숟가락이 있다.

그리고 확실하게 말하기는 어렵지만 너비가 길이보다 크고 원형에 가까운 형태의 술잎에 역시 세장한 자루에 연결되는 형식[안압지 5번]의 변형으로 보이는 예가 있다. 부소산 1941년 출토 숟가락, 평산 출토 숟가락 1번, 당진 삼웅리 출토 숟가락 3번처럼 술잎은 원형에 가깝지만 술에서 자루로 이어지는 부분은 1.5cm 이상 넓게 이어지는 형식이다.

이렇게 보면 통일신라시대의 숟가락은 크게 5가지 형식[표 2]으로 나눌 수 있겠지만 한가지 고려할 점은 안압지 3번과 5번 숟가락은 동일한 형식의 숟가락이 일본 정창원 남창에 수장되어 있다는 것이다. 이들 숟가락은 2017년 제70회 정창원전까지 수차례에 걸친 정창원전에 전시된 바도 있지만 문제는 이 두 형식의 숟가락이 한세트로 묶여서 보관되고 있으므로 이 두 형식의 숟가락은 기능을 달리하면서 하나는 숟가락으로 사용하고 다른 하나는 젓가락이나 국자처럼 음식을 덜어오는 도구로 사용되었을 것으로 추정할 수 있다.[27]

숟가락은 음식을 떠서 입으로 넣는다는 기본적인 기능을 생각하면 이 두 형식의 숟가락을 모두 숟가락으로 보기 어려운 점도 없지 않아 숟가락과 국자로 나누어 보아야 하지 않을까 하는 의문도 든다. 그런데 신라에서 일본으로 수출하여 정창원에 보관 중인 숟가락과 국자는 일본의 天平勝寶 4년 6월 23일의 연기를 가진 「買新羅物解」라는 기록에 「白銅匙

27　일본에서는 필자의 월지형1식을 「円形匙」로 월지형2식을 「木の葉形匙」로 나누어 술잎의 형태에 따라 명명하고 있다.(奈良國立博物館, 2018, 『第70回 正倉院展』, pp.80~82)

二具」라는 기록이 있다.[28] 이 기록을 참고하면 당시 신라 사람이나 일본 사람들은 둘 다 숟가락(匙)으로 불렀을 가능성이 높다고 볼 수 있다. 그리고 경주지역에서 출토되는 대부분의 숟가락이 술잎이 원형인 점과 안압지에도 출토 예가 많은 상황을 고려하여 술잎 원형의 숟가락이 가장 많이 출토된 유적의 이름을 따서 『월지형 숟가락 1식』으로 하고 술잎의 길이가 너비보다 크고 최대 너비가 4부 이상에 위치하는 형식을 『월지형 숟가락 2식』으로 명명하고자 한다.[29]

다음으로는 술날이 둥글고 술잎의 최대 너비가 술잎의 중위에 있는 것이 아니라 3부 또는 4부에 형성되어 있으며 술잎에서 자루로 이어지는 부분이 1cm 이상의 너비로 이어지게 제작된 것으로 월지형 숟가락과는 외관에서 분명한 차이가 난다. 이에 해당되는 숟가락은 천관사지(3차) 3호우물 출토, 경주 북문로 왕경유적Ⅱ 우물6호 출토, 1943년 부소산 출토, 황해도 평산 출토 숟가락 등을 들 수 있다. 이 형식의 숟가락을 제작한 거푸집이 분황사에서 발견되었으므로 『분황사형』으로 이름 하고자 한다.

한편으로 술잎은 최대 너비가 중위에 위치하는 유엽형이며 세장하고 약간 만곡하는 자루가 부가된 형식으로 한우물2호나 화엄사 서삼층석탑 출토 숟가락, 창녕 말흘리 퇴장유구 출토 15번, 16번 숟가락 등으로 아직 그 예가 많지 않다. 가장 완전한 형태로 출토된 유적의 이름을

---

28 「매신라물해」에는 향류, 약류, 안료, 염료, 금속류 및 거울, 향로, 촛대 등이 포함되어 있다. 숟가락(匙)과 젓가락(箸) 외에도 금저(金筯)가 포함되어 있는데 이 품목이 금(金)으로 만든 젓가락(筯)인지 자세하지 않지만 쇼소인 남창에 유일한 金銀箸 한쌍이 숟가락과 함께 수장되어 있는 것은 사실이다.(奈良國立博物館, 2015, 『第67回 正倉院展』)

29 숟가락의 사전적 의미는 사람이 밥, 국 따위의 음식을 떠먹는 기구이며 생김새는 우묵하고 길둥근 바닥에 긴 막대가 달려 있는 것으로 음식물을 입으로 운반하는 도구이다. 그리고 국자는 국이나 액체 따위를 뜨는 데 쓰는 기구인데 옴폭 들어간 바닥에 긴 자루가 달린 것으로 음식을 떠서 나누는 도구이다. 문제는 월지형 1식을 국자로 볼 것인지 숟가락으로 볼 것인지 하는 것인데 1식과 2식이 한 세트로 묶여 정창원에 전하고 있지만 그 구체적인 사용법을 알기 어렵고 1식만 출토되는 경우가 많아 일단 숟가락으로 보고자 한다.

표 2 통일신라시대 청동숟가락 분류안

형식		도면(사진)	출토유적
월지형	1식		안압지 4번, **5번**, 6번,16번 청주 용정동 Ⅱ-7호 경주박물관 우물 재매정지 63호 동궁월지 우물 1호 동궁월지 배수로 창녕 말흘리 10-13 경주 노동동12번지 B-1 13호 우물, C-1 26호 우물 용인 영덕동 수혈주거지 * 정창원 남창 소장 佐波理製匙
	1-a식		**부소산(1941년-2)** 경주 동천동 696-2 우물 21호 경주 동천동 696-2 원형유구 평산1 창녕 화왕산성 집수지 보은 삼년산성 집수지 당진 삼웅리 3번
	2식		**안압지 3번** 안압지 7번 * 정창원 남창 소장 佐波理製匙
분황사형			안압지 12번 분황사지 거푸집 부소산 (1941년-1) 부소산 (1943년) **천관사지(3차) 3호 우물** 경주 북문로 왕경 Ⅱ 우물 6호 삼년산성 집수지 평산 2 창녕 말흘리 14 * 정창원 金銀製匙1
한우물형			**한우물 집수지 2호** 창녕 말흘리 15, 16번 화엄사 삼층석탑

때시『한♀ 물형』이라고 부르기로 한다.

　마지막으로 경주 동천동696-2번지유적 우물21호와 원형유구, 부소산 1941년 출토 숟가락, 평산 출토 출토된 원형의 술잎과 넓은 자루가 부가된 형식이 있다. 경주 동천동 출토 숟가락의 술잎은 길이와 너비가 7.2cm로 거의 같고 술목의 너비는 1.5cm 정도이다. 이것은 앞선 월지형 1식과 술잎이 원형인 것은 같지만 술잎과 자루가 분명하게 나누어지지 않고 술목에서 자루로 상당한 너비를 만들면서 이어지는 것이다. 이 형식을 월지형 1식의 변형이라고 보아『월지형 1-a식』으로 한다.

　다음으로는 통일신라시대의 국자인데 통상적으로 다량의 액체를 뜨는데 사용되는 국자는 창녕 말흘리 퇴장유구에서 2점이 출토되었다. 말흘리 퇴장유구에서 발견된 유물은 통일신라시대 유물이 대부분이라고 하지만 말흘리 퇴장유구의 조성시기를 생각하면 그 내부의 유물이 모두 한시기에 제작된 것으로 단정 짓기는 어렵다. 다만 원형의 술잎의 숟가락이 포함되어 있어 일부 유물이 통일신라시대인 것은 사실이고 대체로 신라말경에 해당된다는 보고자의 견해는 타당한 것으로 생각된다.

　말흘리 국자를 통일신라시대라고 본다면 남아 있는 통일신라시대 국자 가운데 가장 큰 것이다. 길이 45cm, 자루 32cm, 술잎 13cm× 18.2cm로 신라시대의 국자 중에는 가장 크다. 그리고 다른 한 점은 국자의 일부만 남아 있는데 길이 9cm, 너비 9cm 정도이다. 그리고 대구 칠곡3택지 2-가구역에서 출토된 토제국자가 있다. 자루나 술이 결실된 것인데 회청색 경질토기로 경산 임당동 저습지에서 출토된 목제국자와 그 형태가 유사하다. 이와 같은 출토 유물로 보면 지름 10cm 이상의 타원형의 국자에 긴 자루가 부가되는 형식의 국자는『말흘리형 국자』라고 하고 소형의 토제 국자는『칠곡리형 국자』로 부를 수 있을 것 같지만 국자는 아직 출토 사례가 많지 않다. [표 3]

표 3 통일신라시대 국자 분류안

형식	도면	출토유적
말흘리형		창녕 말흘리유적
칠곡리형		대구 칠곡유적 18호 구

통일신라 숟가락의
편년과 사용시기

다음으로는 통일신라시대에 해당되는 유적과 유물의 편년을 살펴보기로 하자. 통일신라시대의 청동숟가락이 가장 많이 출토된 유적은 경주 안압지와 대구 칠곡3택지유적, 신라왕경유적 등이 있다. 안압지와 신라왕경유적, 그리고 분황사지에서 출토된 숟가락은 보고서에 유물의 출토 상황이나 층위에 대한 설명이 없이 일괄하여 기술하고 있는 것은 고고학적 관점에서 보자면 대단히 아쉬운 일이 아닐 수 없다. 고고학은 유구와 유물에 대한 연구를 기본으로 하는 것으로 현장의 발굴조사에서는 토층조사를 통하여 유구와 유물의 순서를 찾고 실내에서 이루어지는 연구는 그 순서를 바탕으로 편년을 시도하고 편년의 결과에 따른 각 시대상을 해석하는 것이다.

1) 월지형

위의 관점에서 본다면 안압지의 발굴이 정부에 의한 경주종합개발

계획의 일환으로 이루어져 체계적인 조사가 이루어지지 않은 점도 있지만 발굴조사가 유구의 평면을 확인하고 유물을 수습하는 것으로 채워지고 말았다는 것이다. 당시로서는 상당한 금원이 소요되는 조사였고 그 조사 기간도 2년으로 다른 거대고분의 발굴조사 기간과도 맞먹는 것이다. 게다가 상상치도 못한 유물이 출토되고 더욱이 일본 정창원에 소장된 일부 유물의 원류가 신라임을 입증하는 유물도 적지 않게 출토되어 문화적 자부심을 높인 발굴조사인 점에서는 획기적이었다고 할 수 있을 것이다. 그러나 안압지가 기록에 따라 문무왕 14년(674)에 조성된 것임을 믿어 신라 경순왕 5년 2월(931)에 고려 태조를 맞아 연회를 베푼 시기까지 약 250년간에 걸친 수축이나 개축 등을 입증할 수 있는 어떠한 조사 결과도 제시된바 없고 동경잡기에 기록된 애장왕 연간의 중수 기록에 대한 검토도 이루어지지 않았다는 것이다. 그 결과 보고서는 발굴의 경과에 유구의 노출 상황과 유물이 수습 상황을 기록하고 유구의 조사에는 각 유구의 발굴 당시의 상황을 기록한 다음 각종 출토 유물을 와전류, 용기류, 목재류, 금속류, 목간류, 철기류, 동물뼈, 석제류, 기타류 등으로 나누어 설명하였으나 더구나 보고된 출토유물 15,023점 전체에 대한 설명은 아니었다.[30]

이어서 출토유물에 대한 미술사적, 조경학적, 민속학적, 지질학적, 보존과학적 고찰로 이루어진 안압지에 대한 고찰을 실었는데 고고학적 고찰은 앞선 유구의 노출 결과와 유물에 대한 개략적인 설명으로 대체된 듯 하고 출토 유물과 유구에 대한 층위 노출에 따른 편년과 출토유구와 유물에 대한 구체적인 해석은 어디에도 찾아보기 어렵다. 호안석축 단면도와 11면의 토층도가 실려 있기는 하나 유구나 유물 해석에는 전혀 도움이 되지 않는 것으로 안압지에서 출토된 유구와 유물의 순서나

---

30 문화공보부 문화재관리국, 1978, 『안압지』.

시기를 특정할 수 없는 결과를 남고 만았다.

그러므로 현재까지 동일 유적에서 가장 많은 숟가락이 출토된 안압지이지만 분명한 것은 그것이 모두다 통일신라시대 유물은 아니라는 것이며 그 내부에서 출토된 숟가락은 형식분류는 가능하지만 발굴조사에서 확인된 토층에 따른 선후 관계에 따라 그 순서를 정하는 것은 불가능하고 이러한 상황은 그 이후에 발굴조사가 이루어진 신라왕경유적보고서나 분황사 발굴조사 결과도 마찬가지이다. 그리고 대구 칠곡3택지 유적에서 출토된 청동숟가락과 국자는 모두 25점 가량 되지만 보고서에 별다른 언급이 없어 모두 동시기의 유물로 판단할 수밖에 없는 상황이다.

그나마 안압지 출토 숟가락(월지형)의 상한과 제작시기를 판단할 수 있는 근거는 있다. 삼국사기에 남아 있는 기록과 지금까지의 연구 결과를 참고하면 1978년 당시 안압지로 보고된 월지는 신라말까지 유지되고 있었던 것으로 볼 수 있다. 그러므로 월지 내에서 출토된 유물의 상한은 문무왕 14년(674)이 되고 일단 하한은 경순왕 5년(931)으로 보아야겠지만 월지에서 출토된 숟가락 가운데 고려시대에 편년되는 것이 포함되어 있으므로 그 하한은 특정하기 어렵다.

월지형 숟가락의 제작시기는 일본 정창원에 소장되어 있는 숟가락이 참고가 된다. 일본 나라의 동대사 정창원 유물에 포함된 청동제 원형 숟가락과 타원형 숟가락은 모두 주조된 후 모양을 다시 가다듬은 것으로 술잎이 원형과 타원형의 숟가락 하나씩을 1조로 하여 종이로 감고 이것을 다시 10조씩 묶어 노끈으로 감싸서 보관 중인 것인데 전혀 사용하지 않은 것도 있다. 이 숟가락 세트는 앞서 지적한 것처럼 월지형 1식은 공통의 식기에서 음식을 들어내는 데 사용하고 월지형 2식은 음식을 떠서 입으로 가져가는 용도였을 것으로 생각된다. 그렇다고 하여도 이와 같은 추정은 월지형 1식과 2식이 같이 사용되었을 경우이고 월지형

1식만 출토되는 상황이라면 음식물을 입으로 바로 운반하는 용도였을지도 모른다. 이렇게 신라에서 일본으로 수출하여 정창원에 보관 중인 숟가락은 일본의 천평승보[天平勝宝] 4년 6월 23일의 연기를 가진 매신라물해라는 기록이 뒷받침하고 있다. 즉 매신라물해는 일본정부가 752년 신라사절의 외래품을 구입하기 원하는 5위 관등 이상 고급 귀족들에게 그들이 필요로 하는 물건의 품목, 수량, 가격 등을 기록하여 담당 관청에 제출한 문서로서 제출 일자는 752년 6월 15일부터 7월 8일 사이이며 여기에 「白銅匙貳具」라는 기록이 있다.[31] 이 기록으로 보아 정창원에 보관 중인 월지형 숟가락은 천평승보 4년, 즉 752년 이전에 이미 신라에서 제작된 것이 확실하다고 볼 수 있다.

이와 같이 월지형 숟가락이 정창원에 소장되어 있다고 해서 월지에서 출토된 숟가락도 752년 이전에 제작된 것이 되는 것은 아니다. 단지 동일한 형식의 숟가락이 752년 이전에 제작되어 일본으로 수출된 예가 있다는 것이고 월지의 조성 시기가 문무왕 14년(674)이므로 그 사이에 제작된 것이 월지에서 출토되었을 가능성이 있을 뿐이다. 다행히 월지형 1식은 경주지역에서 다수 출토된 사례가 있다.

경주 노동동 12번지유적에서는 모두 19기의 통일신라시대 우물이 출토되었고 그 중 2기에서 숟가락이 출토되었다. 13호우물에서는 무문전과 단판, 중판 타날문 평기와, 대부완, 뚜껑, 잔, 대부호, 대호, 시루, 주전자 등이 월지형 1식과 함께 출토되었다. 동 유적 26호우물에서는 중판타날문양 평기와가 대부분이고 토기류로는 대부완, 대부편구병, 평저

<hr />

31 「白銅匙貳具」라고 한 것은 이난영의 연구 논문에 따른 것이다.(이난영, 1992, 「II.금속공예품의 유형과 형식분류」,『한국고대금속공예연구』, 일지사, pp.103~117) 그런데 최근에 개최된 정창원 관련 심포지엄에서 박남수는 「白銅匙箸貳具」라고 기록되어 있다고 하였지만(박남수, 2018, 「정창원 매신라물해를 통해 본 신라 물품 교역」,『정창원 소장 한반도 유물 국제학술심포지엄』, 국립문화재연구소, pp.25~43) 内藤榮는 매신라물해에는 匙만 기록된 것으로 발표하였다.(内藤榮, 2018, 「正倉院所藏の朝鮮半島遺物」,『정창원 소장 한반도 유물 국제학술심포지엄』, 국립문화재연구소, pp.76~77)

병, 대호 등과 함께 월지형 1식 숟가락, 동곳 1점, 골제품 1점도 포함되어 있다. 그리고 경주박물관부지 우물 내부에서는 목제 두레박 7점, 사각편병과 인화문토기 등 140여 점, 수막새가 주류를 이루는 기와류가 25점, 철기 및 청동기 등의 금속류가 230여 점이 출토되었고 동물뼈, 나무편, 나뭇가지, 복숭아씨앗 등이 출토되었는데 여기서 월지형 1식 숟가락이 출토되었다.

또한 경주 동궁과 월지 Ⅰ 유적의 1호우물에서 상부에서는 다량의 기와, 그 아래로 호, 병, 뒤꽂이와 도자, 월지형 1식 숟가락, 골제 주사위가 출토되었다. 숟가락 자루의 이면에는 「東伊」라고 새겼고 2호 배수로 상부에서 수습된 숟가락의 자루 이면에는 「漢阿伊」라고 새겼다. 이상과 같은 유적에서 월지형 숟가락과 동반하여 출토되는 토기와 기와를 참고하면 이들은 대부분 9세기 중반을 넘지 못하는 것으로 생각되는데 이것은 우물의 폐기 연대를 말하는 것으로 노동동 우물 출토 예처럼 사용 흔적이 남아 있는 것도 있으므로 실제 제작 시기와 사용 시기는 이를 소급할 가능성도 있다.

이와 같은 사정을 감안하면 월지형 1식의 사용 시기는 정창원 소장 월지형의 제작 하한 시기가 752년이므로 실제로 신라에서 제작되고 사용되는 시기는 이를 상회할 것이며 통일신라 말기에 이르러 폐쇄되는 우물에서 출토되고 있기도 한 것으로 보아 이 월지형 1식의 제작 및 사용 시기는 늦어도 8세기 초부터 시작되어 이르면 7세기 중후반- 9세기 후반에 이를 것으로 판단된다.

다음으로 월지형 2식은 지금으로서는 통일신라시대에 사용되었을 가능성이 높다고 밖에 할 수 없다. 물론 월지에서 출토된 예가 있고 일본 정창원에 동일한 형식의 숟가락이 신라에서 건너 온 것임을 증명하는 문서와 남아 있기 때문에 신라에서 사용되고 제작된 것은 분명하다. 그러나 출토예가 지금까지는 월지 이외의 유적에서는 출토된 바 없고 월지에서는 고려시대의 숟가락과 같이 출토된 것으로 보고되어 제작 시기나 사용 시기를 특정하기는 어렵다. 다만 정창원에서는 월지형 1식과 2식이 한 벌로 묶여서 보관되어 있기 때문에 월지형 2식도 같이 제작되고 사용되었다고 볼 수도 있겠으나 월지형 1식은 다른 유적에서 출토되는데 반해 2식은 출토되지 않는 것은 제작하기가 까다로워 제작을 중단하여 분황사형 등 다른 형식으로 대체되었을 가능성도 있고 아니면 월지형 1식으로만 식탁에서 사용하게 되었을 가능성도 없지 않은데 이것은 여타 우물지나 유구에서 출토되는 숟가락이 월지형 1식 또는 분황사형만 보이고 있기 때문이다.

아울러 월지형 1-a식에 관한 것이다. 부소산과 평산에서도 출토되고 경주 동천동 696-2번지 우물 21호와 원형유구에서 출토되었고 당진 삼웅리 출토 3번 숟가락이 이에 해당된다. 일차적으로 부소산과 평산유적은 동반되는 유물이 8세기 중반 경에 편년되고 동천동 우물 21호는 부근의 7세기 후반에서 8세기 전반 경에 축조된 남북도로가 9세기까지 사용된 다음 폐기된 우물로 판단되어 내부에서 출토된 숟가락을 비롯한 인화문호나 사면편병의 상한은 9세기를 넘지 못한다. 그리고 칠곡 송정리 1호수혈유구에 출토된 월지형 1-a식은 동반 토기의 연대가 9세기 후반으로 볼 수 있으므로 참고가 되고 당진 삼웅리 숟가락은 9~10세기대에 걸친 폐기층에서 출토되었으므로 10세기까지 그 사용시기를 내려볼 수 있을 것이다. 그러므로 월지형 1-a식은 8세기 중반 경에 제작되어 10세기 초까지는 사용되었다고 볼 수 있다.

2) 분황사형

분황사형은 분황사에서 출토된 숟가락거푸집에서 따온 명칭으로 이형 또의 순가락은 1점(안압지 12번)이 윗지 출토품에 포함되어 있다. 이외에도 분황사형은 경주 천관사지(3차) 우물지3호, 경주북문로 왕경유적Ⅱ 우물6호와 부소산과 평산 등 지방에서도 보이는 형식이다. 1943년 부여 부소산에서 출토된 숟가락은 철제다연, 삼고형철기, 철제도끼, 청동제 정병, 수병, 초두, 오화형반 등과 함께 출토되었고 황해도 평산에서도 청동제접시, 청동제 오화형접시. 청동제 승반형명, 청동제 정병, 청자 등이 출토되었는데 청동제 기명은 부소산에서 출토된 것과 거의 동일한 것이다. 이 청동기명의 편년은 제동방의 연구 결과와[32] 이난영의 견해를 따르면[33] 10세기까지 내려가지는 않는 것으로 판단하였다.

이난영의 편년은 청동제기명이나 숟가락은 모두 8세기 경으로 볼수 있는데 청동제 정병이 고려시대의 특징을 보여주고 있어서 10세기까지 내려 볼 수밖에 없었다고 하였다. 이러한 청동정병이 고려시대에 대표적인 유물인 것은 맞지만 2008년 경상북도 군위군 인각사에서 통일신라시대의 금동병향로와 향합, 청동제 정병이 출토되었고 2016년에는 삼척 도계리 흥전리사지에서 통일신라시대 청동제 정병이 출토되어 부소산과 황해도 평산 출토 숟가락의 연대는 8세기 중엽 전후로 보아도 크게 문제가 되지 않는다고 생각된다.[34] 그리고 천관사지 3차 3호우물 내부는 5층으로 구분되는데 바닥 상부에 퇴적된 5층에서 편병, 편호, 장동호 등의 토기류와 납석제 저부 등과 분황사형 숟가락 2점이 출토되었다. 동반되는 편병과 편호가 9세기대에 편년되는 것으로 숟가락의 사용 시기도 이에 해당된다. 이와 같이 분황사형은 8세기 이후에 제작된

32 齐东方, 1999, 「第一编 唐代金银器的考古学研究 叁 器物形制分析」, 『唐代金银器研究』, 中国社会科学出版社, pp.37~78.

33 이난영, 1977. 6, 「부소산 출토 일괄유물의 재검토-그 연대를 중심으로-」, 『미술자료』, 국립중앙박물관.

34 최응천, 2018, 「정창원 금속공예의 연구현황과 과제」, 『정창원 소장 한반도 유물 국제학술심포지엄』, pp.5~21.

형식으로 생각되는데 이것은 중국 숟가락의 영향도 있을 것으로 생각되므로 분황형의 사용시기도 8세기경부터 시작된 것으로 볼 수 있고 창녕 말흘리 퇴장유구가 신라말 경으로 편년되므로 여기서 출토된 분황사형의 예를 보아 신라말까지 사용된 것으로 추정된다.[35]

3) 한우물형

한우물 제2우물지(집수지)의 북벽 트렌치에서 상당한 양의 유물이 집중되어 출토되었는데 토기등잔을 비롯한 각종 토기류, 완형의 토수 기와가 겹쳐서 출토되었고 연못 바닥에서 청동숟가락 1점이 출토되었다. 숟가락 자루 이면에 「仍伐乃力只奈末000」 이라는 명문이 있어 「잉벌내」라는 이름은 경덕왕때 곡양현으로 바뀌기 전의 이름이므로 이를 근거로 숟가락 제작시기를 판단하였다. 즉 경덕왕의 군현정비작업의 시기를 경덕왕 16년(757)으로 보아 숟가락의 제작 사용시기로 판단하여 8세기 중반의 유물로 보았다. 그러나 지방의 군현명칭은 중앙에서 바꾸었다고 해도 일률적으로 바뀌는 것은 아니며 때로는 지역의 전통을 상징하는 이름으로 사용되기도 하므로 단지 경덕왕의 군현제 개편 시기가 숟가락 편년의 유일한 기준이 되는 것은 아니다. 한우물형식의 숟가락은 아직까지 경주지역에서는 출토된 예가 없고 구례 화엄사 서오층석탑에서 사리병과 함께 숟가락이 출토되었는데 이 탑은 조각상을 각 부분에 새긴 점이나, 지붕의 조형이 보다 유연한 느낌을 주는 점 등으로 보아 통일신라 후기인 9세기 경에 만들어진 것으로 추정되어 숟가락의 상한을 짐작

---

35 정의도, 2017, 「통일신라 전통의 고려초기 숟가락연구」, 『한국중세고고학』 2호, pp.75〜106.
    정의도, 2018, 「중국당대숟가락−완성과 새로운 변화−」, 『문물』 제8호.

케 한다. 또한 술잎이 유엽형인 숟가락은 신라말에 조성된 것으로 보이는 창녕 말흘리퇴장유적, 9~10세기대의 폐기층 내에서 출토된 당진 삼웅리유적에서 출토된 숟가락이 남아 있어 한우물형(유엽형 술잎의 숟가락)은 9세기 이후에 제작되는 것으로 볼 수 있다.

4) 소결

이상과 같은 출토 상황에 따른 사용 시기를 종합하면 월지형과 분황사형은 거의 같은 시기에 사용된 것으로 볼 수 있고 한우물형은 9세기 경이 되어서 등장하는 것으로 생각된다. 특히 월지형 2식은 출토지가 안압지로 한정되어 있어 사용 계층이 극히 한정되었거나 짧은 시기에만 제작된 것으로 볼 수 있다. 분황사형은 경주지역에서도 출토되지만 지방에서 출토되고 있어 월지형 보다는 넓은 지역 또는 계층에서 사용되었음을 보여준다. 이런 판단이 숟가락의 형식이 계층을 나타내는 것인지 단언하기는 어렵지만 월지형 1식과 2식이 안압지에서만 출토되고 있는 상황을 전혀 부정할 수는 없는 형편이다. 그렇다고 하여도 월지형 1식은 경주지역에서 출토 예가 적지 않고 지방에서도 출토된 예가 있기 때문에 앞서 지적한 특정 계층의 숟가락이라고 한 것은 월지형 1식과 2식을 같이 사용하는 경우에 한정된 경우이다. 그러므로 신라의 일부 계층만 월지형 1식과 2식을 사용하여 식사를 하였다는 것인데 지방에서는 월지형 숟가락의 변형을 제작하여 사용한 예가 부소산이나 평산, 그리고 당진 삼웅리유적과 같은 경우라고 생각된다.

지금까지 발굴조사 상황을 보면 월지형 1식과 2식은 세트로 사용되었을 것이 분명하여 늦어도 8세기 전반 경에는 제작, 사용되었을 것으로 추정되고 1식은 경주지역을 중심으로 9세기 후반까지 사용되었을 것으로 추정되었다. 또한 분황사형은 월지에서도 1점이 출토되었지만 지방에서 월지형 1-a식과 같이 사용되는 것으로 판단되었다. 그렇다면 월지형 2식이 빠른 시간 내에 사라지고 월지형 1식만 사용되거나 분황사형과 세트로 사용되었을 가능성도 없지 않을 것이지만 단언하기 어렵다.

월지형 1식만 사용되었을 가능성은 우물에서 출토되는 월지형이 1식만 출토되고 월지 내부에서도 월지형 2식의 출토 예가 적기 때문이다. 그러나 월지 내에도 분황사형이 포함되어 있고 지방에서 분황사형과 월지형 1-a식이 같이 출토되고 있기 때문에 지금으로서는 두가지 상황이 모두 가능성이 있다고 할 것이다. 또한 술잎이 유엽형에 세장한 자루가 부가된 한우물형은 9세기 경에 등장하는 것으로 보이는데 어떤 배경이 작용한 것인지는 차후의 연구과제이다.

그리고 가장 의문스러운 것은 왜 젓가락은 경주지역에서 한 점도 출토되지 않았을까 하는 것이다. 중국 당대 분묘 부장품을 살펴보면 이미 젓가락이 사용되고 있었음은 분명하고 정창원에도 당에서 건너간 것으로 보이는 수저 한 세트가 소장되어 있다. 게다가 자루의 형태가 워낙에 다르긴 하지만 월지형 2식의 술잎이 당나라 숟가락의 술잎을 닮아 있어 중국으로부터 영향이 없었다고 말하기는 어려운 상황이다.[36] 더구나 신라가 삼국을 통일하여 당과 본격적인 교류를 시작하고 군현명과 관직을 모두 중국식으로 바꾸면서 한화정책을 이어갔다. 고려태조는 훈요십조에서 우리 동방은 예로부터 당의 풍속을 숭상해 예악문물을 모두 거기에 좇고 있다고 할 정도였다.[37] 그런 상황에서 젓가락이 경주지역에서는

---

36 정의도, 2018, 「중국당대숟가락-완성과 새로운 변화-」, 『문물』 제8호.

37 『高麗史』 世家 太祖二十六年 夏四月 其四曰, 惟我東方, 舊慕唐風, 文物禮樂, 悉遵其制, 殊方異土, 人性各異, 不必苟同, 契丹是禽獸之國, 風俗不同, 言語亦異, 衣冠制度, 愼勿效焉.

한 겁도 발견되지 않고 있다는 것은 저가락 대신 월지형 숟가락 세트를 사용하는 것이 당시의 식사 풍습이었는지 아니면 아직 출토되지 않고 있는 것인지 좀 더 지켜볼 필요가 있겠다.

통일신라 숟가락의 출토 상황검토

05

통일신라시대 유적에서 숟가락이 출토되는 유적은 월지, 경주 왕경 우물지, 화왕산우물지, 한우물 등과 같이 인공적으로 시설을 하여 물을 가둔 곳, 그리고 용인 영덕동이나 부여 부소산처럼 산 속이나 하천에 가까운 곳에 위치하는 곳으로 나눌 수 있다. 집수지나 우물 등은 물 속에 「용신」이 살고 있다고 생각하여 숟가락을 투기하였다고 생각하여 「용신 제유적」으로, 산 속이나 하천 부근에 입지한 곳에서 출토되는 숟가락은 「산천제」와 관련하여 숟가락을 매납하였을 것으로 생각하여 「산천제유 적」으로 나누어 설명하기로 한다.

1) 용신제유적[38]

안압지에서는 숟가락 26점이 출토되었고 통일신라시대부터 고려시대의 것까지 포함되어 있었다. 안압지의 발굴이 문제가 있다고 하여도 그것이 층위발굴에 대한 것이지 유물 수습을 부실하게 하였다는 것은 아닐 것이다. 당시로서는 충실하게 안압지 내부에서 출토되는 수골까지 모두 수습하여 말과 개의 두개골, 조류, 반추동물의 견갑골까지 수습하여 보고하였다. 안압지는 실로 통일신라시대 유물의 보고이다. 각종 토기류와 건축부재류는 말할 것도 없고 청동제대명, 청동제접시, 청동제합, 유개합, 청동제대접 등의 금속용기, 금동제삼존판불, 금동보살판불, 용두장식구(남쪽 섬과 동편 대안 사이 출토) 등의 불상과 장식구, 철과, 철도자, 철모, 철촉, 청동체투구와 갑주 등의 무기류, 등자, 행엽, 마형 등의 마구류, 철부, 철추, 철파, 이지조구, 철망치, 철제송곳, 철겸, 철정, 철제가위, 철연제가위, 숟가락 등의 도구, 각종 비녀, 소령구, 청동지환 등의 장신구, 방추차, 어망추, 철제열쇠, 철제자물쇠, 목칠연, 목선, 주사위, 인물목상 등 완형만 9종(와전류, 용기류, 목재류, 금속류, 목간류, 철기류, 동물뼈, 석제류, 기타류 등) 15,023점에 달하고 편으로 출토된 것까지 합치면 18,224점에 이른다.[39]

문제는 이와 같은 유물들이 왜 안압지에서 출토되었는가에 대한 질문은 전혀 없다는 것이다. 아마도 통일신라 당시 안압지가 동궁의 원지로 운영되고 있을 때에는 일부 유물들이 본의 아니게 빠트렸거나 주변

---

38 용신제는 어느 곳이든 물속에는 신이 있으며 그 신격의 상징은 용이라는 믿음으로 제사를 지내는 것을 말한다. 용신은 수신(水神)과 같은 의미로 본 것이며 음력 정월 대보름날 물가로 나가 용왕신에게 가정의 행운이나 장수, 풍요를 비는 풍속은 아직도 민간에 남아 있다.

39 이것은 안압지 발굴조사 보고서에 기록된 것이고 〈고경희, 1989, 『안압지』, 빛깔있는 책들 28, 대원사〉에서는 모두 3만여 점이라고 하였다.

에서 물을 따라 흘러 들어간 것으로 보았거나 신라가 멸망한 이후에는 안압지-월지의 서쪽에 위치한 월지궁의 전각들이 무너지면서 남아 있는 기물들이 안압지로 쓸려 들어갔다고 믿었던 것은 아닐까 한다. 최근까지도 일부 발굴조사에서 확인되는 집수지와 우물지 내부에서 출토되는 유물에 대하여 별다른 언급이 없는 것은 아마도 분실물쯤으로 생각한 결과일 것이다.[40]

물론 일부 건물의 부재가 안압지로 쓸려 들어갔을 가능성은 있겠지만 상당수의 기물들은 당시 신라 사람들이 고의적으로 투기한 것이라고 믿고 있다. 특히 물속에서 출토될 이유가 없는 기물들-예를 들면 투구와 갑주, 마구, 철과나 철도자, 철공부나 농공구 등은 그 출토 배경이 심상치 않은 것으로 보인다. 예를 들면 철제공부가 14점이나 출토되고 鉋形鐵器가 9점씩 출토되는 것은 일반적인 분실이나 재미로 물속에 던진 행위의 결과로 볼 수는 없고 이것은 안압지에서 출토된 숟가락도 마찬가지라고 생각한다.

고고학에서 발굴조사는 인간의 모든 행위를 남겨진 유구와 유물로서 복원하고 이해하고자 하는 것이며 이때 유물의 출토 상황은 당시 인간의 행위를 복원하는 단초가 된다. 결코 상식적이라고 볼 수 없는 안압지 내의 유물 출토 상황을 어떻게 이해하여야 할지가 관건이다.

안압지 내부에서 출토된 유물 가운데 접시나 완의 바닥 또는 안팎에 먹으로 글자를 쓰거나 음각하거나 도장을 찍은 것이 남아 있다. 그 중 「신심용왕」 「용왕신심」 「용」 「본궁신심」 등의 명문은 그 의미가 안압지

---

40 고경희는 안압지 발굴에서 출토된 유물은 모두 3만 여 점으로 이 유물들은 당시 왕과 군신들이 이곳에 향연할 때 못 안으로 빠진 것과 935년에 신라가 멸망하여 동궁이 폐허가 된 후 홍수 등 천재로 인하여 못 안으로 쓸려 들어간 것, 신라가 망하자 고려군이 동궁을 의도적으로 파괴하여 못 안으로 물건들을 쓸어 넣어 버린 것 등으로 추정하였다. 향연할 때 빠진 것이라는 것은 실수로 빠진 것이라고 보는 듯 하고 고려군이 동궁을 의도적으로 파괴하였다는 것은 신라가 고려에 귀부한 사실로 보아도 쉽게 수긍할 수 없는 것이다.(고경희, 1989, 『안압지』, 빛깔있는 책들 28, 대원사)

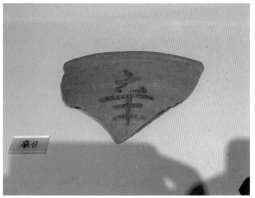

도 24
경주 월지 출토 「辛審龍王」
명, 「辛」 명 토기

의 성격을 이해하는데 대단히 중요한 것이다. 먼저 안압지에서 출토된 접시, 완, 대접 등의 내저면에 「辛審龍王」이나 「龍王辛審」銘이 큰 글자로 음각된 예가 있고 漆器에도 「龍」이나 「井」을 먹으로 쓴 것이 있다. [도 24] 또한 신라 헌강왕 앞에서 춤을 춘 남산신의 이름이 「祥審」이었으며 춤 이름이 「御舞祥審」 또는 「御舞山神」이라고 한 『三國遺事』의 기록을 참고 하면 신심은 산신을 칭한 것이 되어 「신심용왕」이나 「용왕신심」은 「山神 龍王」이나 「龍王山神」으로 볼 수 있다.[41]

그런데 『三國史記』 「職官」 條에 東宮에 속한 관청은 東宮官, 東宮衙, 月池嶽典, 龍王典 등이 있는데[42] 월지악전과 용왕전이 월지에 산신제와 용왕제를 담당하였던 관서로 알려져 있으므로 위에서 예를 든 「辛審龍 王」이나 「龍王辛審」銘 토기, 「龍」이나 「井」銘 칠기 등은 월지악전이나 용 왕전에서 용왕을 모시던 제사에 사용하였던 용기로 볼 수 있을 것이다. 그러므로 삼국사기의 기록대로 월지가 왕이 연회를 베풀던 장소였던 것

---

41 『三國遺事』 紀異 第二 處容郎 望海寺 又幸 鮑石亭 南山神現舞於御前 左右不見 王獨 見之 有人現舞御前 王自作舞 以像示之 神之名或曰祥審 故至今國人傳此舞 曰御舞 祥審 或曰御舞山神 或云旣神出舞 審像其貌 命工摹刻 以示後代 故云象審 或云霜髥 舞 此乃以其形稱之

42 『三國史記』 卷第三十九 「雜志」 第八 「職官」 中 東宮官 東宮衙 景德王十一年置 上大舍 一人 次大舍一人 月池典 月池嶽典 大舍二人 水主一人 龍王典 大舍 二人史二人

도 사실일 것이나 발굴조사에 출토된 「신심용왕」 명 토기는 월지에서 행해진 용왕제를 행하는 과정에서 수장된 것으로 볼 수 있기 때문에 월지가 단순히 연회의 장소만으로 이용되지는 않았음을 보여주고 있다고 생각된다.

東宮에 속한 관청 가운데 月池嶽典은 월지에 조성된 산을 관장하고 龍王典은 월지에 깃든 용왕에 대한 제사를 주관하였던 관청이었으므로 월지에서 용왕에 대한 제사가 이어지고 있었고 그 과정에서 상당한 기물이 월지로 투척되었을 것으로 볼 수 있다.[43]

이러한 추정은 월지 내에서 출토된 여러 기물 가운데 무구류나 농구류 등으로도 입증된다고 생각된다. 무구류는 투구, 칼, 창, 화살촉 등과 등자, 행엽, 재갈 등의 마구류가 있다. [도 25] 『삼국사기』 잡지 제사조에는 대사, 중사, 소사 이외에도 사성문제, 부정제, 사천상제, 사대도제, 압구제, 벽기제 등이 행해졌다고 하였다.[44] 생각해 볼 것은 제사가 행해진 장소로 사성문제는 4개의 성문 앞, 부정제는 양부의 뜰에서, 사천상제는 4군데의 물과 숲에서, 문열림에서는 일월제, 영묘사에는 오성제, 혜수에서는 기우제, 사도대제는 마을과 숲에서 이루어졌다고 하였다. 그러므로 제사를 지낸 장소는 산과 하천, 숲, 큰 길 등으로 생각되고 각 대상에는 그에 상응하는 신이 깃들여 있다고 믿었을 것으로 볼 수 있다.

이와 같은 상황을 고려하면 나라에 난이 일어나 소란할 때 무력을 상징하는 갑옷이나 칼을 신에게 받치는 제사를 지냈을 것이며 날이 가

---

43 당나라의 문학자이며 철학자인 劉禹錫(772~842)이 그의 陋室銘에서 「山不在高有仙則名 水不在深有龍則靈」(산은 높아서 이름을 얻는 것이 아니라 신선이 살아서 이름이 되는 것이요 물은 깊어서 신령한 것이 아니라 용이 살아서 신령한 것이다)이라 한 것은 물을 다스리는 용에 대한 당시의 믿음을 보여준 것으로 생각된다.

44 『三國史記』雜志. 祭祀. 四城門祭. 一大井門. 二吐山良門. 三習比門. 四王后梯門. 部庭祭. 梁部. 四川上祭. 一犬首. 二文熱林. 三靑淵. 四樸樹. 文熱林行日月祭. 靈廟寺南行五星祭. 惠樹行祈雨祭. 四大道祭. 東古里. 南簪井樹. 西渚樹. 北活倂岐. 壓丘祭. 壁氣祭. 上件. 或因別制. 或因水旱. 而行之者也.

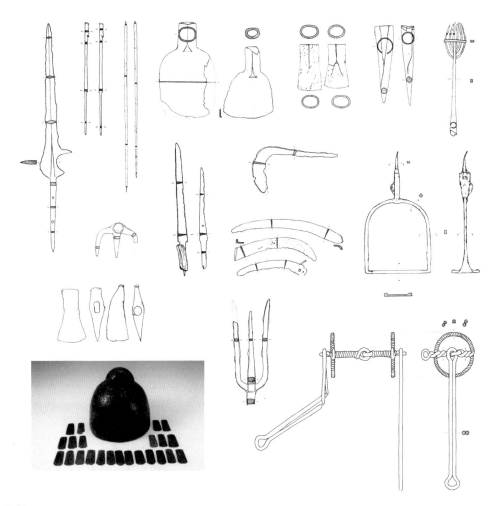

도 25
월지 출토 무기류, 농기류
각종(축적부동)

물어서 기근이 들면 기우제를 지내 비를 내려주기를 기원하는 제물로서
농기구를 받쳤다고 추정된다. 말하자면 안압지 내 출토 유물 중에는 물
론 전각이 허물어지면서 쓸려 들어간 것도 있겠지만 안압지에 깃든 용
왕이나 산신에게 올리는 제물도 다수 포함되어 있다고 볼 수 있으므로
유물의 출토 배경에 대한 구체적인 분석이 필요하다는 것이다.

그런 점에서 안압지에서 출토된 26점의 숟가락도 상당한 고고학적
의미를 지닌다고 하겠다. 월지형 숟가락이 대단히 고급제품으로 인식되

어 당시 신라 귀족의 특이한 식사문화를 반영하고 같은 물건이 일본 정창원에 다수 보관되어 있어 신라문화의 우수성을 반영하는 것 말고도 이것은 당시 신라인들의 정신세계를 반영하는 결과로 남은 것이라는 관점도 분명하다. 숟가락이 식탁에서 먹는 행위를 대표하는 기물이라고 한다면 숟가락을 월지 내에 깃든 용왕에게 받치는 행위는 비를 관장하는 용에게 비를 순조롭게 내리게 해달라고 비는 것이며 그것으로 보다 풍성한 먹을거리를 보장받으려는 바람인 것으로 그 계기는 특히 가뭄이 들어 풍년에 대한 절실함이 더해졌을 때였을 것이다.[45]

그런 관점에서 경주지역이나 지방에서 숟가락이 출토된 유적과 출토 상황에 대하여 검토하여 보기로 한다. 월지형 숟가락은 월지 말고도 경주 박물관부지내 우물, 동궁 월지 I 유적 우물1호, 재매정지13호우물, 경주노동동12번지 B-1 13호우물, C-1 26호우물, 창녕 말흘리 퇴장유구 등이 있고 분황사형은 천관사지(3차) 3호우물, 경주북문로 왕경 II 6호우물, 말흘리퇴장유구, 부소산, 삼년산성, 평산유적 등이 있다. 그리고 한우물형은 한우물유적 집수지2호와 화엄사5층석탑, 말흘리퇴장유구가 있고 월지형1-a식은 동천동696-2번지유적 21호우물과 원형유구, 당진 삼웅리유적, 부소산과 평산유적 등이 있다. 이 중에서 물과 관련된 우물이나 집수지에서 출토된 것이 대부분이고 특히 경주지역에 그런 현상이 집중되어 확인된다. 말흘리퇴장유구는 그 조성시기가 고려시대로 추정되기 때문에 유물의 편년과 유구의 조성 목적이 중요하겠지만 부소산유적과 황해도 평산유적은 제사유적일 가능성이 높다.

숟가락이 출토된 우물지 가운데 숟가락이 출토된 상황을 가장 분명하게 알 수 있는 경주박물관 부지내 우물지(이하 박물관 우물)와 동궁 월지

---

45 진평왕 50년(628)에 크게 가뭄이 들어 시장을 옮기고 용을 그려서 비를 빌었다는 기록이 있어 용이 비를 주관하는 신령스런 동물로 인식하고 있었던 것을 알 수 있다.(『三國史記』新羅本紀 卷第四 眞平王五十年 夏大旱 移市畵龍祈雨)

Ⅰ유직 우물1호(이하 월시 우물)의 토층을 검토하여 보기로 한다. 박물관 우물은 직경 2.5m 가량의 토광을 파고 내경 90cm, 깊이 290cm의 석축우물이다. 우물 내부는 바닥까지 회흑색의 진흙층으로 가득 차 있었는데 목제두레박 7점을 비롯한 목제유물 50여 점, 사각편병과 인화문토기 등 토기류 140여 점, 수막새가 주류를 이루는 기와류가 25점, 철기 및 청동기와 같은 금속류가 230여 점 등 450여 점의 유물이 출토되었고 각종 동물뼈, 나무편, 나뭇가지, 복숭아와 같은 씨앗도 함께 출토되었다. 우물에서 출토된 유물은 확인된 우물 상단에서부터 바닥까지 차 있는 상태였는데 크게 층위별로 구분하면 상층은 사각편병이나 항아리 같은 큰 토기류 및 연화문 수막새가 주류를 이루고 하층으로 갈수록 각종 동물뼈나 씨앗류, 완이나 용도를 알 수 없는 철기나 뒤꽂이 같은 청동기 유물과 같이 부피가 작은 유물이 확인되었다고 하였다.

이와 같은 상황은 박물관 부지 내 남쪽에 위치한 우물지에서도 다르지 않다. 우물의 내부가 우물의 상부 시설로 보이는 다듬은 석재와 할석들이 가득 차 있는 점으로 본다면 인위적인 매몰이 분명하다. 우물지 내부에는 850cm 아래에서 약 8세 가량의 인골 1구를 비롯하여 소뼈 1/4마리분, 닭뼈 등 많은 동물뼈 및 두레박 2점, 토기 10여 점이 출토되었다. 그리고 약 950cm 아래에서는 두레박과 토기 4점, 1,000cm 지점에서는 토기 1점이 출토되는 정황으로 보아 출토되는 유물은 인위적인 행위의 결과임이 분명하다.

월지우물은 4건물지군 내부 시설로서 상부는 대형 천석으로 매립되어 있었다. 우물의 평면은 원형이며 내경 80cm, 깊이 7m의 천석으로 축조된 석축우물이다. 상부에서 70~330cm까지는 천석과 불탄 기와 및 목재 아래로 막새기와가 출토되고 그 아래에는(330~430cm) 대형천석 2매와 천석을 두었다. 430~650cm 깊이에서는 다량의 호와 병, 완 등의 토기와 숟가락, 가랑비녀, 도자, 화살촉, 장식부재가 포함된 금속제유물,

골제 주사위가 출토되었고 650~680cm 아래에서는 석제인물상, 동식물 유체, 두레박 등이 출토되었다. [도 11 참조]

이와 같이 우물을 폐기하면서 대량의 기물을 내부에 차곡차곡 매납하였다는 것은 폐기 과정이 특정한 의례 절차에 따라 이루어졌으며 그 의례의 대상은 우물에 깃든 신이었을 것이다. 신라의 역사는 우물과 깊은 연관이 가지고 전개되었다. 박혁거세는 「나정」이라는 우물이 출생 무대이며 「알영정」은 용이 나타나 훗날 왕비가 되는 여자아이 하나를 낳은 곳으로[46] 신라의 개국에 있어 우물은 시조의 탄생지이며 용이 살고 있는 신성한 장소가 된다. 또한 원성대왕은 복두를 벗고 흰 삿갓을 쓰고 12현의 가야금을 들고 천관사 우물로 들어가는 꿈을 꾸고 왕이 되었는데 천관사 우물은 궁궐로 해몽하였고, 아울러 원성왕 11년(795)에는 두 여자가 스스로 동천사의 동지와 청지에 사는 용의 아내라고 하면서 자신들의 남편인 용과 분황사 우물의 용을 당나라 사신이 잡아 갔다고 한 기사가 실려 있다.[47]

이와 같은 상황이라면 신라 사람들은 우물에 용이 깃들어 있으며 나

---

46 『三國史記』新羅本紀 第一 始祖 高墟村長蘇伐公望楊山麓 蘿井傍林間 有馬跪而嘶 則往觀之 忽不見馬 只有大卵 剖之 有嬰兒出焉 則收而養之 及年十餘歲 岐嶷然夙成 六部人以其生神異 推尊之 至是立爲君焉 五年 春正月 龍見於閼英井 右脇誕生女兒 老嫗見而異之 收養之 以井名 名之 及長有德容 始祖聞之 納以爲妃 有賢行 能內輔 時人謂之二聖

47 『三國遺事』卷第二 紀異 第二 元聖大王 伊飡金周元 初爲上宰 王爲角干 居二宰 夢 脫幞頭 著素笠 把十二絃琴 入於天官寺井中 覺而使人占之 曰 脫幞頭者 失職之兆 把琴者 著枷之兆 入井 入獄之兆 王聞之甚患 杜門不出 于時阿飡餘三[或本餘山]來 通謁 王辭以疾不出 再通曰 願得一見 王諾之 阿飡曰 公所忌何事 王具說占夢之由 阿飡興拜曰 此乃吉祥之夢 公若登大位而不遺我 則爲公解之 王乃辟禁左右 而請解 之 曰 脫幞頭者 人無居上也 著素笠者 冕旒之兆也 把十二絃琴者 十二孫傳世之兆 也 入天宮井 入宮禁之瑞也 王曰 上有周元 何居上位 阿飡曰 請密祀北川神可矣 從之 王卽位十一年乙亥 唐使來京 留一朔而還 後一日 有二女 進內庭 奏曰 妾等乃東池靑 池[靑池卽東泉寺之泉也 寺記云 泉乃東海龍往來聽法之地 寺乃眞平王所造 五百聖衆 五層塔 幷納田民焉] 二龍之妻也 唐使將河西國二人而來 呪我夫二龍及芬皇寺井等三 龍 變爲小魚 筒貯而歸 願陛下勅二人 留我等護айる龍也 王追至河陽館 親賜享宴 勅 河西人曰 爾輩何得取我三龍至此 若不以實告 必加極刑 於是出三魚獻之 使放於三處 各湧水丈餘 喜躍而逝 唐人服王之明聖

라의 시조가 태어난 곳이자 왕궁으로 상징되는 신령스런 장소이니 폐기에는 당연히 제사를 지냈고 제사지낸 기물을 매납하여 신령을 위무하였다고 추정할 수 있게 되는 것이다.

집수지에서 출토되는 숟가락 또한 다르지 않다고 생각된다. 삼국시대와 통일신라시대에 걸쳐 축조된 성곽 내부에는 농성에 대비한 집수지를 조성하게 되는데 그 내부에서는 가위나 대도, 마구류가 출토되는 예가 적지 않고 농기구가 출토되기도 한다. 각각의 출토 상황은 이미 검토한 바 있으므로 생략하겠지만[48] 그 출토 유물의 종류가 모두 안압지 출토유물에 포함되어 있다는 것이 의미심장하다고 하겠다. 그러므로 집수지에서 출토되는 무기나 마구류는 그냥 흘러들어간 것이 아니라 군사를 상징하는 것으로 제사의 결과로 투기된 것이며 숟가락이나 가위 등은 집수지 내부에 깃들여 있으면서 물을 주관하는 용에게 기우제나 풍년제를 지내면서 올린 헌물(폐백)로 보는 것이 합리적이다.[49]

2) 산천제유적[50]

출토상황이 분명하지 않지만 부소산유적이나 황해도 평산유적은 제사유적으로 볼 수 있는데 황해도 평산유적은 산성리 성황산성 내에서

---

48 정의도, 2013, 「Ⅲ 성곽 의례와 제사」, 『성곽조사방법론』, 한국문화재조사연구기관협회 고고교육총서2, 한국문화재조사연구기관협회편, pp.291~326.

49 이렇게 집수지나 우물에 물을 다스리신 용신이 있다고 믿고 제사를 지내는 것은 안압지에서 고려시대에 제작된 숟가락이 출토되는 것으로 보아 그 믿음은 계속 이어지고 있는 것으로 생각되고 조선시대까지도 물속에 살고 있는 용에 대한 제사는 이어진다.(정의도, 「양산 용당 가야진사」, 『문물』 제4호, pp.229~259)

50 삼국사기 제사조에 나타난 제장을 살펴보면 대사 중사 소사를 지내는 장소는 모두 산과 하천으로 남아 있고 四城門, 川上, 文熱林, 楸樹, 惠樹, 靑淵 등으로 문지와 숲, 못이 있다. 이로 보면 주된 제장은 선택된 산과 하천으로 볼 수 있으므로 산천제라고 이름하였다.

출토된 것으로 추정되어 산천제사와 관련된 헌물일 가능성이 높다고 생각된다.[51] 또한 부소산유적 출토 유물은 부소산 중턱에 부소신궁을 축조하는 과정에서 출토된 것으로 부소산 북악 송월대 동쪽으로 뻗은 산등성이 동남쪽으로 경사진 아래쪽에서 출토되었다고 하였다. 부소산은 『삼국사기』에 백제는 매년 사중월에 왕이 하늘과 오제의 신에 제사한다고 하였고[52] 『新增東國輿地勝覽』에는 부소산은 부여의 진산으로 성황사가 부소산의 정상에 있다고 하였으므로 산천제가 이어지던 통일신라 당시에도 부소산에 올라 제사를 지내면서 사용하던 것일 가능성이 있다고 생각한다.[53]

제사유적에서 숟가락이나 젓가락이 제물로 사용된 것을 가장 잘 보여주는 유적이 대구 칠곡3택지(2·3구역) 개발지구(이하 칠곡유적)이다. 이 유적에서는 수혈에서는 숟가락편 14점과 국자편 2점, 그리고 구에서는 숟가락 6점, 국자 1점, 젓가락 1점, 토제국자 1점 등이 출토되어 숟가락 20점, 국자 3점, 젓가락 1점, 토제국자 1점 등 모두 25점에 이른다. 그런데 이 유적의 성격을 보고서에서는 「아직 선례가 없는 병영과 관련된 대규모 관방유적」으로 보았다. 그러나 유적의 어떤 구조적 특징이라든지 또는 출토유물의 특징을 근거로 하여 병영과 관련된 대규모 관방유적이라고 한 것인지 알 수 없다. 오히려 「유적 전체를 도시계획하듯 의도적

51 『新增東國輿地勝覽』에 의하면 평산 성황산성은 부의 동쪽 5리에 있으며 석축성으로 둘레가 7,525척, 높이 20척으로 성 안에 우물이 하나 있으나 지금은 폐하였다고 하였고 성황사는 부의 동쪽 5리에 있다고 하였다. [古跡 城隍山城 在府東五里 石築周七千五百二十五尺 高二十尺 內有一井今廢 祠廟 城隍祠 在府東五里] 필자의 연구에 따르면 성황사가 위치한 산은 삼국시대 이래 진산이었을 가능성이 높고 이곳에 축조된 성곽은 제장으로 활용되었을 것으로 보았다.(정의도, 2007, 「제장으로서 산성연구 : 진산을 중심으로」, 『문물연구』 제11호, 동아시아문물연구학술재단·한국문물연구원)

52 『三國史記』卷第三十二 雜志 第一 祭祀樂 祭祀條 百濟 冊府元龜云 百濟每以四仲之月 王祭天及五帝之神

53 『新增東國輿地勝覽』卷之十八 夫餘縣 山川 扶蘇山 在縣北三里鎭山 東岑有坡陀處 號迎月臺 西岑曰送月臺 祠廟 城隍祠 在扶蘇山頂(정의도, 2007, 「제장으로서 산성연구 : 진산을 중심으로」, 『문물연구』 제11호, 동아시아문물연구학술재단·한국문물연구원)

으로 구획하고 구획된 공간을 어떤 특수한 용도로 부합하여 사용한 점 등은 본 유적만이 갖는 특별한 수식어일 것이다. 또한 통일신라시대에 있어 특정지역에서 본 유적처럼 매우 밀집되어 수혈유구가 분포한 것은 전대미문의 일일 것이다라고 하여 유적 전체가 아주 계획적인 공간 사용 계획에 따라 조성하였으며 수혈유구가 매우 밀집하여 출토된 유적인 것이다.

지금으로서는 특정하기 어려운 수혈유구가 밀집되어 있고 그 내부에서 출토되는 유물 또한 다종다양하여 그 성격을 짐작하기 어려운 유적이지만 필자는 이 유적의 위치가 팔계천의 충적평야 위에 형성된 평지유적, 특히 하천이 인접한 배후습지에 조성된 것이라는 조건이 유적의 성격을 설명하는 가장 큰 포인트가 된다고 생각하여 『三國史記』에 기록된 川上祭가 행해진 결과가 아닐까 추정해 본다. 이상과 같은 추정을 가능케 하는 유적과 유물이 용인 영덕동유적 1지점 5호 수혈주거지 출토 숟가락이다. 이 유적 또한 두 물길이 합류하는 곳을 바라볼 수 있는 야산에 위치하면서 토기와 숟가락이 출토되었다. 보고서에는 이 유구를 주거지로 판단하였으나 상면이 울퉁불퉁하여 주거지로는 보기 어렵고 동반 출토된 토기들의 출토 상황, 유구의 위치 등을 고려하면 제사유적으로 볼 수 있을 것으로 생각되어 역시 물길과 관련된 천상제와 관련된 유구로 볼 수 있다.

끝으로 통일신라 숟가락 가운데 청주 용정동 Ⅱ-7호석곽묘에서 출토된 것이 유일하게 분묘에서 출토된 것이다. 이에 관하여는 이미 연구가 진행되어 자세한 논의는 피하겠지만 이 숟가락은 월지형 1식으로 숟가락이 부장품으로 채택된 배경이 당시 통일신라와 중국과의 교류관계나 통일신라가 지향하고 있었던 사회적 분위기를 보여주는 유물로 판단되었다.[54]

---

54 정의도, 2017, 「통일신라 전통의 고려초기 숟가락연구」, 『한국중세고고학』 2호, pp.75∼106.

맺음말 06

숟가락은 밥상에서 국을 뜨거나 음식을 덜어 직접 입으로 넣는 도구이다. 통일신라시대에 제작된 숟가락은 술잎의 끝이 뾰족하고 세장한 자루가 부가된 것과 술잎이 거의 원형이면서 세장한 자루가 한 세트로 사용된 형식(월지형 1식, 2식), 술잎의 날이 둥글면서 최대 너비가 4부 보다 상위에 위치하며 너비가 상당한 자루가 부가되는 형식(분황사형), 술잎이 유엽형이면서 가는 자루가 부가되는 한우물형이 있다. 그리고 술잎이 월지형 I 식과 같이 거의 원형이지만 술잎에서 이어지는 자루가 넓게 이어지는 형식(월지형 1-a식)이 있다.

각 형식의 사용시기는 월지형과 분황사형은 거의 같은 시기에 사용된 것으로 볼 수 있고 한우물형은 9세기 경이 되어서 등장하는 것으로 생각된다. 특히 월지형 2식은 출토지가 안압지로 한정되어 있어 사용 계층이 극히 한정되었거나 짧은 시기에만 제작된 것으로 볼 수 있다. 월지형 1식은 경주지역에서 출토 예가 적지 않고 지방에서도 출토된 예가 있기 때문에 앞서 지적한 특정 계층의 숟가락이라고 한 것은 월지형 1식과 2식을 같이 사용하는 경우에 한정된 경우이다. 그러므로 신라의 일부 계층만 월지형 1식과 2식을 사용하여 식사를 하였다는 것인데 지방에서는 월지형 숟가락의 변형을 제작하여 사용한 예가 부소산이나 평산유적과 같은 경우라고 생각된다.

지금까지 발굴조사 상황을 보면 월지형 1식과 2식은 일본 정창원 소장 숟가락을 보더라도 세트로 사용되었을 것이 분명하여 늦어도 7세기 후반 경에는 제작, 사용되었고 1식은 경주지역을 중심으로 9세기 후반까지 사용되었을 것으로 보았다. 또한 분황사형은 월지에서도 1점이 출토되었지만 지방에서 월지형 1-a식과 같이 사용되는 것으로 판단되었다. 그리고 월지형 2식이 빠른 시간 내에 사라지고 월지형 1식만 사용되거나 분황사형과 세트로 사용되었을 가능성도 있지만 단언하기 어렵다.

월지형 1식만 사용되었을 가능성은 우물에서 출토되는 월지형이 1식만 출토되고 월지 내부에서도 월지형 2식의 출토 예가 적기 때문이다. 그러나 월지 내에도 분황사형이 포함되어 있고 지방에서 분황사형과 월지형 1-a식이 같이 출토되고 있기 때문에 지금으로서는 두가지 상황이 모두 가능성이 있다고 할 것이다. 또한 술잎이 유엽형에 세장한 자루가 부가된 한우물형은 9세기 경에 등장하는 것으로 보이는데 어떤 배경이 작용한 것인지 차후의 연구과제이다.

그리고 젓가락이 경주지역에서 한 점도 출토되지 않는 것은 의문이 없지 않다. 삼국시대에도 젓가락 출토 예가 있고 일본 정창원에도 당에서 건너간 것으로 보이는 수저 한 세트가 소장되어 있다. 젓가락 대신 월지형 숟가락 세트를 사용하는 것이 당시의 식사 풍습이었는지 아니면 아직 출토되지 않고 있는 것인지 좀 더 지켜볼 필요가 있겠다.

그리고 숟가락은 경주지역에는 월지나 우물지 등 물과 관련된 유구에서 주로 출토되었다. 월지는 구체적인 숟가락 출토 상황을 알 수 없으나 경주지역 우물에서 출토된 숟가락은 우물의 계획적인 폐기과정에서 매납한 것이 확인되었다. 우물을 폐기하면서 대량의 기물을 내부에 차곡차곡 매납하였다는 것은 폐기 과정이 특정한 의례 절차에 따라 이루어졌으며 그 의례의 대상은 우물에 깃든 신이었을 것이다. 신라 사람들은 우물에 용이 깃들어 있으며 나라의 시조가 태어난 곳이며 왕궁으로 상징되는 신령스런 장소로 여겼으므로 폐기에는 당연히 제사를 지냈고 제사지낸 기물을 매납하여 신령을 위무하였다고 추정할 수 있게 되는 것이다.

삼국시대와 통일신라시대에 걸쳐 축조된 성곽 내부에는 농성에 대비한 집수지를 조성하게 되는데 그 내부에서는 가위나 대도, 마구류가 출토되는 예가 있고 농기구도 출토되기도 하는데 그 출토 유물의 종류가 모두 월지 출토유물에 포함되어 있다. 그러므로 집수지에서 출토되는 무기나 마구류는 그냥 흘러들어간 것이 아니라 군사를 상징하는 것으로 제사의 결과로 투기된 것이며 숟가락이나 가위 등은 집수지 내부에 깃들여 있으면서 물을 주관하는 용을 위한 용신제를 지내면서 올린 헌물로 볼 수 있다.

또한 산지유적인 부소산유적이나 황해도 평산유적, 용인 영덕동유적 1지점 5호 수혈주거지 출토 숟가락은 산천제와 관련된 유적으로 볼 수 있다고 생각된다. 부소산은 부여의 진산으로 성황사가 부소산의 정상에 있었던 곳이며 평산유적도 산성리 성황산성 내에서 출토된 것으로 추정되어 모두 산천제사와 관련된 헌물일 가능성이 높다고 생각된다. 이와 같이 숟가락은 통일신라시대에는 물론 식도구로 사용되었겠지만 집수지나 수혈 등에서 출토되는 숟가락은 용신제와 산천제에서 풍년을 빌고 먹을 것을 상징하는 헌물로서 신에게 받쳐졌다고 생각된다.

표 4 통일신라시대 유적 출토 숟가락 및 국자 일람표(축적부동)

번호	유적명	출토숟가락	계측치(cm) 전체/자루/술(길이)/술(너비)	형식	유적 성격
1	안압지 3번		27.5/ 22.0/ 6.5/ 4.5	월지형 2식	원지
2	안압지 4번		23.0/ 18.5/ 6.8/ 7.0	월지형 1식	원지
3	안압지 5번		24.5/20.0/ 6.2/ 6.5	월지형 1식	원지
4	안압지 6번		잔12.2/ -/ -/ -	월지형 1식	원지
5	안압지 12번		25.5/ 17.8/ 8.2/ 4.5	분황사형	원지
6	경주박물관 부지		24.3/ 19.6/ 4.7/ 7.0	월지형 1식	우물
7	감은사지 서삼층석탑		12.5/ -/ -/ 1.4		탑
8	분황사지 (숟가락 거푸집)		거푸집 길이 13.5/ 너비 16.0	분황사형	탑
9	재매정지 13호 수혈		-/ -/ 7.2/ 6.6	월지형 1식	수혈
10	경주북문로 왕경유적Ⅱ 우물6호		22.2/ -/ 7.8/ 4.3	분황사형	우물

번호	유적명	출토숟가락	계측치(cm) 전체/자루/술(길이)/술(너비)	형식	유적 성격
11	경주노동동 12번지 B-1구역 13호 우물		22.5/ -/ 4.4/ 5.5	월지형 1식	우물
12	경주노동동 12번지 C-1구역 26호 우물		21.7/ -/ 3.6/ 5.0	월지형 1식	우물
13	천관사지 D구역 3호 우물		① 25.1/ -/, -/ 4.1 ② 17.8/ -/ -/ -	분황사형	우물
14	경주 동궁과 월지 I 유적	①	24.9/ -/ 4.6/ 5.6	월지형 1식	우물
15	경주 동궁과 월지 I 유적	②	10.4/ -/ -/ -	월지형 1식	우물
16	경주 동천동 696-2번지 우물21호		18.9 -/ -/ -	월지형 1-a식	우물
17	경주 동천동 696-2번지 원형유구		25.4/ -/ 7.2/ 7.2	월지형 1-a식	원형 유구
18	왕경유적 1541번		17.0/ -/ -/ -	분황사형	표토
19	왕경유적 1548번		8.9/ -/ -/ -		표토
20	경주북문로 왕경유적 II		10.1/ -/ -/ -		수혈
21	대구 칠곡 유적 73호		9.4/ -/ -/ -	분황사형?	수혈

번호	유적명	출토숟/락	계측치(cm) 전체/자루/술(길이)/술(너비)	형시	유적 성격
22	대구 칠곡 유적 16호 구		3.4/ -/ -/ -	분황사형?	수혈
23	대구 칠곡 유적 18호 구			국자	수혈
24	대구 칠곡 유적 19호 구			분황사형?	수혈
25	대구 칠곡 유적 9호 수혈			분황사형?	수혈
26	대구 칠곡 유적 88호 수혈		11.1/ -/ -/ -	분황사형	수혈
27	대구 칠곡 유적 119호 수혈		7.1/ -/ -/ -	분황사형?	수혈
28	대구 칠곡 유적 11호 구		11.7/ -/ -/ -	분황사형?	수혈
29	칠곡 송정리 산45-2 번지유적 (Ⅱ구역) 수혈1호		21.2/ -/ 4.4/ 3.9	분황사형	수혈
30	칠곡 송정리 산45-2 번지유적 (Ⅱ구역) 수혈1호		21.8/ -/ 6.8/ 7.2	월지형 1-a식	수혈

번호	유적명	출토숟가락	계측치(cm) 전체/자루/술(길이)/술(너비)	형식	유적 성격
31	1943년 부소산		25.0/ -/ 8.0/ 4.0	분황사형	수혈
32	1941년 부소산	① ②	①타원형-/ 18/ 7.5/ 3.5	분황사형	수혈
			②원형 -/ 18/ 6.5/ 7.0	월지형 1-a식	
33	황해도 평산군 평산면 산성리	① ② ③	①25.3/ -/ 6.5/ -	월지형 1-a식	수혈
			②26/ -/ 7.1/ - ③26.2/ -/ 7.1/ -	분황사형	
34	창녕 화왕산성 집수지		21.8/ -/ 3.8/ 6.9	월지형 1-a식	우물
35	창녕 말흘리 출토 국자	① ②	①-/ -/ 9.0/ 9.0 ②43.0/ -/ 12.0/ 18.0	국자	퇴장
36	창녕 말흘리 출토 숟가락		①원형-/ -/ 7.0/ 7.0	월지형 1식	퇴장
			②타원형-/ -/ 6.0/ -	분황사형	
37	화엄사 서오층석탑	① ②	①20.7/ -/ -/ - ②23.5/ -/ 6.9/ -	한우물형	탑

번호	유적명	출토숟가락	계측치(cm) 전체/자루/술(길이)/술(너비)	형식	유적성격
38	당진 삼웅리 나무고개	① ②	① -/ 18.0/ 8.2/ 4.4	분황사형	폐기층
			② -/ 16.4/ -/ -	월지형 1-a식	
39	이천 설성산성		-/ 12.2/ 6.5/ 7.0		폐기층
40	한우물		25.0 -/ 6.2/ 3.5	한우물형	집수지
41	청주 용정동 Ⅱ-7호 석곽묘	0 10cm	20.8/ -/ 4.0/ 6.4	월지형 1식	석곽묘
42	용인 영덕동 1지점 5호 수혈주거지	0 5 10cm	25.0/ -/ -/ 5.6	월지형 1식	수혈주거지
43	보은 삼년산성	① ②	① 19.6/ -/ -/ -	분황사형	트렌치
			② 20.5/ -/ -/ -	월지형 1-a식	

중국 당대 숟가락

완성과 새로운 변화

2

01 머리말

지금까지 필자가 진행한 숟가락에 대한 연구에 의하면 우리나라의 숟가락은 12세기를 지나면서 요와 금과의 빈번한 교류 속에서 그 사용 계층이 증가하고 부장품으로 선택되는 것으로 생각된다. 12세기를 전후로 한 숟가락은 일반적으로 「S」자 형태로 휘었다고 표현되거나 자루의 만곡도가 크다고 표현되는 것이다. 숟가락이 「S」자 형태를 이루게 되는 것은 술잎의 접지면이 넓은 형식의 숟가락에서 접지면이 좁아지고 아울러 술목에서 술총으로 이어지는 자루의 각도 한층 커지면서 만들어지는 것인데 아직도 필자는 숟가락이 왜 그렇게 휘어졌는지 알지 못하고 있으며 언제부터 「S」자 형태를 이루게 되었는지도 분명히 알지 못하고 있다.

어쨌든 숟가락의 기본적인 형태가 중국에서 비롯된 것이라면 중국 측 자료를 검토하여야 그 변화의 단서를 찾을 수 있을 것으로 판단하고 필자는 삼국시대와 고려시대의 숟가락 연구를 위하여 위진남북조시대의 분묘와 송·요·금·원나라의 분묘에서 출토된 유물을 일괄 정리한 결과를 제시하여 숟가락의 변화상을 좀 더 넓은 관점에서 이해하고자 노력하였다.

이상과 같은 연구를 진행하던 중 고려 초기의 숟가락이 통일신라 전통의 석곽묘에서 출토되고 통일신라시대에는 석곽묘에서 당나라 묘장 전통의 숟가락이 출토되는 상황을 확인하게 되었다.[1] 이를 통해 통일신라시대의 숟가락을 이해하기 위해서는 魏晉南北朝 이후 즉 당대 숟가락의 이해가 필수적이지 않을까 하는 결론에 이르게 되어 당대 분묘에서 출토되는 유물과 숟가락에 대한 검토를 시도하여 보기로 하였다. 마침 당대의 분묘는 극심한 도굴의 피해를 입지 않았다면 대부분 묘지명이 포함되어 그 조성시기를 알 수 있으므로 유물의 편년에도 별다른 어려움이 없으므로 유물의 변화상을 이해하는데 유리한 점이 없지 않다.

이를 위하여 가장 이상적인 것은 중국에서 발굴조사된 당대의 모든 분묘에서 출토된 유물을 검토하는 것이겠지만 중국에서 간행된 모든 발굴자료를 모으는 것은 필자의 능력 밖의 일이어서 중국고고학계의 가장 대표적인 고고미술사 잡지인 『考古』와 『文物』에 실린 자료를 기본으로 하고 최근에 발간된 『中國考古集成』에 실린 당대 분묘 조사결과도 함께 검토하고자 하였다. 그 과정에서 魚魯를 구별하지 못하는 경우가 적지 않을 것이니 선배동학의 많은 질정을 바란다.[2]

---

1 정의도, 2017, 「통일신라 전통의 고려초기 숟가락연구」, 『한국중세고고학』 2호, pp.75~101.

2 이번 글은 부족하지만 당대 중심의 유적에서 출토된 숟가락에 대한 것으로 기본자료를 중국에서 간행되는 『考古』『文物』을 중심으로 대상 유적을 정리하였고 그 결과를 표로 만들어 첨부하였다. 이전에 魏晉南北朝와 宋·辽·金·元의 분묘를 정리하여 역시 표로 만들어 첨부한 적이 있는데 당시에는 시간에 쫓겨 한글로 그 내용을 정리하였다.(정의도, 2009, 「武寧王陵 出土 靑銅匙箸硏究」, 『선사와 고대』 30, 한국고대학회; 정의도, 2009, 「宋·辽·金·元墓 匙箸 및 鐵鋏 出土傾向-高麗墓 副葬品과 관련하여-」, 『문물연구』 제15호, 재단법인 동아시아문물연구학술재단) 그 표를 지금에 와서 보면 알기 한글만으로는 알기 어려운 내용이나 유물이 적지 않아 이번에 제시하는 唐代墓葬의 출전과 출토유물은 모두 简体로 바꾸어 일전의 부족함를 만회하고자 하였다.

02 중국 당대 숟가락   81

隋・唐代 분묘 출토유물

　수・당대 분묘는 서안과 낙양지구에서 가장 많이 출토되어 발굴 조사된 것만 2,000기를 넘고 묘지가 확인된 것도 수백기에 이른다고 하며 山西太原, 辽宁朝阳, 新疆吐鲁番, 湖北武汉, 湖南长沙, 江苏扬州, 广东北江流域과 沿海, 福建 闽江下流와 晉江流域까지 널리 분포하고 있다. 이것은 수・당시기는 국가가 장기적으로 통일체제를 유지하고 있었고 각 지역의 경제나 문화적 발전이 비교적 대등한 수준을 유지하고 있었기 때문으로 볼 수 있다.[3]

　당대의 분묘는 연구자에 따라 隨 文帝에서 唐 高宗(581~683년), 則天武后에서 玄宗(684~755), 肅宗에서 唐 滅亡(756~907)까지 3期로 나누어 보거나 初唐(高祖-高宗/618~683), 盛唐(中宗-玄宗/684~755), 中唐(肅宗-敬宗/756~826), 晚唐(文宗-哀帝/827~907)으로 나누어 4기로 나누어 보는 크게 두 가지의 흐름이 있다.[4] 분명한 것은 安史의 亂(755~763)이 당대

　3　中国大百科全书出版社, 1998, 「隋唐五代墓葬」, 「西安隋唐墓」, 『中国大百科全书-考古学-』, pp.501~502, 555~556.
　4　齐东方 지음・이정은 옮김, 2012, 『중국고고학 수・당』, pp.95~98.

를 전기와 후기로 나누는 가장 큰 기준이 되지만 아래에서는 『고고』와
『문물』에 실린 보고문의 보고자들이 일반적으로 제시한 초당, 성당, 중
당, 만당으로 나누어서 각 시기별 대표적인 분묘를 간단하게 소개하여
당대 분묘의 대체적인 부장품의 구성을 검토하여 보기로 한다. [표 1]

표 1 수·당·오대 분묘 및 출토 부장품 일람

出典	刊行年月	題目	著者	出土遺物	備考
江西历史文物	1982年 4期	九江市发现一座唐墓	吴圣林	武士俑, 仕女俑, 十二时俑, 大小瓷罐, 陶碗, 陶盆, 开元通宝, 银镯	唐代后期
江西历史文物	1987年 2期	会昌县西江发现一座五代墓	钟建华	皈依瓶, 青瓷钵, 白瓷碗, 白瓷撇口碟, 白瓷莲花口盏, 铁鐎斗, 铁刀	花纹砖
江西文物	1990年 1期	会昌县西江隋唐墓葬	钟建华	西江大园背隋墓-青瓷杯, 陶钵, 瑞兽铭文镜, 铁鐎斗, 铁刀西江南星唐纪年墓-花纹平砖, 青瓷杯	纪年铭文砖 (乾封元年, 666)
江西文物	1991年 3期	九江县五代南唐周一娘墓	刘晓祥	青瓷器(敛口钵, 花口大足碗, 大足小碗, 大足圆盘, 盏, 壶), 铜石器(蜂蝶花鸟纹铜镜), 买地券	南唐
江汉考古	1986年 2期	江西瑞昌隋墓	刘礼纯	M1-青瓷盘口壶, 青瓷盘 M2-青瓷钵, 青瓷杯 M3-青瓷四系壶, 青瓷盘, 青瓷罐, 青瓷碗, 青瓷钵 M4-青瓷钵	隋代墓葬
考古	1955年 1期	白沙唐墓简报	陈公柔	陶器(双耳大口陶罐, 小口细颈陶罐, 陶碗, 陶盘, 附连座的四联罐), 漆器(带釉碗, 瓷提壶, 瓷器座), 铜器(铜镜, 铜簪, 铜带饰, 铜钱-开元, 会昌开元, 乾元), 铁器(铁犁, 铁鐎, 铁锄, 铁刀, 铁剪), 铅器	方底圆顶砖室2座, 覆头形砖室10座, 椭圆形砖室1座, 长方形砖室3座, 穹顶形砖室1座等17座 初唐~唐末
考古	1957年 6期	郑州罗新庄唐墓清理记	河南省文化局文物工作队才1队	瓷坛, 白瓷壶, 女侍俑, 马夫俑, 漆器, 葡萄铜镜, 方孔铜钱, 铁器(剪刀)	唐代晚期
考古	1957年 6期	河南安阳琪村发现隋墓	周到	武士俑, 文官俑, 男侍俑, 女侍俑, 四耳青豆釉瓷罐	破坏 隋墓
考古	1958年 5期	江苏高邮车逻唐墓的清理	屠思华	青瓷盂, 青瓷钵, 青瓷碟, 青瓷盘, 男俑, 女俑, 生肖俑, 陶马, 铁斧, 开元通宝	唐代中叶
考古	1958年 6期	扬州唐墓清理	朱江	青瓷片, 灰陶盘口壶, 小灰陶罐, 黄釉硬陶小罐, 酱色釉硬陶小罐, 残漆器, 银圈片, 开元通宝	长庆元年死亡(821)夫人 郑氏大和8年(834)
考古	1958年 6期	浙江余杭闲林唐墓的发掘	车永抗	瓷壶, 交股铁剪, 银指环	

出典	刊行年月	題目	著者	出土遺物	備考
考古	1958年7期	郑州市孙庄唐墓清理记	张静安	陶镇墓兽, 陶男俑, 陶女俑, 陶马, 陶鸡, 陶骆驼, 陶羊, 陶猪, 陶磨, 陶车, 陶舂米臼, 黄釉瓷瓶, 开元通宝	唐墓
考古	1959年10期	安阳隋张盛墓发掘记	考古研究所安阳发掘队	俑类95(侍吏俑, 武士俑, 镇墓兽, 仪仗俑, 伎乐俑, 舞俑, 仆侍俑, 胡俑, 僧用, 家畜家禽俑, 牛俑), 瓷器生活家具类53(壶, 坛, 瓶, 罐, 三足炉, 三足大环盘, 博山炉, 灯, 双耳盂, 钵, 柱盆, 碗, 盒, 盉状器, 小瓷缸, 瓷环足盘, 铜镜), 日用器物的模型(陶靴, 陶履, 瓷棋盘, 瓷柜, 陶井, 陶灶, 陶碓, 陶磨, 陶碾, 房室, 水桶, 剪, 案, 凭几, 烛台, 瓷枕, 陶座, 瓷兽座, 马蹬, 陶珠, 陶印), 墓志	隋开皇14年(594)
考古	1960年1期	郑州上街区唐墓发掘简报	王与刚	盛唐墓葬-55号-带耳室的长方型土洞墓(陶牛车, 陶碓, 磨, 井, 灶, 猪, 狗, 羊, 女俑, 武俑, 瓷罐, 墓志, 镇墓兽, 铜镜) 51号-方形单室砖墓(陶俑, 瓷碗, 镇墓兽, 砖墓志, 武士俑, 文吏俑, 陶井, 陶灶, 陶碓, 陶磨, 陶鸡, 陶狗, 陶马, 陶骆驼, 陶牵马俑, 陶牛车, 女俑, 侏儒俑, 驼俑, 马俑, 瓷碗 54号-方形单室砖墓(陶俑, 镇墓兽, 马, 羊, 猪, 牛, 狗, 鸡, 灶, 碓, 磨, 车, 井, 驼, 武俑, 胡俑, 女俑) 25号-跪拜俑, 陶罐, 铜盆, 铜勺, 骨簪, 骨梳 23号-刀形单室土洞墓(铜镜, 铜洗, 铜钱, 骨梳, 陶罐, 陶俑, 灶) 49号-长方形土洞单室墓(瓷罐, 碗, 陶俑, 陶磨, 铁钉)/玄宗天宝年间晚唐墓葬 15号-刀形单室土洞墓(铜钗, 铜镜, 开元通宝蛤壳) 33号-长方形土洞单室墓(砖墓志, 瓷碗, 瓷罐)	唐代墓葬14座出土遗物257件
考古	1960年1期	江西清江隋墓发掘简报	郭远谓陈柏泉	1号-壶, 碗, 铁钉 8号-砚, 铁钉 9号-高足杯, 碗 11号-唾壶, 碗, 盅, 两盅盘, 12号-唾壶, 盅, 五盅盘, 分格盘, 水丞, 灶 13号-壶, 碗 19号-碗, 铁钉 31号-唾壶, 灶, 双盘四足器, 烛台盘, 碗, 盘, 砚, 铁钉	隋墓8座

出典	刊行年月	題目	著者	出土遺物	備考
考古	1963年3期	天津军粮城发现的唐代墓葬	云希正	青瓷壶, 乐俑, 仆侍俑, 胡俑, 武士俑, 人面鱼身俑, 人面兽身俑, 马, 驼, 羊, 猪, 鸡, 仆兽, 灶, 磨, 碾, 碓, 车轮	
考古	1964年5期	江西南昌赣州黎川的唐墓	薛尧	土坑墓 1-陶壶, 双耳罐, 罐, 杯形钵, 双耳小洗, 瓷碗, 铜镜, 银发簪 2-双耳壶, 铜洗, 圆形纽铜镜, 银发钗, 开元通宝砖室墓8座 M2-碗, 铜盆, 铜勺(半球形有长柄20cm)	中唐时期
考古	1964年5期	浙江丽水唐代土坑墓	金志超	盘口壶, 瓷碗, 灯盏, 石砚, 钱币, 铁鼎	
考古	1964年6期	江苏扬州五台山唐墓	吴炜	墓1-墓志铭, 开元通宝, 青灰色陶盆, 双系青白釉罐, 四系葛釉罐, 盘口双系青釉壶, 白釉小碗, 青釉钵 墓2-铜镜, 青釉钵, 红陶壶, 钱币, 三彩瓷钵墓3-铜镜, 青釉钵, 盘口灰陶壶墓4-红陶壶	墓1-唐光启2年(886)
考古	1964年6期	河南温县唐代杨履庭墓发掘简报	杨宝顺	陶俑(男俑, 女俑, 陶磨, 陶驼, 陶羊, 陶猪), 釉陶狗, 瓷罐, 蚌壳盒, 墨, 开元通宝, 铜镜, 棺钉, 石墓志	景云2年(711)和其妻薛氏合葬于温县
考古	1965年4期	南京钱家渡丁山发现唐墓	南京市文物保管委员会	瓷瓶, 瓷罐, 瓷碗, 陶砚, 铜镜, 铜勺, 铜钱(开元通宝), 铜盆, 墓志	贞元元年(785)或3年(787)
考古	1965年5期	江西南昌碑迹山唐代木椁墓清理	郭远谓	瓷罐, 瓷碗, 铜镜, 开元通宝, 乾元重宝	晚唐
考古	1965年8期	河南扶沟县唐赵洪达墓	郭建邦	武士俑, 文吏俑, 女俑, 镇墓俑, 陶骆驼, 陶磨, 陶灶, 陶碓, 陶罐, 铁镜, 铁剪, 铁犁铧, 墓志砖, 墓志石	唐代开元天宝以前
考古	1972年3期	洛阳关林59号唐墓	洛阳博物馆	三彩文吏俑, 三彩天王俑, 三彩女俑, 三彩镇墓兽, 三彩马, 三彩骆驼, 玉石罐, 黄釉(男俑, 跪拜俑), 侏儒俑, 女俑, 狗, 猪, 羊, 鸡, 鸭, 灶, 井梁, 磨, 碓, 砚, 罐	盛唐中期
考古	1973年4期	河南安阳隋墓清理简记	安阳县文教局	瓷器(四系罐, 单耳瓶, 八盅盘), 陶俑(武士俑, 套衣俑, 侍俑, 女俑, 骆驼, 狗), 陶器(大型红陶缸), 墓志	开皇9年(589)卒
考古	1976年2期	合肥西郊隋墓	胡悦谦	陶俑(镇墓兽, 人面鸟, 守门按盾武士俑, 护卫武士俑, 文吏俑, 跪拜俑, 蹲俑, 女俑, 女侍俑, 马, 骆驼, 牛, 狗, 猪, 双羊, 雌鹿, 双凫, 双系), 陶器(仓, 厕所, 井, 磨, 碓, 车), 瓷器(瓶, 碗, 盖, 灯盏), 铜钱, 墓志	砖筑墓, 隋文帝开皇6年(586)

出典	刊行年月	題目	著者	出土遺物	備考
考古	1977年1期	安徽亳县隋墓	亳县博物馆	隋大业3年口夹墓-武俑, 器座, 马, 骑俑, 牛, 胡服俑, 文俑, 拜俑, 跪俑, 骆驼, 墓志, 壶, 高足盘, 四系罐, 人头鸟身俑, 隋开皇20年王幹墓-瓷器(白瓷大盅, 白瓷小盅, 白瓷砚, 青瓷四系罐, 青瓷瓶, 黄釉高足瓷碗, 黄釉瓷碗, 铜镜14, 陶俑(女乐俑, 舞俑, 歌俑, 炊事俑, 磨坊俑, 仪仗俑, 牛, 卧羊, 灶, 磨, 水磨, 小盆, 烛台, 小勺, 小水罐, 簸箕, 盖, 陶鞋)	砖筑墓, 隋开皇20年(600), 隋大业3年(607)
考古	1977年2期	江西清江隋墓	黄颐寿	李法珍墓-青瓷器(壶, 砚, 小碗) 熊谏墓-青瓷器(壶, 砚, 四系罐, 唾壶, 钵, 灯, 鐎斗)	大业7年(611)
考古	1977年6期	江西南昌唐墓	陈文华许智范	铜镜, 铜钱109(开元通宝), 铁鐎斗, 瓷碗, 瓷碟, 陶罐, 竹俑, 竹鱼, 竹犬, 木俑, 粉盒, 木梳, 麻鞋	木买地券, 唐末(大顺元年, 890)
考古	1978年3期	洛阳发现郑开明二年墓	曾亿丹	白瓷唾壶, 白瓷钵, 陶罐, 铜镜, 金饼, 墓志	开明2年(620)
考古	1980年4期	洛阳关林唐墓	徐治亚	M70ⅢM109金银平脱凤凰花鸟镜, 担夫俑, 牵牛俑, 十二时俑, 陶狗, 陶猪, 陶鸡, 陶罐, 白瓷罐, 下颚托, 铜洗, 铁锁, 铁帽釘, 玉柱, 墓志	天宝9年(750)
考古	1980年4期	徐州茅村画像石墓	尤振尧	陶器-仆侍俑, 胡俑, 武士俑, 女俑, 兽俑(狗, 猪, 马, 牛, 镇墓兽)铜器-友钗, 友簪, 钱币(开元通宝)铁器-灯盏瓷器-瓷碗	天佑年间(904-907)
考古	1980年6期	北京市发现的几座唐墓	马希桂	昌平县旧县唐墓-瓷器(白釉双耳钵, 白釉酒壶, 白釉碗和盏托, 白釉四出碗, 白釉大碗, 酱釉灯碗)陶器(三足双耳鼎, 鐎斗, 四足圆盘, 四鋬釜, 高足杯, 罐, 盆, 盘, 碗, 灯, 鏊子)铜器(镜, 造像, 铜钱)银铁器(银发钗, 铁剪)海淀区清河镇朱房唐墓-陶罐, 陶碗, 陶盘, 墓志王郅墓-贞元5年(789)死亡朱氏墓-元和3年(808) 石景山区高井村墓-陶罐, 铜勺(勺呈椭圆形尾有曲形扁长柄柄端呈圆角勺长约9, 宽7, 深3.5cm, 柄长20.6cm, 宽0.7~1.0cm), 铁匜宣武区先农坛唐墓-白釉加蓝碗, 陶釜, 陶罐	

出典	刊行年月	題目	著者	出土遺物	備考
考古	1980年 6期	湖南长沙咸嘉湖唐墓发掘简报	湖南省博物馆	1.俑类(镇墓兽, 人首兽身双翼俑, 十二生肖俑, 武士俑, 文吏俑, 男侍俑, 女侍俑, 乐俑, 马, 牛, 羊, 骆驼, 狗, 猪, 鸭, 鹅, 鸽) 2.器皿类(盘口六系壶, 四系罐, 杯, 高足盂, 高足盂, 碟, 钵, 四耳罐, 四足炉, 三足炉, 镶斗, 托盘, 碗, 台灯, 多足砚) 3.生活用具及其它(车, 井圈, 磨, 碓, 灶几, 榻, 围棋盘, 开元通宝, 铁棺钉)	砖筑墓, 初唐时期(五品以上官吏)
考古	1983年 2期	江苏铜山县茅村隋墓	金澄武利华	M1骑马俑男俑武士俑文吏俑女舞俑女立俑女仆俑人面鸟镇墓兽陶牛陶骆驼陶羊陶狗陶鸡陶灶青瓷碗青瓷葫芦瓶白砂胎绿釉执壶墓志盖 M2马文吏俑女俑	6世纪末
考古	1983年 5期	河南洛阳涧西谷水唐墓清理简报	余扶危张剑	三彩器(马, 骆驼, 镇墓兽, 牵马俑, 文官俑, 天王俑, 女侍俑, 鸡, 鸭), 釉陶器(黄釉男侍从俑, 绿釉男侍从俑, 黄釉狗, 黑釉猪, 黄釉猪, 黄斑白釉羊), 陶俑瓷器(陶侏儒俑, 白瓷罐), 银铜器(银盘, 银杯, 银勺, 铜洗, 铜镜)	银勺-勺部呈椭圆添叶状 柄细长方节方扁下节近圆 长27.6cm)武则天晚期(690~705) 或稍后 (8世纪初)
考古	1983年 9期	扬州邗江县杨庙唐墓	王勤金吴炜	吏俑, 男侍俑, 牵马牵驼俑, 骑马俑, 女侍俑, 女舞俑, 女跽坐伎乐俑, 马俑, 骆驼俑, 生肖俑	中晚唐时期
考古	1984年 10期	河南偃师杏园村的两座唐墓	徐殿魁刘忠伏	李延祯墓-镇墓兽, 武士俑, 文官俑, 骑马俑, 马俑, 牵马俑, 驼俑, 牵驼俑, 陶牛, 陶车, 御者, 男侍俑, 女侍俑, 女俑头, 鸡俑, 鸭俑, 猪俑, 狗俑, 羊俑, 井栏, 灶, 马, 碓, 陶罐, 漆器(漆盘), 铜钵, 铜小钵, 铁片, 铁帽钉, 墓志庐州参军李存墓(84YDT29M54)-玉石器(羊, 牛, 盒, 杯, 罐, 盘), 石器(熏炉, 紫石砚, 砺石), 银器(银筷-1双长15.8cm, 较粗端有錾镂内残存朽木原物应由银木两端接起使用, 银勺-勺体扁平似槐叶形柄向上翘起横断面扁长方形中有錾内残存朽木原物应另加木柄现长20.3cm), 铜器(铜印及印盒, 铜刀, 铜匜, 开元通宝), 铁器(铁牛, 铁猪, 铁犁铧, 帽钉, 门环, 铁片), 瓷器(白瓷罐, 唾盂), 漆器(圆形漆盒), 陶罐, 墓志	李延祯于景龙3年(685)12月葬之于偃师县西十三里武陵原大茔李存墓于唐武宗会昌5年(845)埋葬

出典	刊行年月	題目	著者	出土遺物	備考
考古	1984年11期	杭州三台山五代墓	任华东	陶器(盘口壶, 小口罐, 大口罐), 青瓷器(碗, 洗, 瓜棱壶, 盏托, 盒), 其它(贝饰, 石座, 石托台, 墓志, 开元通宝)	吴越国某一官僚或钱氏家族一般成员
考古	1984年12期	河南淇县靳庄发现一座唐墓	耿青岩	陶瓶, 陶罐, 瓷瓶, 三彩碗, 三彩三足罐, 铜镜, 开元通宝	武则天时期长安年间(700~705)
考古	1985年2期	河北晋县唐墓	石家庄地区文物研究所	陶罐, 陶钵, 瓷碗, 瓷注壶, 铜净瓶, 石碾, 中草药	砖室墓, 唐代中期
考古	1985年2期	江苏镇江唐墓	刘建国	陶器(壶, 盘口壶, 罐, 瓶, 注子, 绿彩瓷注子, 碗, 豆, 钵, 水盂, 盒, 唾盂, 俑, 动物塑像) 金属类(鎏金银梳脊, 钗, 簪, 鎏金铜带饰, 铜镰斗, 铜盆, 铜镜, 铜钱, 墓志, 滑石猪)	砖室墓8座, 土坑墓15座, 唐代中期(684~779)及晚期(780~907)
考古	1985年2期	河北晋县唐墓	石家庄地区文物研究所	陶罐2, 陶钵1, 瓷碗1, 瓷注壶1, 铜净瓶1, 石碾1, 中草药1	唐代中期
考古	1985年5期	浙江衢州市隋唐墓清理简报	崔成实	1.隋墓M4M21-青瓷(瓷碗), 陶盒M5-双复系盘口壶, 小盘口壶, 碗M6-双复系盘口壶, 碟, 盅, 碗钵 2.唐墓M20-瓷碟, 瓷碗, 瓷瓶, 铜碗M51-三彩骆驼, 三彩马M38M39-瓷四系盘口壶, 瓷双耳壶, 瓷碗, 瓷盅, 铁剪, 铁削, 开元通宝50	
考古	1985年5期	河南伊川发现一座唐墓	杨海钦	三彩双瓶盘口壶, 三彩碗, 三彩胡俑, 三彩骆驼, 三彩	盛唐
考古	1985年9期	扬州司徒庙镇清理一座唐代墓葬	李久海 王建平	三彩生肖俑-辰龙俑, 巳蛇俑, 吾马俑, 申猴俑, 戌狗俑, 酉鸡俑, 青瓷盘口壶, 青瓷钵, 开元通宝	唐代 中期
考古	1986年5期	河南偃师杏园村的六座纪年唐墓	徐殿魁	1.李守一墓 三彩男侍俑, 三彩女侍俑, 马俑, 陶罐, 银钗, 1洗, 铜镜, 开元通宝, 墓志 2.宋祯墓 三彩龙瓶壶, 陶砚, 银灯, 银壶, 铜镜, 铜戒指, 开元通宝, 铁剪, 玉柱, 玉蝉, 玉珠, 石猪, 石墓志 3.李嗣本墓-镇墓兽, 文官俑, 武士俑, 双鬟女侍俑, 高髻女侍俑, 骑马女侍俑, 男侍俑, 骑马男侍俑, 牵马俑, 牵驼俑, 马俑, 驼俑, 侏儒俑, 牛车及御伏俑, 鸡俑, 鸭俑, 猪俑, 狗俑, 羊俑, 陶井栏, 陶灶, 陶磨, 陶碓, 三彩豆, 陶罐, 铜洗, 铜钵, 铜镜, 石墓志 4.李景由墓-塔形罐, 银盒, 银碗, 银筷1双, 银勺2, 金钗	1.高宗显庆2年(657)终大周长寿3年(694)与夫人陈氏合葬于偃师县西十二里首阳乡原 2.神龙2年(706)同迁祔于偃师县西北原 3.景龙3年(709)与夫人范阳卢氏合葬于偃师县西十三里武陵原新茔 4.开元26年(738)11月合祔于偃师首阳原先茔之东 5.咸通10年(869) 6.元和9年(814)迁葬于偃师万安山之南

出典	刊行年月	題目	著者	出土遺物	備考
				饰件, 铜罐, 铜钵, 铜洗, 铜灯, 铜镜, 货币, 开元通宝, 铁生肖俑, 尺形玉器, 玉珠, 玉猪, 骨珠, 方漆盒, 圆漆盒, 木梳, 石墓志 5.李悦墓-塔形罐, 瓷罐, 陶砚, 铜刀, 铜镜, 石墓志 6.郑绍方墓-陶俑, 陶砚, 瓷罐, 瓷睡壶, 瓷碗, 瓷水盂, 银盒, 鎏金铜手炉, 鎏金铜勺, 铜镜, 铜環钉, 铜錾, 铜合页, 开元通宝, 石围棋子, 蚌盒, 石墓志	
考古	1986年 11期	河南偃师县隋唐墓发掘简报	王竹林	隋墓-陶器, 瓷高足盘, 瓷碗, 隋五铢, 唐墓-三彩(镇墓兽, 天王俑, 文官俑, 男侍俑, 高髻女侍俑, 马俑, 驼俑, 鸡, 狗, 羊, 井栏, 碓, 母子盏), 瓷龙柄壶, 瓷罐, 陶砚, 铜镜, 银钗, 开元通宝, 五铢钱, 墓志	长安3年(703)癸卯二月合葬于邙山之南原盛唐时期墓志武则天新体包含
考古	1987年 9期	河北蔚县榆涧唐墓	刘建华 任亚珊	釉陶器(塔形罐, 凤首壶, 小铃铛, 陶盒) 铜器(带扣, 带銙, 铊尾, 圆环) 镊子, 骨梳 残铁器	砖室墓, 唐前期末
考古	1988年 2期	河南临汝县发现一座唐墓	杨澍	三彩马, 三彩骆驼, 三彩镇墓兽, 天王俑, 文吏俑, 男侍俑, 女侍俑, 狗, 鸡, 猪, 三彩水盂, 三彩, 三彩罐, 三彩瓶, 三彩水桶, 三彩绞釉枕, 三足炉, 青瓷碗	盛唐
考古	1988年 6期	浙江诸暨县唐代土坑墓	方志良	M1-碗, 盘口壶, 盘, 铜耳挖, 铜钱 M2-盘口壶, 青瓷碗, 铜钱 M3-盘口壶, 碗, 漆盘, 瓦当	
考古	1988년 9期	河南孟县店上村唐墓	尚振明	武士俑, 镇墓兽, 骑马俑, 男侍俑, 女侍俑, 瓷罐, 海兽葡萄铜镜, 开元通宝, 羊俑, 陶灶, 石如意坠	唐代前期
考古	1990年 6期	江苏武进县塘乡发现隋唐墓	黄建秋	青瓷灯碗, 青瓷碗, 青瓷盘口壶, 青瓷双唇罐, 饼形瓷杯, 铜镜	砖室墓 2座, 隋末~唐初
考古	1990年 6期	江苏徐州市花马庄唐墓	盛储彬 耿建军	陶器(文吏俑, 武士俑, 人首鸟身俑, 骑马男侍俑, 男立俑, 女立俑, 护卫俑, 男侍俑, 女俑头, 男俑头, 俑身, 镇墓兽, 陶牛, 骆驼, 猪, 狗, 羊, 鸡, 兔, 兽头, 水井), 瓷器(青瓷碗, 四系罐, 小罐, 器盖, 铜带钩, 铜带扣, 铜带銙, 长方形铜片, 金戒旨, 滑石猪, 水晶珠, 石墓志	被盗, 砖室墓, 唐前期(高宗~武则天时期)

出典	刊行年月	題目	著者	出土遺物	備考
考古	1990年9期	扬州近年发现唐墓	吴炜	1.邗江八里唐墓-墓志, 铜镜, 陶罐, 骨簪, 瓷盘, 鎏金银盒 2.扬州郭家山所唐墓-缠枝蒲萄纹铜镜, 子鼠生肖俑, 女侍俑, 胡人俑, 三彩炉, 青釉瓷	中唐时期(墓志-839年)
考古	1991年2期	江苏仪征胥浦发现唐墓	吴炜	墓志, 银发簪, 银饰, 铜镜, 钱币, 青釉罐, 青瓷碗, 青釉盆盒, 釉陶壶, 漆盘, 漆盒	安史의乱以后
考古	1991年5期	河北沧县前营村唐墓	沧州市文物保护管理所沧县文化馆	1号-陶器(塔形罐底座, 塔形罐盖, 五足陶洗, 三足炉, 水盂, 杵臼), 铜器(铜镜, 铜钗), 铁棺钉, 墓志 2号-陶器(陶罐, 双耳陶罐, 三彩龙首杯), 瓷器(碗, 钵, 蒜头细颈瓶, 三系罐), 铜器(铜镜, 开元通宝) 3号-蒜头细颈瓷瓶, 瓷碗, 瓷盘	1号-晚唐(咸通9年, 868) 2号 3号-1号보다 빠른时期
考古	1991年8期	安阳西郊刘家庄唐墓	戴夏汉	三彩鸳鸯盂, 陶罐, 铜勺, 铁带具, 铜钱, 墓志	铜勺-半球形勺 细长条柄 柄之中段刻横纹九道 柄端刻∧形纹 制作良精 勺径6.7 全长28cm, 盛唐时期或稍偏早(710~720)
考古	1992年1期	河南安阳市两座隋墓发掘报告	孟宪武李贵昌	梅元庄隋墓-陶俑(镇墓兽, 武士俑, 马俑, 骆驼俑, 车轮, 骑马俑, 胡俑, 持盾武士俑, 幞头俑, 束1发俑, 风帽俑, 小冠俑, 女侍俑, 磨粉俑, 打水俑, 猪, 羊, 犬, 鸡), 厨房明器(灶, 磨, 井栏, 仓, 碓), 瓷器(四系罐, 盘, 杯, 碗), 墓志盖, 铁棺钉, 铁环安阳桥村随墓-瓷器(四系罐, 罐, 瓶, 唾壶, 坛, 杯, 碗, 仓, 壶, 盆, 豆, 盒, 三足盘, 三足炉, 磨, 碾, 碓, 夋状器, 案, 凭几, 葫芦形器, 烛台, 殿宇建筑模型, 铺首衔环, 围棋子, 盆, 砚, 靴, 履, 幞头俑, 俯首俑), 陶俑(镇墓兽, 牛及牛车, 驼俑, 持盾武士俑, 胡俑, 小冠俑, 风帽俑, 犬, 羊, 猪, 鸡), 厨房明器(井栏, 灶), 铁器(地券?)	
考古	1992年8期	河北阳原金家庄唐墓	贺勇	灯架, 卓子, 直棂窗, 椅子, 大门, 小门, 陶器(罐, 瓶, 筒形器, 器座, 盘, 器盖, 铜拍), 铁器(带铪, 铊尾带扣环), 漆盘, 小瓷碗, 铜钱	砖室墓, 晚唐五代时期
考古	1992年8期	浙江省乐清县发现五代土坑墓	王同军	M1-罐, 碗, 壶 M2-罐, 碗, 盘, 盘, 壶, 盏, 小碗, 大饰板 M3-罐, 碗, 壶, 小碗, 铜镜, 发笄	

出典	刊行年月	題目	著者	出土遺物	備考
考古	1992年 11期	河南偃师县四座唐墓发掘简报	郭共涛樊有升	1.北窑村2号墓-镇墓兽, 武士俑, 文官俑, 男侍俑, 女侍俑, 骆驼俑, 马俑, 羊俑, 猪俑, 鸭俑, 狗俑, 母子盏, 瓷碗, 瓷罐, 钱币(开元) 2.北窑村5号墓-镇墓兽, 文官俑, 男侍俑, 半身男侍俑, 半身女侍俑, 马俑, 骆驼俑, 鸭俑, 狗俑, 三彩俑 (天王俑, 文官俑, 胡俑, 女侍俑, 马俑, 骆驼俑, 羊俑, 猪俑, 狗俑, 鸭俑, 井, 碓, 磨, 灶), 瓷器(钵), 钱币(开元) 3.北窑村6号墓-镇墓兽, 天王俑, 男侍俑, 女侍俑, 马俑, 羊俑, 狗俑, 彩绘塔形陶罐, 小瓷碗, 开元通宝 4.杏园村1号墓-彩绘塔形陶罐, 瓷罐, 瓷注子, 瓷碗, 铁铧, 石砚, 钱币(开元通宝, 乾元重宝, 五铢钱), 石墓志	1.大唐咸亨3年(672) 初唐2.武则天长安3年 (703)前后3.中唐4.乾宁3 年(896)葬于河南偃师县 毫邑乡
考古	1993年 7期	河北怀來县寺湾唐墓	张勇	瓷注子, 瓷碗, 陶罐, 三足铁炉, 铜带挎, 菱花形飞仙铜镜, 铜钱1, 贝壳盒	砖室墓, 唐代晚期
考古	1993年 8期	河北蔚县九宫口唐墓	李信威	陶器(红陶瓶, 绿釉长颈瓶, 绿釉陶罐, 绿釉塔形罐, 绿釉塔形器, 绿釉器盖, 绿釉人形挂饰), 瓷器(多口罐), 铜器(带扣, 带銙, 鉈尾, 铜钗) 开元通宝2	砖室墓, 唐代晚期
考古	1993年 9期	江苏常州半月岛五代墓	徐伯元	瓷器(白瓷碗, 葛釉碗, 青釉坛), 漆器(镜盒, 托盏, 盘, 碗, 钵, 盒), 铜镜, 木器(木俑-男吏俑, 任女俑, 男仆俑, 女仆俑, 人首鸟身俑, 胡俑, 马俑, 木雕莲花头, 木雕望柱, 开元通宝), 铜泡钉板, 钱币(五铢1, 乾元重宝)	砖室墓, 木棺, 南唐后期
考古	1994年 4期	安徽南陵清理一座唐墓	汪景辉杨立新刘平生	瓷器(大碗, 小碗, 盘口注子, 盂, 罐), 金属器(铁剪, 铜钵钗)	竖穴土坑墓, 唐代中晚期
考古	1996年 8期	河南郑州市上街唐墓的清理	陈立信	陶(文官俑, 武士俑, 男侍俑, 稽首俑, 女侍俑, 猪, 羊, 井栏, 灶, 磨, 骆驼, 牛, 牛车, 镇墓兽, 碓), 铁剪刀, 铜镜	盛唐时期 或稍早
考古	1996年 12期	河南偃师市杏园村唐墓的发掘	中国社会科学院考古研究所南二队	YDII911号-釉陶武士俑, 釉陶文官俑, 釉陶男侍俑, 另发现男侍俑俑头, 开元通宝, 铜钗 YD1902号-陶镇墓兽, 陶天王俑, 陶男侍俑, 陶女侍俑, 陶磨, 陶骆驼, 三彩文官	郑洵墓(代宗大历13年, 778), 李郁墓(武宗会昌3年, 843)

出典	刊行年月	題目	著者	出土遺物	備考
				俑, 三彩鴨, 三彩狗, 三彩井, 三彩灶, 三彩馬, 三彩碓, 陶罐, 金戒指, 小银盒, 铜洗, 铜镜, 玉石猪, 玻璃珠, 漆盘, 漆碗, 漆罐, 海蚌, 铁门环 YD5036号(郑洵墓,M5036)-陶罐, 陶砚, 瓷罐, 瓷盘, 瓷碗, 瓷豆, 蛤形银盒, 铜钉, 铜洗, 铜则, 铜镜, 铜下颚托, 开元通宝, 铁券, 骨梳, 墓志 YD1921号(李郁墓,M1921)-陶罐, 瓷罐, 瓷碗, 小银盒, 铜盘, 铜镊, 铜镜, 滑石杯, 滑石盒, 滑石羊, 滑石枕, 滑石熏炉, 石砚, 漆奁, 漆盒, 漆器铜附件, 铁牛, 铁猪, 玉片, 开元通宝, 海蚌, 石墓志	
考古	1997年 3期	江苏徐州市花马庄唐墓	盛储彬 耿建军	陶器-文吏俑, 武士俑, 人首鸟身俑, 骑马男侍俑, 男立俑, 女立俑, 护卫俑, 男侍俑, 女俑头, 男俑头, 俑身, 三彩片, 镇墓兽, 陶牛, 陶骆驼, 陶猪, 陶狗, 陶羊, 陶鸡, 陶兔, 水井瓷器-青瓷碗, 四系罐, 小罐 其他-铜带钩, 铜带扣, 铜带銙, 长方形铜片, 金戒指, 滑石猪, 水晶珠, 墓志	唐前期(高宗-武则天时期)
考古	1998年 9期	江苏徐州市茅村隋开皇三年刘鉴墓	梁勇	瓷器(碗, 盘)陶器(罐, 猪, 鸡)等	隋开皇3年(583)
考古	2003年 2期	安徽繁昌县闸口村发现一座唐墓	汪发志	瓷器(四系盘口壶, 钵, 鸡首壶), 陶器(钵, 碗), 铁器(镰炉, 刀, 剪), 铜钱62-开元通宝	唐代早期
考古	2004年 4期	福建惠安县上村唐墓的清理	泉州市文物管理委员会惠安县博物馆	瓷器47, 盘口壶3, 双系罐3, 夏系罐, 无沿罐, 卷沿罐, 钵12, 碗杯, 水盂, 七盅盘, 二盅盘, 鼎, 砚台, 烛台, 陶器(灶, 瓶, 杵, 铲, 刀, 凿, 斧, 瓢, 勺, 臼, 磨盘钩)	初唐~盛唐
考古	2004年 5期	河北邢台市唐墓的清理	邢台市文物管理处	桥东区北部唐墓 95QDM1-陶罐, 瓷瓶, 铜镜, 铜钗 95QDM2-陶罐, 瓷罐, 蚌片 95QDM3-陶罐, 陶碗, 瓷罐, 瓷独流壶, 瓷碗, 铜镜, 铜手镯, 开元通宝 桥东区西南部唐墓 96QDM16-陶盖罐, 陶器座, 瓷俑, 开元通宝, 墓志 96QDM32-陶盖罐, 陶器座, 铜鹤饰, 铜帽	桥东区北部唐墓-唐代早期,桥东区西南部唐墓-晚唐,桥西区唐墓-中晚唐期

出典	刊行年月	題目	著者	出土遺物	備考
				钉, 铜管状饰, 飞鸟状铜饰, 异形铜饰, 铜钗, 开元通宝 桥西区唐墓 95QXM27-陶罐, 陶器座, 瓷执壶, 铜铺首, 铜锁 95QXM33-瓷罐, 铜帽钉 95QXM37-三彩钵 95QXM42-陶罐, 瓷执壶, 铜镜, 开元钱, 漆器, 墓志 95QXM47-陶罐, 彩绘罐, 瓷碗, 绿釉水盂, 银钗, 铜镮, 铜铺首, 铜帽钉, 铜折页, 象鼻形铜饰, 异形铜饰, 铜镜, 铁剪, 骨钗, 石球墓志	
考古	2007年 5期	河南三门峡市清理一座纪年唐墓	三门峡市文物考古研究所胡焕英祝晓东	彩绘塔形陶罐, 彩绘陶罐, 陶瓶, 瓷罐, 铁牛, 铁猪, 铜铲(铜匙), 铜筷, 铜饰, 开元通宝, 石砚, 条形石器, 石墓志	大中9年(855)
考古	2008年 3期	成都市金沙村唐墓发掘报告	成都市文物考古研究所	M1-瓷器(碗, 四耳罐) M2-瓷器(碗, 双耳罐, 四耳罐, 开元通宝)	砖筑墓, 石墓志,M1墓主卒于唐大中4年(850), M2-唐代中期偏晚
考古与文物	1982年 6期	南昌地区唐墓器物简介	唐昌朴	紫彩瓷, 白釉瓷碗, 豆青釉碗, 米黄釉瓷钵, 米黄釉香炉, 酱釉瓷碟, 酱釉瓷钵, 酱釉瓷罐, 铜钵, 铜镜	晚唐
考古与文物	2006年 1期	西安紫薇田园都市工地唐墓清理简报	陕西省考古研究所	镇墓俑, 龙首人身镇墓俑, 仕女俑, 侍女俑, 幞头俑, 拾撺子俑, 骑驼俑, 胸像俑(幞头胸像俑, 侍女胸像俑), 动物俑(鞍马俑), 陶器(彩绘塔式罐), 铜钱(开元通宝, 乾和元重), 其它(银饰, 铜泡钉, 铁剪, 蚌壳, 铁器)	土洞墓
考古学集刊	才3辑	浙江江山隋唐墓清理简报	毛兆廷	1.隋开皇18年墓青瓷盘口壶, 双系罐, 碗, 铁交股剪刀 2.唐上元3年墓双复系青瓷盘口壶, 瓷碗, 双系罐, 多足砚 3.隋大业3年墓青瓷盘口壶, 青瓷碗 4.唐天宝3年墓盘口壶, 深复钵, 碗油灯盏	开皇18年(598), 大业3年(607), 上元3年(676), 天宝3年(744)
考古学报	1959年 2期	1955年洛阳涧西区北朝及隋唐墓葬发掘报告	蒋若是	40座(砖棺墓13, 土圹竖穴墓5, 土圹洞室墓22), 陶器66(细颈瓶, 盘, 碗, 罐, 壶, 小口瓶, 皿, 泥钱, 砖), 铜器(铜发叉, 铜带扣, 铜钱), 铁器43(铁镰, 小刀, 镞, 发叉, 棺钉), 砖志2	北朝및隋唐墓天统5年(569), 武德8年(625)
南方文物	1993年 2期	江西瑞昌发现唐墓	何国良	铜镜, 陶洗, 青瓷灯盏, 青瓷瓶, 青瓷罐	唐代中期

出典	刊行年月	題目	著者	出土遺物	備考
南方文物	1994年 3期	江西赣县梅林唐墓清理简报	赖斯清	铁盉, 碗	
南方文物	1995年 3期	江西会昌西江镇垇脑村唐代墓葬	池小琴	铁鼎, 青瓷盂, 青瓷碗, 青瓷钵, 青瓷盏,	唐代
南方文物	1995年 3期	江西瑞昌丁家山唐墓群清理简报	何国良	M1 M2 M4 M5 M6 M9 중 M1 M3 比较的 穩全, 洗(M1), 瓶(M4), 罐(M5), 砚(M7), 器盖(M5), 异形器(M4), 青瓷瓶, 青瓷壶, 钵, 碗, 碟, 盏, 粉盒, 熨斗(M1), 钵(M8, M10), 铜器-镜(M3), 发钗, 其它-铁刀, 剪刀, 银束发, 墓铭砖, 铜币21(开元通宝20, 乾元重宝1)	盛唐~晚唐
南方文物	1998年 3期	江西会昌西江镇唐墓	池小琴	瓷杯, 瓷碗, 瓷盘, 瓷瓶, 铁镰斗	唐代 中晚期
南方文物	1999年 3期	江西瑞昌但轿唐墓清理简报	萧发标	陶罐, 瓷碗, 三彩钵形炉, 铜洗, 铜镜, 银手镯, 银发钗, 铜钱27(开元通宝, 乾元重宝)	盛唐晚期
南方文物	2001年 3期	江西会昌发现晚唐至五代墓葬	池小琴	堆塑罐, 堆塑瓶, 碗, 碟, 铁镰斗, 铜镜, 铁刀	晚唐~五代
南方文物	2005年 2期	江西新余唐墓清理简报	李小平	铜镜, 青铜釜, 青铜把手, 铁灯盏, 铁钉, 青瓷粉盒, 青瓷双系罐, 青瓷瓶, 白瓷瓶, 青瓷盂, 陶器	中晚唐
东南文化	1988年 6期	扬州城东唐墓清理简报	印志华 王晓涛	M105-被盗墓志 M106M107夫妇合葬墓-盘口壶, 陶罐, 墓志 M107-酱釉陶罐, 青瓷盘, 包银镯, 铜镜, 骨簪, 盘口壶, 白瓷粉盒, 青瓷粉盒, 墓志 M108-破坏	长庆4年(824)~会昌元年(841)
东南文化	2004年 4期	徐州市奎山驮篮山唐代墓葬发掘简报	刘尊志 孙爱芹 周波	KM1-瓷碗2, 瓷壶1 KM4-瓷碗2 KM5-瓷碗 KM7-瓷碗, 青釉瓷粉盒, 孔雀瑞兽葡萄铜镜, 铁釜 03XTM1-瓷碗, 瓷壶, 铜耳勺, 铜泡, 开元通宝, 石后, 墓志	KM1KM6-나란히 配置, 나머지 5座单独墓(唐中后期)
无锡文博	1994年 1期	江阴长颈镇泾北村唐墓	唐汉章	双系瓷执壶, 瓷碗, 陶瓶, 双系陶罐, 陶甑, 陶盆, 瑞花铜镜, 开元通宝, 乾元重宝, 陶侍俑, 十二生肖俑, 木侍俑, 墓志	9世纪 中叶(晚唐)
文物	1956年 4期	江都县槐泗区发现唐墓一座	王德庆魏百龄	开元通宝, 木俑, 陶罐, 墓志铭	破坏, 砖室木椁
文物	1957年 3期	五代-吴大和5年墓清理记	屠思华	大瓷碗, 三瓣口形盘, 残木梳, 木俑24个, 残木盘, 八菱形木胎漆奁, 银钗, 银粉盒, 铁椁环, 四系大陶罐	砖室墓, 大和5年(933年)

出典	刊行年月	題目	著者	出土遺物	備考
文物	1958年 3期	合肥西郊南唐墓清理简报	石谷风马人权	陶瓷器(灰陶瓶, 釉陶罐, 瓷粉盒, 瓷碗, 瓷洗, 高底瓷杯, 连瓣瓷壶), 铜铁器(铁剪, 铜镜), 金银玉器(银耳扒, 银钗, 双蝶花钿簪, 四蝶银步摇, 金镶玉步摇, 银镯), 漆器(漆碗, 漆盘), 木俑及木梳(木俑头部, 扁体俑, 圆体俑, 木梳)	砖筑墓, 南唐保大4年(946)
文物	1964年 2期	河南上蔡县贾庄唐墓清理简报	李京华	陶俑(文士俑, 文吏俑, 胡俑, 陶磨, 陶骆驼, 陶牛, 卧牛, 陶羊, 狗, 猪, 鸡), 陶砚, 陶罐座, 漆盒(漆盒, 筒形盒, 漆盘), 金镯, 玉器, 料器, 琉璃珠, 铜器, 蚌盒, 铜钱(开元通宝)	盛唐时期
文物	1965年 7期	河南省洛阳清理一座唐墓	李献奇	陶器(男女俑, 武士俑, 文官俑, 牵马俑, 牵骆驼俑, 帷帽俑, 幞头俑, 女幞头俑, 单刀髻女俑, 侏儒俑, 镇墓兽, 骆驼, 马, 狗, 猪, 鸭, 灶, 舂), 铁剪	唐代墓葬
文物	1973年 5期	扬州发现两座唐墓	扬州市博物馆	1.黄釉施彩罐, 酱釉双系罐 2.三彩三足炉, 三彩杯, 四系青瓷罐, 青瓷杯, 酱色釉瓷钵, 灰陶女俑, 灰陶男胡俑, 灰陶生肖俑, 灰陶马俑, 开元通宝	1.墓主解少卿及其妻蔡氏(835, 850) 2.唐代中叶
文物	1975年 8期	浙江省临安板桥的五代墓	浙江省文物管理委员会	瓷器(四系罂, 钵, 双耳斧形器, 双纽罐, 洗, 碗, 器盖), 银器(盂, 盘, 壶, 大碗, 盒, 小碗, 匙, 筷), 铜镜钱币230余每	五代早期钱元瓘死于晋天福6年(941)其次妃吴汉月死于后周广顺2年(952)
文物	1980年 8期	江苏邗江蔡庄五代墓清理简报	张亚生徐良玉古建	木俑44(男俑, 女俑, 动物俑, 人首动物身俑, 镇墓兽, 鸡俑, 蛙俑, 人首蛇身, 人首鱼身, 人首龙身, 人首兽身), 陶瓷器(灰陶壶, 白瓷碗, 白瓷盂, 青瓷碗青瓷盘), 乐器(琵琶, 拍板), 木器(一批木架, 木座, 木雕花板, 木龙雕板, 木凤雕板, 木莲瓣蕙草云纹板), 金属器(鎏金铜钥匙, 银饰, 铁锛, 开元通宝), 箕形端砚, 珠宝, 残漆器	早于南唐而属杨吴时代(923~933)
文物	1981年 2期	苏州七子山五代墓发掘简报	廖志豪	瓷器类(越窑青瓷金扣边碗, 青瓷高足方盒, 青瓷盖罐, 青瓷洗), 俑类(陶男侍俑, 陶女侍俑, 铜男俑, 铜女俑), 武器类(铁刀, 铜弩机, 铜尊), 鎏金马佩饰银牌, 漆盆银扣, 鎏金银方形盒狀饰, 鎏金银质虎头挂牌, 鎏金银质葫芦形饰, 黄金	苏州城西南横山 山脉的九龙坞中五代时期贵族墓葬 晚唐~五代时期

出典	刊行年月	題目	著者	出土遺物	備考
				带扣, 鎏金鸡心饰, 鎏金银小盒, 鎏金银质盒, 鎏金玉饰, 玉佩, 玉坠, 玉璜, 玉锤, 玉饰, 水晶珠, 铜筷1双, 铜葫芦形器, 铜锁, 铜门环, 铜钥匙, 铜马饰, 铜癸角方镜, 铜器沿, 铜饰, 铜钱, 铁犁, 铁板, 铁马镫, 砚台, 孤魂台	
文物	1982年11期	浙江省长兴县发现一批唐代银器	长兴县博物馆 夏星南	食具-圈足银杯, 圆口银碗, 羽觞, 四曲连瓣椭圆形长柄, 汤勺, 长柄银荣匙22(鱼龙对珠纹银荣匙5, 双鱼纹银荣匙1, 花纹柄银荣匙1, 素面银荣匙, 素面空心柄银荣匙, 银筷15双), 饰物-银钗45(凤钗16, 细花纹银钗2, 扁平圆头银钗2, 素面银钗25), 饰纹银簪3, 银钏3, 银发夹1, 银铤3	唐代晚期(860~880)
文物	1982年11期	江苏丹徒丁卯桥出土唐代金银器窖藏	丹徒县文教局 镇江博物馆	银器956件, 角质类4件 等 960件. 银酒瓮, 银盒, 银涂金龟负论语玉烛, 金涂金酒令筹, 银盒, 银托子, 银碗, 银高足杯, 银盘, 银碟, 银酒子, 银锅, 银涂金熏炉, 银鎏金人物瓶, 银盖, 银昌水器, 银鎏金令旗, 银奉, 银箸18双, 银匕, 银勺6, 银镯29, 银钗, 银铤20笏, 角质梳4	盛唐晚期
文物	1987年8期	江苏吴县姚桥头唐墓	叶玉奇	恢陶墓志, 男侍俑, 女侍俑, 胡女俑, 牵马胡人俑, 生肖俑, 陶磨. 开元通宝	唐中期
文物	1988年1期	合肥隋开皇3年张静墓	袁南征 周京京	陶俑(武士俑, 女侍俑, 男侍俑, 侍从俑, 女俑, 跪拜俑, 狗, 猪, 双凫, 公鸡, 母鸡, 镇墓兽, 异兽, 仓, 井, 碓), 瓷器(盘口壶, 碗), 铜镜13, 铜钱, 铜大扣, 金环, 银钗. 墓志	砖筑墓, 隋开皇3年(583)
文物	1988年4期	河北易县北韩村唐墓	河北省文物研究所	陶壶, 陶罐, 陶钵, 陶碗, 瓷注子, 瓷器盖, 瓷盘, 瓷瓶, 石砚, 铜钱, 墓志	道路破坏, 中型单室墓
文物	1989年6期	长治市西郊唐代李度宋嘉进墓	长治市博物馆	青瓷罐, 三彩抱鸭壶俑, 铜钵, 铜钉帽, 铜铺首, 铜勺, 铜筷, 铜钗, 铁吊钉, 骨质圭板, 墓志	李度(景龙元年死亡, 707/景云元年葬/710)
文物	1990年5期	河北献县唐墓清理简报	王敏之高良謨 张长虹	武士俑, 天王俑, 文史俑, 执事俑, 胡俑, 侏儒俑, 男仆俑, 執笏女俑, 拱手女俑, 披帛女俑, 女舞俑, 女乐俑, 女仆俑, 人首禽身俑, 双人首龙身俑, 虎形兽, 独角怪兽, 猪形怪兽, 骆驼, 羊, 狗, 鸡, 鸽, 牛, 牛车, 磨, 碾盘, 钵, 瓮, 甑	砖室墓, 唐中期

出典	刊行年月	題目	著者	出土遺物	備考
文物	1990年 7期	河北清河丘家那村唐墓	辛明伟李振奇	M1-陶武士俑, 陶镇墓兽, 陶牛车, 陶马, 陶骆驼, 陶狗, 陶猪, 陶磨, 砖雕文吏俑, 陶墓龙, 陶女俑, 陶胡人俑, 题名陶俑, 釉陶观凤鸟, 青瓷罐, 陶筒形器, 陶罐, 铜镜, 铜带钩, 墓志 M2-陶罐, 墓志	砖室墓, M1-孙建墓卒于贞观8年(634)7月咸亨元年(670) 11月葬于清河东之旧茔 M2-孙玄则墓 (终于私室咸亨元年岁次庚吾十一月庚子朔二十一日庚申葬于清河东二十里信城乡崇仁里之旧茔(严重破坏)
文物	1990年 7期	广东电白唐代许夫人墓	広东省博物馆 茂名市博物馆 电白县博物馆	金珠, 金饰, 铜镜, 铜钉, 铁钉, 瓷碗, 瓷盏, 石墓志	长方形砖室墓, 早期被盗
文物	1990年 12期	北京近年来发现的几座唐墓	洪欣	海淀区钓魚台唐墓(开元17年, 729死亡开元21年733葬)-彩陶片, 罐, 碗, 盆阳氏墓-被盗墓志永泰2年766死亡次年葬王时邑墓-破坏墓志会昌5年茹弘庆墓-乾符5年878海淀区翠微路唐墓-大中元年847	
文物	1991年 9期	北京丰台唐史思明墓	袁进京赵福生	玉册, 山形玉饰, 玛瑙饰, 白玉饰, 化石饰, 玻璃饰, 擒縛花, 银带饰, 铜龙, 鎏金铜钉帽, 鎏金铜带扣, 鎏金铜带尾, 鎏金铜带环, 鎏金铜钉环, 铜饰, 铜镜, 包金铁马衔, 包金铁马镫, 银铁两面带, 残骨器, 瓷注, 黑釉瓷碗, 褐釉陶碗, 陶俑, 残石文吏手, 残石椁盖, 石杵形器, 门砧石	史思明 761年 被杀
文物	1991年 9期	西安王家坟唐代唐安公主墓	陈安利马咏钟	壁画-男侍 女侍 天象图 朱雀图 玄武图 花鸟图 石刻-门墩, 门坎, 门框, 门楣, 门額, 门扇, 陶动物及俑-卧驼 卧马 卧牛 入牛 卧羊 男入俑 男骑俑 奏乐俑 牵马俑 男侍俑 女侍俑 男俑头 女俑头 陶罐 黑釉瓷罐 青釉瓷执壶 象牙簪 开元通宝 石墓志	单室砖墓,唐安公主兴德元年(784)卒, 葬于长安城1龙首原
文物	1992年 9期	北京近年发现的几座唐墓	黄秀纯 朱志刚 王有泉	M1-骨簪, 墓志大历2年767死亡 M2-陶罐陶氏墓-蕫庆长夫妇合葬墓(大和元年827)王氏墓-咸通15年874葬)周璵及夫人刘氏墓-大中10年856死亡夫人大和7年833死亡天宝12年墓葬(753)-陶罐2	

出典	刊行年月	題目	著者	出土遺物	備考
文物	1992年12期	河南偃师唐柳凯墓	洛阳市第二文物工作队 偃师县文物管理委员会	陶器(镇墓兽, 武士俑, 天王俑, 文官俑, 小文官俑, 文吏俑, 风帽俑, 胡帽俑, 牵马俑, 胡人俑, 侏儒俑, 骑马乐俑, 骑马侍俑, 单刀半翻髻女俑, 双系女俑, 高髻女俑, 螺1女俑, 骑马女俑, 大马, 小马, 骆驼, 牛, 羊, 猪, 公鸡, 母鸡, 鸭, 小罐, 罐, 灶), 瓷四系罐, 开元通宝, 蛋壳, 蚌	柳凯仁德元年(664)奉迁灵柩合葬于偃师县亳邑乡邙山之南
文物	1992年12期	河南偃师唐严仁墓	樊有升李献奇	被盗严重陶塔式盖罐的盖, 墓志	唐中期
文物	1992年3期	洛阳孟津西山头唐墓	刘海旺王炬郭大森廖子中	俑动物模型(伎乐俑, 女乐俑, 女舞俑, 南伎乐俑, 侍俑, 马俑, 牵马俑, 骆驼, 牵驼俑, 镇墓兽, 天王俑, 文官俑头, 牛, 青瓷罐, 釉陶罐, 铁锁, 墓志	大足元年(701)11月4日盛唐
文物	1993年6期	河北南和唐代郭祥墓	辛明伟李振奇	陶器(武士俑, 风帽俑, 胡人俑, 文吏俑, 另, 男仆俑, 马奴俑, 女俑, 女乐俑, 跪伏俑, 镇墓兽, 观凤鸟, 陶仪鱼, 牛车, 牛, 狮, 公鸡, 猪, 灶, 磨, 碓, 井, 杯, 缸, 罐, 釜), 瓷碗, 石墓志	砖室墓, 垂拱4年(688)
文物	1995年8期	洛阳发现一座后周墓	程永建高金照	陶罐, 瓷注子, 瓷托盘, 瓷碗, 瓷尊, 石盒, 铜镜, 开元通宝, 乾元重宝, 周元通宝, 五铢, 铁券	周显德2年(955)~显德7年(960)
文物	1995年8期	唐睿宗贵妃豆卢氏墓发掘简报	方孝廉谢虎军	陶镇墓兽, 陶武臣俑, 陶男侍俑, 陶女侍俑, 陶塔式罐, 鎏金铜锁, 鎏金铜铺首, 鎏金铜铆钉, 鎏金铜泡钉, 瓷碗, 陶碗, 铁釜, 开元通宝, 石墓志	盗掘, 开元28年(740)卒
文物	1995年8期	洛阳后梁高继蟾墓发掘简报	朱亮程永建	陶罐, 陶砚, 青瓷盆, 青瓷碗, 白瓷碗, 白瓷盖罐, 白瓷盂, 白瓷壶, 白瓷枕, 铜镜, 开元通宝, 铜钉饰, 铁牛, 银碗, 银饰, 铅注子, 蚌饰, 石墓志	开平3年(909)卒
文物	1995年11期	伊川鸦岭唐齐国太夫人墓(91YCM1)	洛阳市第二文物工作队严辉杨海钦	金银器21(双鱼纹海棠花金盏, 双鱼大雁纹鎏金银盏碗, 绶带纹银碗, 绶带纹鎏金银盘, 双鱼飞雁纹鎏金浅盘, 另有碗, 提梁银罐, 双凤衔绶纹银扁壶, 长柄单流带盖银铛, 提梁带盖银锅, 鎏金镂空银芰子, 鹤首银支架, 银箸, 鎏金卷草纹银粉盒, 鎏金缠枝花纹银盒), 金	银箸 鎏金仰莲宝珠形箸首 下饰凸弦两周 长24cm, 共清理文物1,618件 其它41件 包含1,659件 生唐代宗1年(光德1年,763)卒于61岁 景宗元年(长庆4年, 824)

出典	刊行年月	題目	著者	出土遺物	備考
				银饰品和小件金银器300(①片状饰96-金片饰/蝶形饰, 莲花形饰, 花相连形饰, 云草形饰, 金条饰金带饰, 云纹饰, 飞雁衔绶形饰, 金条饰金带饰 条饰, 带饰, 银片饰 蝶形饰 鎏金叶形饰, 银条饰, 小金银花 ②掐丝饰182 金线环花饰[鸟形饰, 树枝形饰, 三叶形饰, 单叶形饰, 圆环形饰, 金线饰, 蝶形饰, 翼形饰, 树枝形饰, 雀庄枝形饰, 折枝石榴形饰, 三瓣花形饰, 四耳六瓣团花形饰, 四耳四穿六瓣团花形饰, 菱形八瓣团花形饰, 九瓣团花形饰, 二花相连形饰, 菱形饰, 椭圆形饰, 半圆形饰] 金线饰[孔雀羽形饰, 梅花形饰, 连弧叶形饰, 叶形饰, 七瓣花形饰, 十瓣花形饰, 五瓣半花形饰], 银线花[荷叶形饰, 六瓣花形饰] 立体形饰[小金俑, 金雁, 银雁, 金坠, 金荷花小饰件, 小金筒, 金丝笼] 其它饰件[鎏金银针]), 玉石器(玉器28[碗, 佩, 璜, 梳脊, 牌, 饰件, 片饰, 管, 珠]), 宝石饰1,200(绿松石1,021[片状饰-人物, 凤形饰, 凤首形饰, 孔雀形饰, 蝶形饰, 重形饰, 花草形饰, 花形饰, 花蕊形饰/ 草叶形饰-云纹饰, 方格形饰, 素面饰/ 高浮雕圆雕饰- 石榴形饰, 雁形饰, 桃形饰, 珠[水滴形] 琥珀[梳脊, 飞凤, 凤首, 鸟形饰, 雁首, 蝉形饰, 花草形饰, 云形饰, 菱形坠饰, 珠], 水晶[蜂蝶纹梳脊, 坠, 珠], 紫晶珠, 玛瑙珠, 料珠), 骨雕35(舞俑, 立俑, 步行俑, 浮雕舞俑, 伎乐俑, 雁首, 飞鸟, 长方条块), 错金铅饰(连花形饰, 双莲形饰, 双蕾形饰, 蝶形饰), 陶瓷器9(白瓷碗, 黄釉瓷碗, 陶器座, 陶罐, 陶塔形罐盖), 铜器8(镜, 钉, 扣), 钱币12(开元通宝, 乾元重宝), 铁帽钉12, 石刻(墓志, 石门)	

山典	刊行年月	題目	著者	出土遺物	備考
文物	1995年 5期	郑州地区发现的几座唐墓	周军郝红星千宏伟	1.大岗刘唐墓 瓷器(碗, 罐), 陶器(陶罐), 漆盆, 鎏金铜器(尺, 勺, 链饰)铁饰, 铜钱, 金线, 金簪 2.郑州化工厂唐墓瓷碗, 瓷盏, 铁釘, 铜镜, 开元钱, 墓志 3.中原制药厂唐墓两座瓷碗, 瓷注子, 三彩钵, 陶罐, 陶壶, 陶砚, 漆盒, 铁釘 4.西陈庄唐墓瓷盏, 瓷碗, 瓷盘, 瓷三足盘, 瓷砚, 三彩豆 5.省计划生育研究所唐墓三彩钵, 瓷壶, 陶罐, 铜镜, 砖墓志, 贝壳, 铜簪 6.上街区房管局工地唐墓瓷盏, 瓷小壶, 瓷罐, 陶俑, 陶磨 7.上街橡胶厂唐墓墓已扰仅发现砖墓 8.荥阳汜水乡清净沟唐墓牵马俑, 女俑头, 女骑马俑, 马, 狗, 牛, 猪, 羊, 磨, 碓, 灶, 罐	1.中唐扁早 2.墓主人与其夫人于贞元13年(797)七月十八日合葬于荥阳之南原 3.盛唐 4.盛唐早期 5.开元18年(730) 7.显庆4年(659)初唐 8.盛唐
文物	1995年 11期	北京市海淀区八里庄唐墓	杨桂海	墓室壁画陶器, 贴塑, 莲瓣, 人物造型, 砖雕, 墓志	唐开成3年(846)
文物	2000年 2期	浙江省临安五代吴越国康陵发掘简报	张五兰	秘色青瓷器(方盒, 瓜棱盖罐, 葵口碗, 侈口碗, 敛口碗, 圈足盘, 执壶, 托盘, 水盂, 粉盒, 盆, 四系罐, 葵口杯, 唾盂, 盏托, 釉壶), 玉器(篦脊, 纽扣, 长方形挂饰, 龙形雕, 鸳鸯形雕, 纽装饰, 长明灯, 供桌), 铜器(铜镜, 榫, 锁, 环, 铺首衔环), 铁器(板, 箱 环, 锁), 木器(木衾), 其它(银钗, 银冥器, 料珠, 金环, 象牙饰品, 砺石, 铜钱)	葬于939年的五代吴越国二世王钱元瓘妃马氏墓
文物	2004年 7期	洛阳市东明小区C5M1542唐墓	洛阳市文物工作队	鎏金铜马, 鎏金铜龟, 凤鸟扳枝花纹三足鎏金银盒, 缠枝花纹蚌形银盒, 瑞兽流云纹蚌形银盒, 银平脱凤鸟牡丹纹铜镜, 银壳瑞兽鸾鸟纹铜镜, 素面铜镜, 银勺, 银盘, 银构, 银下颚托, 银花饰, 银耳匙, 瑞兽折枝花纹葵花形铜碗, 铜钵, 铜冼, 铜构, 铜勺, 铜钱, 铁剪, 铅盘, 玉龙(六瓣花形绿松石饰, 猫形绿松石饰, 蝶形绿松石饰, 四瓣花形绿松石饰, 草叶形绿松石饰, 鸟形绿松石饰), 玉簪, 木梳, 木勺, 木钗, 陶器(砚, 塔式罐器座), 其它(蚌, 墓志)	太和3年(829)合葬于洛阳县平阴乡成村

出典	刊行年月	題目	著者	出土遗物	備考
文物	2005年8期	洛阳伊川大庄唐墓(M3)发掘简报	洛阳市才二文物工作队	陶器(镇墓兽, 马, 骆驼, 武士俑, 文吏俑, 罐), 金器(簪), 铜器(釜, 镜, 钱币)	唐代中期
文物	2005年8期	洛阳王城大道唐墓(1M2084)发掘简报	洛阳市才二文物工作队	陶器(环形器, 钵形器, 磨), 瓷器(七星盘, 罐), 陶俑(镇墓兽, 磨, 骆驼, 猪, 鸡, 文吏俑, 武士俑, 双髻女俑, 高1女俑, 风帽女俑, 女侍俑, 胡人俑, 牵驼俑), 铁棺钉, 铜钱	盛唐时期
文物	2007年4期	洛阳龙康小区唐墓(CFM2151)发掘简报	洛阳市文物工作队	陶器, 鎏金银器(镯, 簪, 花叶形簪, 绶带簪, 双股钗, 三股钗, 吊坠, 孔雀, 孔雀形式花饰), 铜器(镜), 钱(开元通宝, 乾元重宝), 铁剪, 骨脊, 木梳	9古纪中晚期(晚唐)
文物	2008年4期	洛阳龙门张沟唐墓发掘简报	洛阳市文物工作队	陶器(塔式罐, 骑马俑, 戴冠男立俑, 风帽男立俑, 幞头男立俑, 女立俑, 马, 骆驼, 牛, 羊, 猪, 狗, 鸡), 白瓷器(碗, 盘, 杯, 粉盒), 铜1器(镜, 钱币), 石器(帐座), 墓志	唐玄宗开元23年(735)
文物	2008年6期	福建武夷山市发现唐墓	武夷山市博物馆赵受玉	瓷器(碗, 碟, 灯盏, 双系罐, 盘口壶, 直口罐), 石砚, 铜镜, 铁釜, 铁刀	中晚唐
文物	2008年7期	河北宣化纪年唐墓发掘简报	张家口市宣化文物保管所	1.杨钗墓-陶罐, 陶鼎, 陶剪, 陶鏊耳罐, 陶鏊子, 陶三足盘, 陶塔式罐, 陶盘, 陶器座, 石墓志 2.苏子秤墓-骨梳, 骨钗, 玻璃器, 铜带饰, 瓷碗, 石墓志 3.张庆宗墓-陶塔式罐, 陶武士俑, 陶鏊耳罐, 陶盘, 陶器盖, 陶器座, 陶器足, 铜带饰, 开元通宝	1.唐乾符6年(879), 2.唐会昌4年(844), 3.唐乾符4年(877)
文物	2009年7期	西安南郊隋李裕墓发掘简报	陕西省考古研究院	陶俑(镇墓俑, 镇墓兽, 骑马俑, 笼冠俑, 少冠俑, 风帽俑, 军卒俑, 持箕女俑), 陶模型明器(骆驼, 马, 猪, 羊, 狗, 鸡, 仓, 井, 磨, 碓, 灶), 瓷器(双耳罐, 四系鸡首罐, 碗, 杯, 碟, 盘, 辟雍砚), 漆器(盘), 铜镜, 铜钱	李裕(542~604), 葬于隋大业元年(605)
文物	2011年6期	洛阳涧西区唐代墓葬发掘简报	洛阳市才二文物工作队	1.EM722(女)-陶罐, 铜釜, 铜盘, 铜镜, 铜剪, 铜扣饰, 铜钱, 五铢钱, 开元钱, 鎏金银粉盒, 银手镯, 银钗, 蚌饰 2.EM723(男)-陶塔形罐, 陶镇墓兽, 陶天王俑, 陶磨, 陶骆驼, 陶男侍俑, 陶女侍俑, 瓷杯, 铜釜, 铜盘, 铜镜, 铜勺, 铁剪, 铁镰, 银杯, 蚌饰	异坑合葬 盛唐时期

出典	刊行年月	題目	著者	出土遺物	備考
文物	2012年1期	河北临城补要唐墓发掘简报	北京大学考古文博学院河北省文物局邢台市文物管理处	M10-青釉双系罐, 青釉三足炉, 黄釉三足炉, 三彩炉, 陶罐, 陶钵, 白瓷圈足碗, 铜大扣, 铜方形大銙, 铜圆拱形大銙, 铜铊尾, 陶珠, 铁钉, 骨器, 石环, 卵石 M24-陶塔式罐, 花口白瓷碗, 莲瓣纹白瓷碗 M27-铜镜, 银钗, 蚌壳 M15-开元通宝, 蚌壳, 铁钉	aM10-唐代中期, M24-唐末~五代, M27-中晚唐, M15-唐
文物	2012年1期	河北正定野头墓地发掘简报	辽宁省文物考古研究所	M6-陶盆, 陶罐 M13M14M18(北宋墓葬)-乳丁纹瓦当, 莲花纹瓦当, 兽面纹瓦当, 彩绘建筑构, 瓷铃, 瓷碗, 铜钱	M6-唐代中期
文物资料丛刊	1982年	江苏无锡发现唐墓	无锡市博物馆	武官俑, 文官俑, 男女侍俑, 十二生肖俑, 陶磨, 青瓷壶口, 盘口短颈	砖室墓 2座.
文物资料丛刊	1982年	苏州平门城墙唐墓的清理	朱薇君	M31-陶壶, 大铜镜, 小银盒, 开元通宝, 墓志 M32-铜镜, 铜洗开元通宝, 陶坛, 陶灬盏, 墓志	砖室墓
文物参考资料	第6辑	定县南关唐墓发掘简报	信立祥	双耳瓷罐, 瓷盆, 黄釉瓷碗, 陶器(镇墓兽, 牛车, 人头鸡身俑, 人头鱼身俑, 武士俑, 文俑, 胡服俑, 马奴俑, 女跪俑, 持箕女俑, 男侍俑, 马, 骆驼, 狗, 牛, 猪, 羊, 鸡, 罐, 釜, 缸, 甑, 磨, 井)	唐代前期(621~704) 武则天时期
文物参考资料	第6辑	新乡市唐墓简报	杜彤华	陶罐, 陶碓, 陶小罐, 陶釜, 陶磨, 陶灶, 酱色釉碗, 白釉车轮, 白瓷盂, 陶磨, 白釉马, 陶猪, 陶立牛, 陶卧牛, 陶鸭, 白釉骆驼, 浅黄釉镇墓兽, 陶女俑, 浅黄釉女俑, 陶帷帽俑, 带釉帷帽俑, 浅黄釉风依风帽俑, 浅黄釉脑后扎髻男俑, 浅黄釉武士俑, 墓志	仁德元年(664)十一月游茶贵德乡之原婉川内礼也
文物参考资料	1951年7期	南唐二陵发掘简略报告	曾昭燏张彬	陶俑及陶动物像男俑女俑人首蛇身及人首鱼身俑动物像(马, 骆驼, 末长峰的小骆驼, 狮子, 狗, 鸡, 蛙), 陶瓷器(陶器, 粗瓷器-白瓷青瓷, 细瓷器-白瓷青瓷), 铜器(容器残片, 铜镜残片, 铜饰, 铜钉帽, 铜钱, 大铜铜钥匙), 铁器(铁块, 铁条, 铁钉), 漆木器(漆皮, 碎木片), 玉器骨器(玉花, 骨珠), 残斗拱壁画残片, 玉哀册	南唐皇帝列朝(李昇陵)中主(李璟陵)-二陵的出土遗物大致相同 南唐保大元年(943~957)

出典	刊行年月	題目	著者	出土遺物	備考
文物参考资料	1955年11期	徐州市云龙山发现北朝末期墓葬及汉代五铢钱范		小瓷壶, 陶壶, 小陶碗, 铜器(永安五铢65, 大泉五铢钱3), 铁器-铁镜, 铁剪刀1	砖室墓, 魏 永安(528~530)
文物参考资料	1956年5期	洛阳16工区76号唐墓清理简报	翟继才	陶器类(罐, 灰陶砚, 卧马), 瓷器类(带系罐, 罐, 碗, 盘, 黄釉碗), 铜器类(铜镜, 洗, 盘, 长柄灯), 其它(铁剪子, 银勺, 筷), 料饰(菉翠)	唐兴元元年(784)
文物参考资料	1957年11期	河南省洛阳清理后晋墓一座	高祥发	陶罐, 陶砚台, 瓷碗, 铜丝, 开通元宝, 铁块	天福2年(902)
文物参考资料	1958年8期	河南偃师唐崔沈墓发掘简报	黄士斌	陶俑(镇墓兽, 陶狗, 武士俑, 男跪俑, 女俑, 胡服俑, 风帽俑, 幞头俑, 陶磨俑, 骑马俑, 陶牛, 陶羊, 陶鸡, 陶鸭), 用具(米春, 陶磨, 陶灶, 陶井, 陶罐), 釉陶(罐, 盘, 杯), 其它(铜镜, 料珠, 墓志)	神龙2年(706)
文物春秋	1990年1期	河北玉田县发现唐代硬陶纺轮和铁夹簧剪刀	张忠勋	大罐1, 陶罐1, 陶碗1, 铜带扣1, 海兽葡萄铜镜1, 硬质恢白陶纺轮1, 铁夹簧剪刀1	玉田县城关原废城圈外的西北角土丘上
文物春秋	1991年4期	河北唐县县北村发现隋墓	李文龙	青瓷双耳罐, 青葛釉碗, 青黄釉碗, 青灰釉碗, 夹砂葛陶罐, 铁剪, 铜钗, 铁镶斗	隋墓
浙江省文物考古所学刊	1981年版	临安县唐水邱氏墓发掘报告	陈元甫姚桂芳	天文图, 瓷器42件(青瓷25-油灯, 盖罂, 香炉, 碗, 双系罐, 四系坛, 粉盒, 油盒, 器盖白瓷17-杯, 盘, 注壶, 碗, 杯托), 金首饰, 银器-盖罐, 豆, 注壶, 钵, 匜, 盒, 吐盂, 熏炉, D碗, 盏, 碟, 粉盒, 手镯, 盖, 筷1双, 匙1, 相鎣, 环, 铰链), 冥器13件-器型很小 器壁板薄 匣, 匜, 壶, 吐盂, 花挿, 匙, 盏托, 鱼), 铜器-铜镜, 灯具, 环鎣链, 锁匙, 铺首衔环, 铁器(马具), 玉石雕刻	卒于唐昭宗天复元年(901)
中國考古学年鑑	文物出版社1993年版	玑义市北瑶湾唐代墓地	韩召会	唐代墓葬26座墓志的墓葬7座-陶俑(镇墓兽, 马俑, 骆驼俑, 骑马俑, 牵夫俑, 文官俑, 武士俑, 男侍俑, 女侍俑, 吹奏俑, 舞蹈俑,跪俑), 铜器(洗, 镜, 钱), 瓷器(罐, 壶, 碗, 盘), 三彩器(女侍俑, 灯, 盘, 杯, 罐, 马), 带圈足莲花器座, 塔形纽器盖的三彩瓷罐	永淳2年(683)~咸通8年(867)

山典	刊行年月	題目	著者	出土遺物	備考
中原文物	1982年3期	洛阳龙门唐安菩夫妇墓	赵振华朱亮	三彩(文吏俑, 天王俑, 镇墓兽, 马, 骆驼, 牵马牵驼俑, 男骑马乐俑, 女骑马俑, 男立俑, 女立俑, 男侍俑, 女侍俑, 小马, 小骆驼, 牛, 狗, 猪, 鸡, 鸭, 鹅, 灶, 栏井, 米碓, 磨, 七星盘, 小碗), 陶瓷器(陶碗, 瓷唾盂, 瓷瓶, 带流瓷瓶, 瓷灯, 瓷罐), 金铜玛瑙器(金币, 铜钱, 铜镜, 玛瑙珠), 石刻, 墓志	唐中宗景龙3年(709)大唐定远 将军安君志
中原文物	1985年1期	偃师唐李元璬夫妇墓发掘简报	洛阳行署文物处偃师县文管会	镇墓兽, 圆形台座, 天王俑, 十二生肖俑, 女侍俑, 高冠文吏俑, 男侍俑, 舞俑, 牵马俑, 马俑, 骆驼俑, 骑马俑, 牛, 羊, 猪, 狗, 鸡, 塔形罐, 玉猪, 开元通宝, 墓志	经盗过
中原文物	1986年3期	安阳市才二制药厂唐墓发掘简报	段振美孟宪武	M1-陶俑(镇墓兽, 文官俑, 武士俑, 帷帽俑, 胡俑, 男侍俑, 女俑, 女仪伏骑马俑, 驼俑, 马俑, 牛俑, 猪俑, 羊俑, 鸡俑, 狗俑, 陶磨, 车轮, 圆形器, 双系瓷罐, 铅盘, 石墓志 M2-陶罐, 瓷罐, 瓷钵, 铁镜, 铁器, 铜钱, 铜笄, 陶墓志	M1显庆元年(656)迁葬M2开元1年(713)唐代早期
中原文物	1988年1期	郑州市郭庄唐代李晊墓清理简报	陈立信	瓷器(小口白瓷罐, 直口白瓷罐, 厚胎粗瓷瓮, 白瓷碗, 白瓷托), 陶器(灰陶盆, 长腹灰陶罐), 铜器(铜泡, 铜饰, 开元通宝), 墓志	乾元6年(759)卒夫人司马氏开元14年(726)卒
中原文物	1988年1期	西平唐墓发掘简报	李芳芝	彩绘俑(武士, 文吏, 男立, 女立, 胡人俑), 彩绘陶磨, 驼, 镇墓兽(陶磨, 陶驼, 镇墓兽), 泥质动物类(猪, 羊, 牛, 狗), 彩绘陶碗, 铜器(铜带扣), 铁器(铁环), 货币(开元)	武测天时期长安年间(700~705)
中原文物	1988年2期	鹤壁市发现一座唐代墓葬	王文强霍保成	瓷碗瓷盘, 净水瓷瓶, 瓷豆, 瓷罐, 龙瓶瓷壶, 陶碗, 陶仓, 玉珠, 开元通宝, 墓志	开元26年(738)死亡
中原文物	1988年2期	南乐县前王落古墓葬清理简报	赵连生张宝林	陶器(红陶双耳罐, 灰陶双耳罐, 白衣红陶双耳罐, 无耳灰陶罐, 壶), 瓷器(碗, 罐, 瓶, 盂, 壶), 陶磨模型, 铜镜, 铜钱, 银发钗, 铁鼎, 铁镶斗, 墓志砖	18座 前2/中10/后6座, 被盗 唐中期~偏晚的墓群
中原文物	2007年6期	荥阳后王庄唐墓发掘官报	郑州市文物考古研究院荥阳市文物保护管理所	XGHM7-陶罐, 铜钵, 铁剪, 瓷罐, 铜钱(开元通宝), 墓志	咸通12年(871)

出典	刊行年月	題目	著者	出土遺物	備考
中原文物	2009年 5期	河南偃师三座唐墓发掘简报	赵会军郭宏涛	城关镇前杜楼村 1号墓(崔大义及妻李夫人合葬墓中夫人墓)-镇墓兽, 文官俑, 武士俑, 男女侍俑, 胡俑, 侏儒俑, 骑马女侍俑, 马俑, 骆驼俑, 牛车, 陶牛, 陶支架, 陶鸭, 陶鸡, 陶狗, 陶猪, 陶羊, 陶仓房, 陶正, 陶厕所, 陶灶, 四耳罐, 瓷罐, 水盂, 瓷碗, 铜镜, 开元通宝, 铜剪刀, 铁锁, 墓志 2号墓-镇墓兽, 武士俑, 文官俑, 男侍俑, 男胡服俑, 风帽俑, 男侍俑, 女座俑, 骆驼, 陶鸡, 陶猪, 陶羊, 陶狗, 陶仓房, 陶灶, 陶甑, 陶碓, 陶井, 陶磨, 陶料槽, 瓷罐, 瓷碗	1号墓李夫人贞观21年(647)卒
中原文物	2011年 4期	郑州市区西北部两座唐墓发掘简报	郑州市文物考古研究院	1.河南市电力工业学校唐墓(2008ZDFM1)- 陶罐, 陶砚, 瓷碗, 瓷注, 铜勺残, 铜镜, 铁刀, 铁钉, 木梳, 墓志 2.河南六合置业有限公司六合苑少区唐墓-陶壶, 陶罐, 铜勺, 革带铜附, 铜钱12(开元通宝)	1.单室土洞墓 贞观12年(798) 唐晚期 2.单室砖室墓 唐初期
华夏考古	1993年 1期	洛阳孟津西山头唐墓发掘报告	王炬 郭大森 廖子中 刘海旺	1.64号墓三彩(镇墓兽, 文吏俑, 武士俑, 骑马俑, 南骑马俑, 女骑马俑, 骆驼俑)彩绘(男牵骑马俑, 马俑, 侏儒俑)瓷俑(男侍俑, 女侍俑, 羊俑, 狗俑, 猪俑, 鸡俑, 鸭俑, 鸽俑, 磨, 碓, 灶, 井栏, 盘, 瓷盒盖, 罐)墓志 2.80号81号两墓的披盗严重没有发现人骨架及其葬具(陶塔式罐, 器底座各一)	1.开耀元年(681)死于欤所任地辽东瀛时年十三岁于大周天授二年(691)迁葬于洛州洛阳县清风乡北邙山之原 2.卒年不详
华夏考古	1993年 4期	三门峡市水工厂唐墓的发掘	任留政 景润刚	瓷碾, 瓷兔, 铜镜, 开元通宝, 铜笄, 骨笄, 蚌饰	唐代晚期
华夏考古	1995年 1期	河南偃师唐墓发掘报告	郭洪涛 樊有升	1.寨后村砖厂1号墓-陶器(镇墓兽, 武士俑, 男侍俑, 女侍俑, 马俑, 陶鸡, 陶鸭, 陶猪, 陶狗, 陶羊, 陶井, 陶灶, 陶磨, 陶仓, 陶碓, 陶罐, 陶盏), 铁器(铁剪, 铁镜) 2.东蔡庄村唐墓-武士俑, 男侍俑, 女侍俑, 马俑, 驼俑, 鸡俑, 鸭俑, 羊俑, 狗俑, 盏, 三彩母子盏, 三彩盂, 瓷罐 3.刘坡村唐墓-镇墓兽, 武士俑, 文官俑, 瓷	1.初唐 2.初唐 3.圣历元年(698)合葬于冯王山之北白马寺之东 4.盛唐 5.郑贝墓天宝13年(754)迁厝于偃师首阳乡之原 6.徐府君季女墓会昌5年(845)归葬于河南府偃师县祔于先茔礼也

出典	刊行年月	題目	著者	出土遺物	備考
				龙柄壶, 砖墓志 4.山化乡石家庄村唐墓-天王俑, 女侍俑, 男侍俑, 骑马俑, 牵马俑, 牵驼俑, 跪仆俑, 马俑, 驼俑, 牛车, 鸭俑, 猪俑, 狗俑, 羊俑, 陶井栏, 陶灶, 陶磨, 陶碓, 白陶罐, 三彩龙柄壶 5.南蔡庄联体砖厂8号墓-镇墓兽, 马俑, 猪俑, 鸡俑, 羊俑, 陶罐, 陶砚, 铜钵, 钱币, 墓志 6.水泵厂6号墓-陶罐, 瓷碗, 瓷唾壶, 银簪, 铜镜, 铜饰, 铁剪, 石墓志	
文博通讯	1983年 3期	南京清理一座唐代夫妇合葬墓	朱兰霞	男室-石砚, 白瓷碗, 陶壶, 铜钱 (常平五铢), 墓志 女室-白瓷碗, 青瓷灯, 青瓷钵, 铁剪, 铁饰件, 铜饰件, 铜钵, 铜镜, 铜熨斗, 陶壶, 蚌壳, 漆器上的铜饰件	大中9年(855)
东南文化	2004年 4期	徐州市奎山驮篮山唐代墓葬发掘简报	刘尊志 孙爱芹 周波	瓷器-碗, 壶, 粉盒其他-铜镜铜耳耳勺铜泡开元通宝, 铁釜, 石危, 墓志	唐墓8座(TM1墓志出土贞元15年799年 死亡)

먼저 수대 분묘 가운데 合肥隋开皇3年(583)张靜墓[5] 출토유물은 陶俑(武士俑, 女侍俑, 男侍俑, 侍从俑, 女俑, 跪拜俑, 狗, 猪, 双兔, 公鸡, 母鸡, 镇墓兽, 异兽, 仓, 井, 碓), 瓷器(盘口壶, 碗), 铜镜, 铜钱, 铜大扣, 金环, 银钗. 墓志가 있고 隋开皇20年(600) 安徽亳县 王幹墓[6]에서는 瓷器(白瓷大盅, 白瓷小盅, 白瓷砚, 青瓷四系罐, 青瓷瓶, 黄釉高足瓷碗, 黄釉瓷碗, 铜镜14, 陶俑(女乐俑, 舞俑, 歌俑, 炊事俑, 磨坊俑, 仪仗俑, 牛, 卧羊, 灶, 磨, 水磨, 小盆, 烛台, 小勺, 小水罐, 簸箕, 盖, 陶鞋) 등이 출토되었다. 그리고 604년(隨 文帝7년, 仁壽4년)에 사망하여 605년에 장례를 치른 李裕墓[7] 출토유물은 陶俑(镇墓俑, 镇墓兽, 骑马俑, 笼冠俑, 少冠俑, 风帽俑, 军卒俑, 持箕女俑), 陶模型明器(骆驼, 马, 猪, 羊, 狗, 鸡, 仓, 井, 磨, 碓, 灶), 瓷器(双耳罐, 四系鸡

5　文物, 1988年 1期, 袁南征 周京京 合肥隋开皇3年张靜墓
6　考古, 1977年 1期, 亳县博物馆 安徽亳县隋墓
7　文物, 2009年 7期, 陕西省考古研究院 西安南郊隋李裕墓发掘简报

首罐, 碗, 杯, 碟, 盘, 辟雍砚), 漆器(盘), 铜镜, 铜钱 등으로 구성되어 있다.

初唐時期 墓葬으로 河南偃师县 城关镇前社楼村1号墓(崔大义及妻李
夫人合葬墓 中 夫人墓, 贞观21年, 647)[8]에서는 镇墓兽, 文官俑, 武士俑, 男女侍
俑, 胡俑, 侏儒俑, 骑马女侍俑, 马俑, 骆驼俑, 牛车, 陶牛, 陶支架, 陶鸭,
陶鸡, 陶狗, 陶猪, 陶羊, 陶仓房, 陶正, 陶厕所, 陶灶, 四耳罐, 瓷罐, 水
盂, 瓷碗, 铜镜, 开元通宝, 铜剪刀, 铁锁, 墓志가 출토되었고 2号墓(崔大
义墓)에서는 镇墓兽, 武士俑, 文官俑, 男侍俑, 男胡服俑, 风帽俑, 男侍
俑, 女座俑, 骆驼, 陶鸡, 陶猪, 陶羊, 陶狗, 陶仓房, 陶灶, 陶甑, 陶碓, 陶
井, 陶磨, 陶料槽, 瓷罐, 瓷碗이 출토되었다. 河南偃师唐柳凯(麟德元年,
664)墓[9]의 출토 유물은 陶器(镇墓兽, 武士俑, 天王俑, 文官俑, 小文官俑, 文吏俑, 风
帽俑, 胡帽俑, 牵马俑, 胡人俑, 侏儒俑, 骑马乐俑, 骑马侍俑, 单刀半翻髻女俑, 双系女俑, 高髻
女俑, 螺髻女俑, 骑马女俑, 大马, 小马, 骆驼, 牛, 羊, 猪, 公鸡, 母鸡, 鸭, 小罐, 罐, 灶), 瓷四
系罐, 开元通宝, 蛋壳, 蚌, 墓志가 있고 河南偃师县 北窑村2号墓[10]는 咸
亨3年(672)에 조성된 것으로 镇墓兽, 武士俑, 文官俑, 男侍俑, 女侍俑,
骆驼俑, 马俑, 羊俑, 猪俑, 鸭俑, 狗俑, 母子盏, 瓷碗, 瓷罐, 钱币(开元), 砖
墓志가 출토되었다.

盛唐时期 분묘로 河南偃师杏园村 李延祯墓(垂拱1年, 685)[11]에서는 镇
墓兽, 武士俑, 文官俑, 骑马俑, 马俑, 牵马俑, 驼俑, 牵驼俑, 陶牛, 陶车,
御者, 男侍俑, 女侍俑, 女俑头, 鸡俑, 鸭俑, 猪俑, 狗俑, 羊俑, 井栏, 灶,
马, 碓, 陶罐, 漆器(漆盘), 铜钵, 铜小钵, 铁片, 铁帽钉, 墓志가 출토되었
고 洛阳孟津西山头 64号墓(天授2年, 691)[12]에서는 三彩(镇墓兽, 文吏俑, 武士
俑, 骑马俑, 南骑马俑, 女骑马俑, 骆驼俑) 彩绘(男牵骑马俑, 马俑, 侏儒俑) 瓷俑(男侍俑,

8 中原文物, 2009年 5期, 赵会军郭宏涛 河南偃师三座唐墓发掘简报
9 文物, 1992年 12期, 洛阳市才二文物工作队 偃师县文物管理委员会 河南偃师唐柳凯墓
10 考古, 1992年 11期, 郭洪涛 樊有升 河南偃师县四座唐墓发掘简报
11 考古, 1984年 10期, 徐殿魁 刘忠伏 河南偃师杏园村的两座唐墓
12 华夏考古, 1993年 1期, 洛阳孟津西山头唐墓发掘报告

女侍俑, 羊俑, 狗俑, 猪俑, 鸡俑, 鸭俑, 鸽俑, 磨, 碓, 灶, 井栏, 盘, 瓷盒盖, 罐) 墓志가 출토되었다. 洛阳龙门唐安菩夫妇墓[13]에서는 三彩(文吏俑, 天王俑, 镇墓兽, 马, 骆驼, 牵马牵驼俑, 男骑马乐俑, 女骑马俑, 男立俑, 女立俑, 男侍俑, 女侍俑, 小马, 小骆驼, 牛, 狗, 猪, 鸡, 鸭, 鹅, 灶, 栏井, 米碓, 磨, 七星盘, 小碗), 陶瓷器(陶碗, 瓷睡盂, 瓷瓶, 带流瓷瓶, 瓷灯, 瓷罐), 金铜玛瑙器(金币, 铜钱, 铜镜, 玛瑙珠), 石刻, 墓志 등이 출토되었는데 묘주는 唐中宗景龙3年(709) 大唐定遠将军安菩夫妇이다. 같은 시기의 李嗣本墓(景龙3年, 709)[14]에서는 镇墓兽, 文官俑, 武士俑, 双鬟女侍俑, 高髻女侍俑, 骑马女侍俑, 男侍俑, 骑马男侍俑, 牵马俑, 牵驼俑, 马俑, 驼俑, 侏儒俑, 牛车及御伏俑, 鸡俑, 鸭俑, 猪俑, 狗俑, 羊俑, 陶井栏, 陶灶, 陶磨, 陶碓, 三彩豆, 陶罐, 铜洗, 铜钵, 铜镜, 石墓志가 출토되었고 李景由墓(开元26年, 738)[15]에서는 塔形罐, 银盒, 银碗, 银筷1双, 银勺2, 金钗饰件, 铜罐, 铜钵, 铜洗, 铜灯, 铜镜, 货币, 开元通宝, 铁生肖俑, 尺形玉器, 玉珠, 玉猪, 骨珠, 方漆盒, 圆漆盒, 木梳, 石墓志 등이 출토되었다.

中唐时期 분묘로는 陶罐, 陶砚, 瓷罐, 瓷盘, 瓷碗, 瓷豆, 蛤形银盒, 铜灯, 铜洗, 铜则, 铜镜, 铜下颚托, 开元通宝, 铁券, 骨梳, 墓志2合(1.郑洵墓志, 2.郑洵夫妇合葬时墓志, 大历13年, 778 合葬) 등이 출토된 河南偃师市杏园村 YD5036号墓(M5036/郑洵墓)가 있고[16] 武士俑, 天王俑, 文吏俑, 执事俑, 胡俑, 侏儒俑, 男仆俑, 執笏女俑, 拱手女俑, 披帛女俑, 女舞俑, 女乐俑, 女仆俑, 人首禽身俑, 双人首龙身俑, 虎形兽, 独角怪兽, 猪形怪兽, 骆驼, 羊, 狗, 鸡, 鸽, 牛, 牛车, 磨, 碾盘, 钵, 瓮, 甑 등이 출토된 河北献县唐墓[17]가 있다.

13 中原文物, 1982年 3期, 赵振华 朱亮 洛阳龙门唐安菩夫妇墓
14 考古, 1986年 5期, 徐殿魁 河南偃师杏园村的六座纪年唐墓
15 전게 주14)
16 考古, 1996年 12期, 中国社会科学院考古研究所南二队 河南偃师市杏园村唐墓的发掘
17 文物, 1990年 5期, 王敏之 高良謨 張长虹 河北献县唐墓清理简报

晩唐時期의 洛阳市东明小区C5M1542唐墓(太和3年 合葬, 829)[18]에서는 鎏金铜马, 鎏金铜龟, 凤鸟扳枝花纹三足鎏金银盒, 缠枝花纹蚌形银盒, 瑞兽流云纹蚌形银盒, 银平脱凤鸟牡丹纹铜镜, 银壳瑞兽鸾鸟纹铜镜, 素面铜镜, 银勺, 银盘, 银构, 银下颚托, 银花饰, 银耳匙, 瑞兽折枝花纹葵花形铜碗, 铜钵, 铜洗, 铜构, 铜勺, 铜钱, 铁剪, 铅盘, 玉龙(六瓣花形绿松石饰, 猫形绿松石饰, 蝶形绿松石饰, 四瓣花形绿松石饰, 草叶形绿松石饰, 鸟形绿松石饰), 玉簪, 木梳, 木勺, 木钗, 陶器(砚, 塔式罐器座), 其它(蚌, 墓志) 등이 출토되었고, 河南偃师杏园村 庐州参军李存墓(84YDT29M54, 唐武宗会昌5年, 845)[19]에서는 玉石器(羊, 牛, 盒, 杯, 罐, 盘), 石器(熏炉, 紫石砚, 砺石), 银器(银筷1双, 银勺), 铜器(铜印及印盒, 铜刀, 铜匜, 开元通宝), 铁器(铁牛, 铁猪, 铁犁铧, 帽钉, 门环, 铁片), 瓷器(白瓷罐, 唾盂), 漆器(圆形漆盒), 陶罐, 墓志가 출토되었다. 그리고 晩唐 末期의 临安县唐水邱氏墓(卒于唐昭宗天复元年, 901)[20]에서는 天文图, 瓷器42件(青瓷25-油灯, 盖罂, 香炉, 碗, 双系罐, 四系坛, 粉盒, 油盒, 器盖 白瓷17-杯, 盘, 注壶, 碗, 杯托), 金首饰, 银器-盖罐, 豆, 注壶, 钵, 匜, 盒, 吐盂, 熏炉, 碗, 盏, 碟, 粉盒, 手镯, 盖, 筷1双, 匙1, 相鋬, 环, 铰链), 冥器13件-器型很小 器壁板薄 匣, 匜, 壶, 吐盂, 花插, 匙, 盏托, 鱼), 铜器-铜镜, 灯具, 环錾链, 锁匙, 铺首衔环, 铁器(马具), 玉石雕刻 등이 출토되었다.

끝으로 五代時期 墓葬으로는 江苏邗江蔡庄五代墓(杨吴时代, 923~933)[21]에서 木俑44(男俑, 女俑, 动物俑, 人首动物身俑, 镇墓兽, 鸡俑, 蛙俑, 人首蛇身, 人首鱼身, 人首龙身, 人首兽身), 陶瓷器(灰陶壶, 白瓷碗, 白瓷盂, 青瓷碗 青瓷盘), 乐器(琵琶, 拍板), 木器(一批木架, 木座, 木雕花板, 木龙雕板, 木凤雕板, 木莲瓣蕙草云纹板), 金属器(鎏金铜钥匙, 银饰, 铁铩, 开元通宝), 箕形端砚, 珠宝, 残漆器 등이 출토

18 文物, 2004年 7期, 洛阳市文物工作队 洛阳市东明小区C5M1542唐墓
19 考古, 1984年 10期, 徐殿魁 刘忠伏 河南偃师杏园村的两座唐墓
20 浙江省文物考古所学刊, 1981, 陈元甫 姚桂芳 临安县唐水邱氏墓发掘报告
21 文物, 1980年 8期, 张亚生 徐良玉 古建 江苏邗江蔡庄五代墓清理简报

되었고 浙江省临安板桥的五代墓[22]에서는 瓷器(四系罍, 钵, 双耳斧形器, 双纽罐, 洗, 碗, 器盖), 银器(盂, 盘, 壶, 大碗, 盒, 小碗, 匙, 筷), 铜镜, 钱币230余每 등이 출토되었다. 이 墓主는 五代早期의 吴越国二世王 钱元瓘(晉 天福6年, 941)과 后周 广顺2年(952)에 사망한 次妃 吴汉月로 밝혀졌는데 钱元瓘의 妃 马氏의 무덤(天福4年, 939)[23]에서는 秘色青瓷器(方盒, 瓜棱盖罐, 葵口碗, 侈口碗, 敛口碗, 圈足盘, 执壶, 托盘, 水盂, 粉盒, 盆, 四系罐, 葵口杯, 唾盂, 盏托, 釉陶壶), 玉器(筐弇, 紐扣, 长方形挂饰, 龙形雕, 鸳鸯形雕, 紐装饰, 长明灯, 供桌), 铜器(铜镜, 楝, 锁, 环, 铺首衔环), 铁器(板, 箱 环, 锁), 木器(木佥), 其它(银钗, 银冥器, 料珠, 金环, 象牙饰品, 砺石, 铜钱) 등이 출토되었다. 그리고 南唐二陵[24]은 南唐皇帝였던 列朝(李昇陵)와 中主(李璟陵)의 능묘(南唐保大元年/943~957)로 陶俑及陶动物像 男俑 女俑 人首蛇身及人首魚身俑 动物像(马, 骆驼, 末长峰的小骆驼, 狮子, 狗, 鸡, 蛙), 陶瓷器(陶器, 粗瓷器-白瓷 青瓷, 细瓷器-白瓷 青瓷), 铜器(容器残片, 铜镜残片, 铜饰, 铜钉帽, 铜钱, 大铜铜钥匙), 铁器(铁块, 铁条, 铁钉), 漆木器(漆皮, 碎木片), 玉器 骨器(玉花, 骨珠), 残斗拱, 壁画残片, 玉哀册 등이 출토되었고 출토유물은 대체로 같았다.

당대 분묘의 출토유물은 생활용기가 대부분인데 앞선 시기의 위진남북조시대의 분묘 출토유물의 구성과 크게 다르지 않다. 필자가 검토한 위진남북조시대의 분묘는 사후의 세계를 전축으로 주된 생활공간을 구축한 다음 그 내부를 항아리나 잔, 완, 병, 반 등을 도기와 자기로 제작한 평시의 생활물품과 무사용, 문리용, 侍女俑 등과 진묘수와 닭, 돼지, 개 등의 動物俑, 倉庫, 便所, 鷄舍 등을 모형으로 만들어 현실 세계가 이어지도록 부장하였다. 青瓷는 罐, 壶, 碗, 六耳罐, 双耳壶, 博山炉, 钵이 주류를 이루고 그 외에도 盆, 鼎, 缸, 瓢, 盒, 盏, 盏

---

22 文物, 1975年 8期, 浙江省文物管理委员会 浙江省临安板桥的五代墓

23 文物, 2000年 2期, 张五兰 浙江省临安五代吴越国康陵发掘简报

24 文物参考资料, 1951年 7期, 曾昭燏 张彬 南唐二陵发掘简略报告

托 등이 있다. 陶器도 그 구성은 자기와 비슷한데 罐, 碗, 唾壺, 四耳罐, 钵, 耳杯, 鼎, 钵 등을 들 수 있고 이어서 盆, 缸, 瓢, 盒, 盏 등이 있다.[25]

이상과 같은 부장품 이외에도 칠기나 목제품, 금속유물이 포함되어 있기도 한데 금, 은, 유리, 옥 등으로 제작한 장신구나 동경, 가위, 비녀, 숟가락, 동전 등을 들 수 있다. 분묘 가운데 자기가 출토되는 비율은 적어도 1/3을 넘고 있으며 도기가 출토되는 비율도 1/3을 넘고 있어 도굴로 인한 교란을 고려하면 대부분의 분묘에는 도기나 자기가 포함되어 있다고 보아도 무방할 것이다.[26] 한편 철기는 관정이나 철도, 철검, 철촉, 철모, 철삭 등 무기류가 주종을 이루지만 그 가운데는 철제 가위가 다수 포함되어 있다. 철제가위는 남북조시대에 이르러 그 부장 예가 많아지는 것으로 새로운 풍속을 대변하고 있는 것으로 보인다.

당대의 부장품 구성도 위진남북조시대에 비하여 크게 달라지지 않았다. 일상생활 용품은 도기나 도용도 출토되지만 성당시기를 넘어가면 청자, 백자 용기가 부장되고 7세기 중반 이후에는 당삼채로 제작된 용기나 俑이 등장하고 8세기에 이르면 출토 예가 증가하는 경향을 보인다. 예를 들면 河北南和唐代郭祥墓는 垂拱4年(688)에 조성된 것으로[27] 武士俑, 风帽俑, 胡人俑, 文吏俑, 弓, 男仆俑, 马奴俑, 女俑, 女乐俑, 跪伏俑, 镇墓兽, 观凤鸟, 陶仪鱼, 牛车, 牛, 狮, 公鸡, 猪, 灶, 磨, 碓, 井, 杯, 缸, 罐, 釜 등은 도제로 제작되었고 완 1점만 자기로 제작된 것이었다. 그런데 中宗景龙3年(709)에 조성된 洛阳龙门唐安菩夫

25 나종진 지음·정대영 옮김, 2012, 『중국고고학—위진남북조』, pp.221~269.
26 중국의 분묘에서 자기와 도기를 부장하는 풍습은 송~원조에까지 계속 이어진다.(정의도, 2009, 「송·요·금·원묘 시저 및 철협 출토경향—고려묘 부장품과 관련하여—」, 『문물연구』 제15호, 재단법인 동아시아문물연구학술재단)
27 文物, 1993年 6期, 辛明伟 李振奇 河北南和唐代郭祥墓

如墓에는[28] 三彩로 제작된 文吏俑, 天王俑, 镇墓兽, 马, 骆驼, 牵马牵驼俑, 男骑马乐俑, 女骑马俑, 男立俑, 女立俑, 男侍俑, 女侍俑, 小马, 小骆驼, 牛, 狗, 猪, 鸡, 鸭, 鹅, 灶, 栏井, 米碓, 磨, 七星盘, 小碗 등이 등장하고 陶碗, 瓷唾盂, 瓷瓶, 带流瓷瓶, 瓷灯, 瓷罐 등이 출토되어 도기는 1점에 불과하였다. 그리고 당대에 들어 12생초용이 제작되기 시작하는데 7세기 중엽경의 江苏无锡发现唐墓[29], 9세기 중엽경의 江阴长颈镇泾北村唐墓[30], 偃师唐李元璥夫妇墓[31] 등에서 출토되며 이것은 통일신라사회로 전래되기도 하였다.[32] 이처럼 도기로 제작한 용은 계속 출토되지만 자기류는 점점 증가하는 경향을 보이며 만당시기와 오대시기로 갈수록 금속류의 출토 예가 증가하며 특히 景宗元年(长庆4年, 824)에 조성된 伊川鸦岺唐齐国太夫人墓(91YCM1)에서는[33] 金银器 21점, 金银饰品과 小件金银器 300점, 玉器 28점, 宝石饰 1,200점, 骨雕 35점 등이 출토되어 눈부신 당대 문화의 정수를 보여주었다.

---

28 전게 주13)

29 文物資料丛刊, 1982年, 无锡市博物馆 江苏无锡发现唐墓

30 无锡文博, 1994年 1期, 唐汉章 江阴长颈镇泾北村唐墓

31 中原文物, 1985年 1期, 洛阳行署文物处 偃师县文管会 偃师唐李元璥夫妇墓发掘简报

32 문화재연구소 경주고적발굴조사단, 1990, 『경주 용강동고분 발굴조사보고서』

33 文物, 1995年 11期, 洛阳市矛二文物工作队 严辉 杨海钦 伊川鸦岺唐齐国太夫人墓
    (91YCM1)

唐代墓葬 출토 숟가락

03

    필자가 확인한 당대 분묘 가운데 숟가락이 출토되는 경우는 그리 많지 않아 숟가락의 부장이 일반적인 경향이었다고 보기는 어렵지만 위진남북조시대의 분묘에서 자주 출토되던 도제 작(勺)이 거의 출토되지 않는 것은 새로운 전통이 시작되었다고 보아도 무방할 것으로 생각된다.[34]

    필자가 고고와 문물을 중심으로 확인한 당묘 보고 건은 160건에 유구는 410기가 넘지만 그 중에서 숟가락이 출토된 예는 20여건이 채 되지 않고 중요한 유물은 강서와 절강에서 출토된 2기의 교장에서 출토되었다. 이와 같이 당묘에서도 숟가락이 출토되는 경우가 드물기도 하지만 땅도 넓고 사람도 많은 중국에서는 이미 숟가락을 사용하지 않기 때문에 관심이 드문 편이고 오래된 보고문에는 숟가락에 대한 구체적인 서술이 누락된 경우가 많아 당대의 숟가락 변화를

---

34 정의도, 2014, 「중국남북조분묘」, 『한국고대숟가락연구』, 경인문화사, pp.145~177.

짐작하기는 상당히 어려운 상황이다.[35] 이 같은 상황에서 필자가 고고와 문물을 중심으로 간추린 당묘에서 숟가락, 젓가락, 국자 등이 출토된 유적을 시대순으로 정리하여 각각의 특징과 시기적인 변화상을 검토하여 보기로 한다.[36] [표 2]

1) 河南洛阳涧西谷水唐墓(M6)[37]는 8世紀 初(705)에 축조되었으나 도굴되었다. 출토유물은 三彩器(马, 骆驼, 镇墓兽, 牵马俑, 文官俑, 天王俑, 女侍俑, 鸡, 鸭), 釉陶器(黃釉男侍从俑, 绿釉男侍从俑, 黃釉狗, 黑釉猪, 黃釉猪, 黃斑白釉羊), 陶俑瓷器(陶侏儒俑, 白瓷罐), 银铜器(银盘, 银杯, 银勺, 铜洗, 铜镜) 등이다. 은작(은제 숟가락)의 작부는 끝이 뾰족한 타원형이며 자루는 세장한데 위는 네모지고 편평하며 아래는 둥글다. 길이는 27.6cm.

2) 长治市西郊唐代李度墓(710)에서는[38] 青瓷罐, 三彩抱鸭壶俑, 铜钵, 铜钉帽, 铜铺首, 铜钗, 铁吊钉, 骨质圭板, 墓志 등과 함께 铜勺, 铜筷가 출토되었다. 동작은 2점이 출토되었는데 1점은 술이 타원형이고 자루는 편평하며 유엽형인데 위로 갈수록 휘어져 있다. 길이 27cm, 최대경 7.2cm이다. 다른 한점은 전체 길이 19.5cm이고 작부 최대경

35 숟가락과 젓가락을 한자로 쓴다면 오늘날 우리나라에서는 匙와 箸로 쓰지만 조선왕조실록에서는 匙와 筯로 적었다. 중국에서는 勺이라고 쓰거나 匕를 사용하는 경우가 적지 않고 때로 국자와 숟가락이 같이 출토되어도 형태가 다른 勺으로 보고하는 경우가 있다. 아울러 젓가락은 箸로 쓰기도 하지만 筷가 훨씬 일반적이고 筯로 적기도 한다. 그러므로 단어만으로 숟가락 출토 여부를 단정 지을 수 없고 모든 출토 유물을 살펴보아야 한다. 그리고 숟가락 등의 출토 유물에 대한 설명은 우선 보고문을 기본으로 따랐고 보고자마다 각기 다른 명칭을 사용하고 있어도 수정 없이 그대로 인용하였다.

36 安徽亳县 王幹墓(开皇20년, 600)의 우측 耳室에서 陶製 女乐俑 磨坊俑, 仪仗俑, 牛, 卧羊 磨, 烛台, 陶鞋 등과 함께 小勺이 출토되었고 福建省 惠安县唐墓 출토유물에 陶勺이 1점 포함되어 있다. 왕간묘 출토 도작이 위진남북조 이래의 전통을 일부 반영하고 있다고 볼 수 있지만 혜안현당묘의 출토 陶勺의 형태는 위진남북조시대의 작과는 형태가 다르고 오히려 당대의 청동숟가락과 닮은 것으로 보인다.(『考古』 1977年 1期, 安徽亳县博物馆,「安徽亳县隋墓」『考古』 2004年 4期, 泉州市文物管理委员会 惠安县博物馆,「福建惠安县上村唐墓的清理」)

37 考古, 1983年 5期, 余扶危 张剑 河南洛阳涧西谷水唐墓清理简报

38 文物, 1989年 6期, 长治市博物馆 长治市西郊唐代李度宋嘉进墓

6cm이다. 그리고 젓가락은 1쌍이며 길이 21cm, 직경 0.35cm이다.

3) 安阳西郊刘家庄唐墓(710~720)[39]의 출토 유물은 비교적 소량으로 三彩鸳鸯盂 1점, 陶罐2점, 铁带具 1벌, 铜钱 3매(개원통보), 墓志 1合(묵서명) 등과 함께 동작이 1점 출토되었다. 동작은 작의 형태가 반구형에 가늘고 긴 자루가 붙었는데 자루의 중간에는 9줄의 횡선을 새기고 자루의 끝에는 ∧형 문양을 새겼다. 정교하게 제작되었으며 작의 직경은 6.7cm, 전체 길이는 28cm이다.

4) 河南偃师杏园村 李景由墓(738)와 郑绍方墓(814)[40]에서 은쾌와 은작이 출토되었다. 우선 李景由墓에서는 塔形罐, 银盒, 银碗, 金钗饰件, 铜罐, 铜钵, 铜洗, 铜灯, 铜镜, 货币, 开元通宝, 铁生肖俑, 尺形玉器, 玉珠, 玉猪, 骨珠, 方漆盒, 圆漆盒, 木梳, 石墓志와 함께 银筷1双, 银勺2점이 출토되었고 郑绍方墓에서는 鎏金铜勺 1점이 陶俑, 陶砚, 瓷罐, 瓷唾壶, 瓷碗, 瓷水盂, 银盒, 鎏金铜手炉, 铜镜, 铜環钉, 铜镊, 铜合页, 开元通宝, 石围棋子, 蚌盒, 石墓志와 함께 출토되었다. 이경유묘 출토 银筷1双은 圆柱狀으로 가운데가 조금 가는 편이며 길이는 27.7cm이다. 그리고 보고된 은작은 2점이지만 1점은 은제숟가락이고 1점은 은제 국자이다. 그러므로 젓가락과 짝을 이루는 은제숟가락의 자루는 편평하고 길게 붙어 있으며 술부는 복숭아형이다. 길이는 26cm. 은제 국자의 자루는 길고 가늘게 제작되어 만곡하는데 작부는 반구형이다. 길이 24cm.

5) 1982년 새해에 江苏丹徒丁卯桥 부근의 공사현장에서 대형의 唐代金银器窖藏[41]이 노출되었다.(740~750) 교장 내부에는 银酒瓮1, 银

39 考古, 1991年 8期, 戴夏汉 安阳西郊刘家庄唐墓
40 考古, 1986年 5期, 徐殿魁 河南偃师杏园村的六座纪年唐墓
41 文物, 1982年 11期, 丹徒县文教局 镇江博物馆 江苏丹徒丁卯桥出土唐代金银器窖藏. 이 교장과 바로 인접하여 당대 银铤窖藏이 노출되었는데 출토된 20笏의 무게는 40kg에 이른다고 한다.

盆3, 银涂金龟负论语玉烛, 金涂金酒令筹50, 银盒28, 银托子8, 银碗10, 银高足杯1, 银盘2, 银碟6, 银酒子2, 银锅2, 银涂金熏炉1, 银鎏金人物瓶1, 银盖7, 银晋水器1, 银鎏金令旗1, 银奉8, 银筋18双, 银匕10, 银勺6, 银镯29, 银钗760, 银铤20笏, 角质梳4 등으로 유물은 950점이 넘고 총중량은 55kg에 이른다. 성당 만기(8세기 중반/ 당대 전기 말)로 편년된다.

銀箸은 모두 18쌍이 출토되었고 2식으로 나누어진다. 1식은 15쌍이 포함되는데 원주형으로 길이 33cm, 무게 117g이다. 2식은 3쌍이고 도금된 젓가락의 상단이 호로형이다. 길이 22cm, 무게 32g이며 젓가락 상단에 「力士」라고 새겼다. 銀匕[42]는 10점이다. 술잎은 산형에 가까운 타원이고 길고 편평한 자루가 약간 휘어져 있다. 전체 길이 31.2cm, 무게 81~87g이며 뒷면에는 모두 「力士」라고 새겨져 있다. 銀勺은 모두 6점이다. 작면은 반구형이며 길고 편평한 자루는 약간 휘어져 있다. 길이 31cm, 무게 70~84g이다.

6) 郑州上街区唐墓[43] 중 盛唐 时期에 축조된 25호묘에서는 跪拜俑, 陶罐, 铜盆, 铜勺, 骨簪, 骨梳 등이 출토되었다. 铜勺에 대한 자세한 설명은 없다.

7) 郑州地区 大岗刘唐墓(760~770)[44]에서 瓷器(碗, 罐), 陶器(陶罐), 漆盆, 鎏金铜器(尺, 勺, 链饰) 铁饰, 铜钱, 金线, 金簪 등이 출토되었다. 鎏金铜勺은 작의 형태는 복숭아 잎과 닮았고 자루는 잎줄기 같이 생겼다. 전체 길이는 6.6cm이고 勺의 최대너비는 4.3cm이다.

8) 河南偃师市杏园村 YD5036号墓(M5036)[45]는 郑洵墓(778)이다. 출토유물은 陶罐, 陶砚, 瓷罐, 瓷盘, 瓷碗, 瓷豆, 蛤形银盒, 铜灯, 铜洗, 铜

---

42 일부 연구자에 따라 은숟가락을 银勺, 银匕 또는 银匙라고 쓴다.

43 考古, 1960年 1期, 王与刚 郑州上街区唐墓发掘简报

44 文物, 1995年 5期, 周军 郝红星 千宏伟 郑州地区发现的几座唐墓

45 考古, 1996年 12期, 徐殿魁 河南偃师市杏园村唐墓的发掘

鏡, 銅下顎托, 开元通宝, 铁券, 骨梳, 墓志 등과 함께 銅則 1점이 출토되었다. 銅則은 작부는 평저에 외반하는 구연은 편평하게 만들었고 비교적 길게 제작된 자루의 끝에는 구멍이 나 있는데 정밀제작된 것이다. 보고자는 차를 다리거나 제약에 사용하였을 것으로 추정하였다. 전체 길이 11.8cm.

9) 洛阳16工区76号唐墓(唐兴元 元年, 784)[46] 출토유물은 陶器类(罐, 灰陶砚, 卧马), 瓷器类(带系罐, 罐, 碗, 盘, 黄釉碗), 銅器类(铜镜, 洗, 盘, 长柄灯), 其它(铁剪子, 银勺, 筷), 料饰(绿翠) 등이었는데 도기와 자기는 대부분 후벽의 耳室에서 출토되었으며 서벽의 관 내부에서 가위와 동경, 등잔, 동전 그리고 숟가락과 젓가락이 출토되었다. 작의 자루 길이는 20cm, 젓가락의 길이는 15cm라고 하였다.

10) 南京钱家渡丁山唐墓(贞元元年, 785 또는 3年, 787)[47]에서는 瓷瓶, 瓷罐, 瓷碗, 陶砚, 铜镜, 铜勺, 铜钱(开元通宝), 铜盆, 墓志 등이 출토되었다. 동작의 자루는 길고 끝에는 鹅首의 형태로 제작된 것이나 나머지는 알 수 없다.

11) 郑绍方墓(814)[48]에서는 陶俑, 陶砚, 瓷罐, 瓷唾壶, 瓷碗, 瓷水盂, 银盒, 鎏金铜手炉, 铜镜, 铜環钉, 铜镊, 铜合页, 开元通宝, 石围棋子, 蚌盒, 石墓志 등과 함께 鎏金铜勺이 출토되었다. 유금동작의 작부는 거의 편평하고 표면은 도금하였다. 전체 길이는 6.1cm.

12) 伊川鸦岑唐齐国太夫人墓(景宗元年 长庆4年, 824)에서는[49] 1,618점의 유물이 출토되었으며 그 중 은제 젓가락 1쌍이 포함되어 있다. 길이 24cm, 직경 0.2~0.35cm이다. 도금 젓가락 머리에는 앙련보주를

46　文物参考资料, 1956年 5期, 翟继才 洛阳16工区76号唐墓清理简报
47　考古, 1965年 4期, 南京市文物保管委员会 南京钱家渡丁山发现唐墓
48　전게 주40)
49　文物, 1995年 11期, 洛阳市才二文物工作队 严辉 杨海钦 伊川鸦岑唐齐国太夫人墓 (91YCM1)

새겼으며 그 아래로는 凸弦纹(횡돌선)을 두 번 돌렸다.

13) 河南偃师杏园村庐州参军李存墓(845)[50]에서는 玉石器(羊, 牛, 盒, 杯, 罐, 盘), 石器(熏炉, 紫石砚, 砺石), 银器(银筷 1双, 银勺), 铜器(铜印及印盒, 铜刀, 铜匦, 开元通宝), 铁器(铁牛, 铁猪, 铁犁铧, 帽钉, 门环, 铁片), 瓷器(白瓷罐, 唾盂), 漆器(圆形漆盒), 陶罐, 墓志 등이 출토되었다. 银筷는 1双으로 长15.8cm이다. 약간 조잡하며 끝단에는 구멍이 나 있고 그 속에는 목질이 일부 남아 있다. 은으로 제작된 것이나 끝에 나무를 연결하여 사용한 것으로 보인다. 그리고 은제 숟가락은 술잎은 편평하고 괴엽형이며 자루는 날개처럼 휘어져 있는데 횡단면은 장방형이고 역시 구멍이 나 있고 목질이 남아 있어 사용 당시에는 나무자루를 따로 끼워 사용하였던 것으로 보인다. 현재 길이 20.3cm.

14) 河南三门峡市清理一座纪年唐墓는[51] 大中9年(855)에 병사한 王迈의 분묘이다. 彩绘塔形陶罐, 彩绘陶罐, 陶瓶, 瓷罐, 铁牛, 铁猪, 铜铲(铜匙), 铜筷, 铜饰, 开元通宝, 石砚, 条形石器, 石墓志 등이 출토되었다. 铜铲(铜匙)은 자루가 긴 것으로 술부는 일부만 남았다. 잔존 길이 23cm.

15) 浙江省长兴县 长兴港 掘鑿工事 중 莘桥桥 남동쪽 제방 지표하 1.5m 깊이의 교장(860~880)에서 은기가 출토되었다.[52] 은기는 연질의 점질토 속에서 출토되었는데 100여 점이 넘는다. 上层에서는 银钗45(凤钗16, 细花纹银钗2, 扁平圆头银钗2, 素面银钗25), 饰纹银簪3, 银发夹1, 中层에서는 圈足银杯, 圆口银碗, 羽觞, 银钏3, 银筷15双이 출토되었다. 그리고 양쪽 가장자리에서 汤勺2, 长柄银荥匙22, 바닥에서 银铤3이 출토되었으며 유물은 대체로 당대 만기의 금은기제작 공예기술의 뛰어난

50 考古, 1984年 10期, 徐殿魁 刘忠伏 河南偃师杏园村的两座唐墓
51 考古, 2007年 5期, 三门峡市文物考古研究所 河南三门峡市清理一座纪年唐墓
52 文物, 1982年 11期, 长兴县博物馆 夏星南 浙江省兴县发现一批唐代银器

수법을 보여주고 있다고 보고하였다.

먼저 2점이 출토된 탕작은 작부의 아래가 둥글고 무문에 四曲莲弧楕圆形이다. 작부에 비하면 끝이 뾰족한 자루는 길게 제작되어 전체 길이 31.2cm, 자루길이 25.4cm이고, 단면은 S자형이다. 그리고 숟가락(长柄银荣匙)는 모두 22점이 출토되었는데 술부는 모두 舌狀으로 제작되었으나 문양이 있는 것과 없는 것, 그리고 자루 속이 비어 있는 것(魚龙对珠纹银荣匙5, 双魚纹银荣匙1, 花纹柄银荣匙1, 素面银荣匙12, 素面空心柄银荣匙3)으로 나누어진다. 魚龙对珠纹银荣匙 5점은 술부 가장자리를 따라 연판문을 두르고 가운데에 어룡대주문을 정교하게 새겼다. 자루는 편평하고 아래는 좁고 위는 넓은데 삼각형을 띤다. 자루 상단에 9mm 크기로「珍珠地」라고 새겼고 뒷면에는「漢」이라고 새겼다.

그리고 1점이 출토된 双魚纹银荣匙의 크기는 魚龙对珠纹银荣匙와 거의 동일한데 전체 길이 30.2/30.2cm, 자루 길이 21.6/22.4cm, 술부 길이 8.7/8.4cm, 너비 4.2/4.4cm이다. 어룡문은채시는 술부에 서로 마주보는 두 마리 메기(鲇魚)를 새겼는데 지느러미와 비늘까지 완전하게 갖춘 것이며 쌍어의 중간에는 팔릉형 도안을 배치하였다. 숟가락의 자루는 편평하고 아래는 좁고 위는 넓게 제작되어 끝은 삼각형을 이룬다. 자루의 위쪽으로는 魚龙对珠纹银荣匙와 같이「珍珠地」라고 새겼다. 도안 부분은 도금이다.

화문병은채시도 1점만 출토되었다. 크기는 앞의 것과 비슷하여 30.5cm, 자루길이 22.8cm, 술부 길이 8.4cm, 너비 4.1cm이다. 술부는 소면이고 자루는 편평하고 아래는 좁고 위는 넓은데 자루 끝은 호형으로 제작되어 앞의 것들과 구분된다. 그러나 자루의 상단에는 화문도안을 새긴 위에 역시「珍珠地」라고 새겼다. 素面银荣匙는 12점 출토되었는데 크기는 대체로 같다. 전체 길이 33cm, 자루 길이 24.8cm, 술부 길이 8.5cm, 너비 4.2cm이다. 자루는 편평하고 아래는 좁고 위느 넓게 제작되어 자루의 끝은 호형을 이룬다.

3점이 출토된 素面空心柄銀茶匙는 전체 길이 30.5cm, 자루 길이 23.4cm, 술부 길이 9cm, 너비 3.9cm로 자루의 상하가 모두 좁고 끝은 삼각형을 이룬다. 자루는 모두 속이 비었는데 공심병과 술부가 子母口로 연접된다.

은제 젓가락은 모두 15쌍이 출토되었는데 길이 33.1cm, 원봉형이다. 젓가락 상단 직경은 0.5cm, 끝은 0.25cm이다.

16) 北京市石景山区高井村墓[53]는 조사 당시 이미 도굴되었으나 铁匜, 陶罐과 함께 铜勺 1점이 출토되었다. 동작은 작부가 타원형이며 자루는 길고 편평한데 끝은 휘어져 있으며 끝은 원각을 이룬다. 작은 길이 9cm, 너비 7cm, 깊이 3.5cm이고 자루는 길이 20.6cm, 너비는 0.7~1.0cm이다.

17) 江西赣州市南门外道2号唐墓[54]에서 완, 동분과 함께 铜勺 1점이 출토되었다. 작부는 반구형이며 자루가 긴 형태이다. 길이 20cm.

18) 临安县唐水邱氏墓(901)[55]는 당말의 무덤으로 天文图, 瓷器42件(青瓷25-油灯, 盖罂, 香炉, 碗, 双系罐, 四系坛, 粉盒, 油盒, 器盖 白瓷17-杯, 盘, 注壶, 碗, 杯托), 金首饰, 银器-盖罐, 豆, 注壶, 钵, 匜, 盒, 吐盂, 熏炉, 碗, 盏碟粉盒, 手镯, 盖, 相鋬, 环铰链), 冥器13件-器型很小器壁板薄匣, 匜, 壶, 吐盂, 花揷, 匙, 盏托鱼), 铜器-铜镜, 灯具, 环鋬链, 锁匙, 铺首衔环, 铁器(마구), 玉石雕刻 등과 함께 筷1双, 匙1점이 출토되었다. 젓가락은 1쌍으로 사자(死者)의 머리부분에서 발견되었고 길이는 23.5cm이다. 숟가락은 술잎은 타원형이며 납작하다. 자루는 넓고 편평한 편인데 만곡하며 棺床의 남쪽에서 출토되었다. 길이 20cm.

53 考古, 1980年 6期, 马希桂 北京市发现的几座唐墓
54 考古, 1964年 5期, 薛尧 江西南昌赣州黎川的唐墓
55 浙江省文物考古所学刊, 1981年版, 陈元甫 姚桂芳 临安县唐水邱氏墓发掘报告

19) 浙江省临安板桥 출토 五代墓(952)[56]는 五代早期 晉天福6年(941)
에 사망한 钱元瓘과 后周广顺2年(952)에 사망한 그의 后妃 吴汉月의
무덤이다. 출토 유물은 瓷器(四系罂, 钵, 双耳斧形器, 双耳罐, 洗, 碗, 器盖)와 银
器(盂, 盘, 壶, 大碗, 盒, 小碗, 匙, 筷), 铜镜, 钱币230여 점 등이 출토되었다. 은
시의 술부는 长舌形이며 약간 弧形을 이루는데 바닥에는 双龙对珠纹
을 새겼다. 만곡하게 제작된 자루의 아래쪽은 좁게 허리가 나 있다.
자루의 위쪽으로는 细圆涡纹을 바탕으로 하여 半菱形과 菱形花瓣이
서로 엉켜 주문양을 이룬다. 전체 길이 36cm. 젓가락 1쌍은 중간이
조금 가는 편이며 아래로 갈수록 좁아진다. 중단에는 숟가락과 같은
细圆涡纹을 바탕으로 四叶菱形花瓣을 주문양으로 새겼다. 전체 길이
32.7cm.

20) 苏州七子山五代墓(960~970)[57]는 오대 귀족분묘로 晚唐~五代时
期에 편년된다. 출토유물은 瓷器类(越窑青瓷金扣边碗, 青瓷高足方盒, 青瓷盖罐,
青瓷洗), 俑类(陶男侍俑, 陶女侍俑, 铜男俑, 铜女俑), 武器类(铁刀, 铜弩机, 铜尊), 鎏
金马佩饰银牌, 漆盆银扣, 鎏金银方形盒狀饰, 鎏金银质虎头挂牌, 鎏金
银质葫芦形饰, 黄金带扣, 鎏金鸡心饰, 鎏金银小盒, 鎏金银质盒, 鎏金玉
饰, 玉佩, 玉坠, 玉璜, 玉锤, 玉饰, 水晶珠, 铜葫芦形器, 铜锁, 铜门环, 铜
钥匙, 铜马饰, 铜癸角方镜, 铜器沿, 铜饰, 铜钱, 铁犁, 铁板, 铁马镫, 砚
台, 孤魂台 등 다양하게 출토되었으나 식도구로는 길이 27.2cm, 두께
0.4cm의 铜筷 1쌍만 출토되었다.

---

56 文物, 1975年 8期, 浙江省文物管理委员会 浙江省临安板桥的五代墓
57 文物, 1981年 2期, 苏州七子山五代墓发掘简

표 2 唐代墓葬 食道具(勺, 匙, 筷) 出土遺蹟 一覽

	遺蹟名	築造時期	出土 食道具
1	河南洛阳涧西谷水唐墓	705	银勺1
2	长治市西郊唐代李度墓	710	铜勺2, 铜筷1双
3	安阳西郊刘家生唐墓	710~720	铜勺1
4	河南偃师杏园村 李景由墓	738	银筷1双, 银勺2
5	江苏丹徒丁卯桥 唐代金银器窖藏	740~750	银筋18双, 银匕10, 银勺6,
6	郑州上街区唐墓	성당시기	铜勺
7	郑州地区 大岗刘唐墓	760~770	鎏金铜勺1
8	河南偃师市杏园村 YD5036号墓(M5036) 郑洵墓	778	铜则1

	遺蹟名	築造時期	出土 食道具
9	洛阳16工区76号唐墓	784	银勺1, 筷1双
10	南京钱家渡丁山唐墓	785 or 787	铜勺1
11	河南偃师杏园村 郑绍方墓	814	
12	伊川鸦岺唐齐国太夫人墓	824	银箸1
13	河南偃师杏园村庐州参军李存墓	845	银筷 1双, 银勺
14	河南三门峡市清理一座纪年唐墓	855	铜铲(铜匙)1
15	浙江省长兴县 长兴港 荤桥桥 窖藏	860~880	银筷15双, 汤勺2, 长柄银荣匙22
16	北京市石景山区高井村墓	당대	铜勺1
17	江西赣州市南门外道2号唐墓	당대	铜勺 1
18	临安县唐水邱氏墓	901	筷1双, 匙1
19	浙江省临安板桥的五代墓	952	银匙1, 银筷1双
20	苏州七子山五代墓	960~970	铜筷1双

이상과 같은 상황을 간추려보면 당대분묘에서는 드물게 국자와 숟가락, 젓가락이 출토되고 있으며 동으로 제작된 것보다 은으로 제작되거나 도금된 것이 많다. 출토지역은 郑州, 偃师, 伊川, 安阳, 洛阳, 三门峡, 北京, 山西省长治, 浙江省临安, 浙江省长兴, 江西 南昌, 南京 등이 포함되어 있는데 당시 수도였던 낙양을 중심으로 중원지역의 대부분의 지역을 망라한다. 숟가락이 출토되는 분묘는 묘지가 출토된 경우만을 참고하여도 대개 관원을 지낸 일정한 신분 이상의 인물로 추정되지만 어느 계층에 한하여 부장되었다고 특정하기는 어렵다. 당묘가 비록 지석이 남아 있어 축조시기를 추정하기가 용이한 점은 있지만 전축묘나 토동묘 등 묘제와 관계없이 숟가락이 출토되고 도굴이나 자연 훼손 등의 피해를 감안한다면 수천기의 분묘 중 일부에서 출토되는 숟가락이 부장되는 시대적 배경을 고고학적 분석으로 파악하기는 어려운 작업이 아닐 수 없다.

먼저 국자의 형태를 살펴보면 국자는 山西长治와 安阳에서 8세기 초에 동으로 제작된 원형이나 타원의 작부에 긴 자루가 달리는 완성형이 출현하고 있으며 8세기 중엽으로 가면서 李景由墓에서 출토된 것과 같은 은제의 화려한 국자가 나타나기도 한다. 숟가락 또한 술부 끝이 뾰족한 타원형에 자루는 세장한 형태의 것이 낙양지역에서 출토되고 이경유묘에서 출토된 숟가락은 8세기 중엽의 대체로 완성된 형태를 보여주고 있다고 생각된다. 이러한 형태는 魏晉南北朝時代의 河北定县 北魏石椁 출토 숟가락이나 宁夏高原 北洲李賢夫妇墓 출토 숟가락에 비하면 길이도 25cm까지 길어지고 자루나 술부의 형태가 실용적으로 변한 것으로 판단된다. 젓가락 또한 앞선 시기까지는 주로 청동제 젓가락이 부장되었다면 8세기 중엽 이후로는 은으로 제작된 젓가락이 상당수 부장된다.

8세기 중엽 이후에 축조된 분묘에서 출토된 숟가락 가운데 河南

偃师杏园村 庐州参军李存墓에서 출토된 숟가락과 젓가락은 상단에 나무를 끼워 사용하였던 것을 알려주는 특이한 것이었고 伊川鸦岭唐齐国太夫人墓(824)에서는 젓가락만 1쌍이 출토되어 묘주의 신분을 감안할 때 당시 사람들이 숟가락과 젓가락을 반드시 같이 사용한 것은 아닐 수도 있음을 보여준 의미 있는 유물로 판단된다. 또한 临安县唐水邱氏墓(901)는 당대 말기에 축조되었는데 출토된 숟가락은 술잎의 형식이나 술목에서 자루 끝으로 이어지는 각도가 8세기대 전반의 형식을 유지하고 있어 역시 변화는 한꺼번에 일어나지 않는다는 것을 보여주고 있다. 그리고 浙江省临安板桥的五代墓(952)와 苏州七子山五代墓(960~970)는 오대의 귀족분묘로 은제 수저와 동제 젓가락이 출토되어 숟가락과 젓가락은 오대를 거치면서도 계속하여 부장되는 것을 알 수 있다.

당의 숟가락과 젓가락, 국자 등이 출토되는 유적으로 분묘 이외에 窖藏이 있다. 교장에서는 한두점이 아니라 다량의 국자와 숟가락이 출토되고 시기에 따라 그 제작기법의 화려함이 상상하기 어려울 정도인 것도 포함되어 있기도 하여 관심의 대상이 된다. 江苏丹徒丁卯桥와 浙江省长兴县에서 출토된 窖藏에서는 은제국자와 숟가락. 젓가락이 각각 6점/2점, 10점/22점, 18쌍/15쌍이 출토되었다. 정묘교 출토 국자와 장흥현 출토 국자는 크기가 각각 31cm와 31.2cm, 숟가락은 31.2cm와 30.5cm로 비슷하고 젓가락도 정묘교에서 출토된 것이 33cm, 장흥현의 것은 33.1cm로 크게 다르지 않지만 정묘교에서는 22cm 길이의 젓가락도 포함되어 있다는 것이 다르다. 또한 정묘교 출토 국자와 숟가락, 젓가락의 뒷면에는 모두 「力士」라는 명문이 음각되어 있다.

정묘교에서 출토된 유물의 도면이 제시되지 않아 단언하기는 어렵지만 숟가락의 술잎 형태나 단면 형태가 장흥현에서 출토된 숟가락의 숨잎 형태나 단면과 상당히 유사한 것으로 생각되는데 두 유적의 시기 차가 보고문에 의하면 100년 이상 나는 것으로 되어 있어 두 유적의 편년을 재고할 필요가 있을 것으로 보인다.

唐代 숟가락
– 前期의 完成과 後期의 變化

04

이번 글에서는 위진남북조시대를 마감하고 강력한 통일왕조를 이루었던 약 300년간에 걸친 당대의 숟가락 변화를 검토해보고자 하였다.

위진남북조시대 분묘에서는 일부 숟가락이 출토되기는 하여도 극히 소량에 불과하고 식도구로서는 도기로 제작한 匕이 부장되고 있었다. 陶匕이 부장되는 경우는 일부 수대 초기의 분묘에서 보이고 있으나 앞 시대와 같은 빈도를 보이지는 않는다. 필자가 생각하기에 당대에 들어서 가장 주목할 점은 요와 금을 거쳐 원에 이르기까지 사용되었던 청동숟가락의 원형이 완성된다는 것이다. 그것은 수대를 지나 당대로 진입하면서 일부 남아 있던 陶匕은 점차 사라지고 동이나 은으로 제작된 숟가락이 등장하는데 河南省 河南 洛陽澗西谷水唐墓에서 출토된 숟가락의 형태가 자루는 세장하며 위는 둥글고 아래는 방형의 술부로 제작되고 있고[58] 长治市西郊李度墓에서 출토되는

---

58 전게 주37)

숟가락의 자루가 남북조시대와는 다르게 술잎이 타원형이며 자루 또한 길고 가늘게 제작되어 크기로 보아도 실제 식도구로서 사용이 가능하였을 것으로 볼 수 있기 때문이다. 이러한 숟가락 형태의 변화가 뚜렷하게 나타나게 되는 것이 개원5년(717)에 사망하여 개원26년(748)에 개원 19년(731)에 사망한 부인과 합장하게 되는 李景由墓에서 출토되는 숟가락이다. 이 숟가락은 크기가 26cm이며 술잎은 涧西谷水唐墓에서 설명한 것과 같이 앞부분은 뾰족하지만 둥글고 아래는 각이 진 타원형을 하고 있으며 자루는 길고 끝으로 가면서 휘어져 있다.

이렇게 앞은 둥글고 뒤는 네모진 술잎에 가늘고 긴 자루가 부가된 기본적인 형식이 완성되는 것이 당대 전기 즉 성당시기로 볼 수 있다. 동일한 시기의 숟가락으로 볼 수 있는 것이 西安市 長安區 祝村乡 羊村[사진 1]이나 西安 灞桥区 洪庆镇 田王村[사진 2]에서 출토되었는데 이 시기의 숟가락은 술목을 중심으로 술잎과 자루가 이루는 단면을 보았을 때 그리 크지 않은 특징을 보이며 다음 시기에 나타나는 단면 「S」자 형과 비교하였을 때 확연한 차이가 난다.

사진 1
西安市 長安區 祝村乡 羊村
출토 숟가락

사진 2
西安 灞桥区 洪庆镇 田王村
출토 숟가락

이러한 형식적 특징을 보여주는 것으로 陝西省 西安市 東郊西北 国棉五厂住宅小区29号唐墓에서 출토된 花鳥唐草紋숟가락과[사진 3][59] 일본의 日本 正倉院에 수장된 숟가락 중 유일한 은제도금 숟가락이 [사진 4][60] 이 시기의 것으로 판단된다.

사진 3
陝西省 西安市 東郊西北 国棉五厂住宅小区29号唐墓 출토 花鳥唐草紋 숟가락과 鴛鴦唐草紋銀盒

사진 4
日本 正倉院 소장 은제도금 숟가락과 젓가락

59　東京国立博物館, 1998, 『宮廷の榮華 唐女帝 則天武后と その時代展』, p.132.

60　奈良國立博物館, 2015, 『第67回 正倉院展』, pp.20~21. 正倉院은 일본왕실의 창고로 756년 聖武天皇이 죽자 왕비는 그의 명복을 빌기 위하여 숟가락을 비롯한 칼·거울·무기·목칠공예품·악기 등 600여 종의 애장품을 49齋에 맞춰 헌납하였다. 특히 중국과 통일신라에서 생산된 것으로 보이는 다양한 물품이 수장되어 있는데 신라장적문서에 싸여 보관 중인 숟가락 세트가 유명하다. 필자가 제시한 이 숟가락은 正倉院에 수장된 숟가락 가운데 유일한 금도금 은제숟가락이며 성당시기의 숟가락 형식을 대표하는 것으로 보인다.

西安 仟宅小區29號唐墓(개원20년, 732) 출토 은제 숟가락은 길이는 10.5cm 정도로 동반 출토된 鴛鴦唐草紋銀盒으로 미루어보아 화장도구로 추정되는데 어자문을 전면에 시문하고 그 위로 연당초문을 새긴 명품이다. 그리고 숟가락의 자루는 길게 만곡하는 가는 자루의 끝은 鵝首를 만들었고 술잎의 끝은 약간 뾰족하고 술목으로는 약간 각이 지면서 이어진다. 정창원 소장 은제숟가락은 술잎은 끝이 조금 뾰족한 타원형이며 자루는 좁고 긴 장방형으로 이어지다가 끝은 호선을 이루게 제작되었다. 자루의 뒷면에는 「重大三兩」이라고 새겼다. 길이는 29.5cm이다.

한편 李景由墓에서 출토된 국자는 勺部가 九葉花紋形態이며 기면 전반에는 어자문 위에 화지문을 세밀하게 새긴 극상품이지만 자루의 끝은 아수(鵝首)를 만들었다. 그런데 南京钱家渡丁山唐墓에서 출토된 숟가락 자루도 아수로 만들었고 西安 灞桥区 洪庆镇田王村 출토 숟가락 자루 끝에도 아수로 제작하였다.[61] 아울러 1,600점이 넘는 유물이 출토된 伊川鸦岺唐齐国太夫人墓에도 鹤首銀支架(사진 5)가 출토되었고[62] 極上品으로 추정되는 国棉五厂住宅小区29号唐墓에서 출토된 숟가락의 끝도 아수로 만들어 아수가 가지는 의미가 남달랐을 것으로 추정된다.[63]

安史의 乱을 지나 중당시기와 만당시기로 접어들면 당대의 금은기는 종류도 다양해지고 문양을 새기는 기법도 더욱 화려해지는데[64] 숟가락의 화려함이나 변화도 그 궤를 같이 한다. 그 대표적인 것

---

61 젓가락 머리에도 아수상을 만든 예도 있다. 西安市文物保護考古所, 2012, 『西安文物精華─金銀器』, 世界圖書出版公司, pp.66∼68.

62 보고자에 따라 鵝首, 鴨首, 鶴首라고 달리 보고하고 있으나 넓적한 부리와 둥근 머리 형태는 다름이 없다.

63 요·금대의 사람들이 숟가락 자루에 쌍어를 새기고 다복을 빌었던 것과 마찬가지로 당대 사람들은 鵝首(鶴首, 鴨首)가 多福의 상징이라고 믿었을지도 모른다.

64 제동방의 연구에 의하면 唐玄宗을 지나서부터 憲宗에 이르는 8세기 중엽에서 8세기

사진 5
伊川鸦岭唐齐国太夫人墓
출토 鶴首銀支架

이 唐代晚期로 편년되는 浙江省长兴县 窖藏에서 출토된 숟가락 22점 과 젓가락 15쌍이다. 숟가락에 대한 자세한 묘사는 앞서 제시한 바 있으므로 여기서는 전체적인 형태에 대하여 살펴보기로 한다. 여기 에서 출토된 숟가락은 모두 자루 끝이 마름모꼴로 뾰족한데 술잎도 앞은 둥글고 뒤는 약간 각이 진 것이 그 형태가 크게 다르지 않으나 숟가락을 바닥에 두고 보았을 때 술잎의 각도와 자루의 각도가 앞선 시기와는 다르게 제작되고 있다는 것이다. 보고문에서 모든 숟가락 의 도면이 제시되지 않아 확실하게 말하기는 어렵지만 이경유묘 출 토 숟가락은 10도 내외인 반면 장흥현교장 출토 숟가락은 20도 가까 운 자루각을 나타내고 있는 것이다.

여기서 盛唐时期의 것으로 보고된 江苏丹徒丁卯桥 교장 출토 숟 가락을 검토하여 보기로 하자. 정묘교교장에서 출토된 숟가락의 크 기는 31.2cm로 장흥현교장의 것과 거의 동일할뿐더러 술잎의 형태

말에 이르는 시기는 금은기의 성숙기로 외래문화의 직접 영향시기에서 벗어나 금은기 의 중국화 과정으로 볼 수 있으며 9세기 대는 기물의 종류가 크게 증가하면서 자유로 운 문양표현이 이루어지고 당대 금은기의 보급과 다양화가 이루어지는 시기라고 한 다.(齐东方, 1999, 「唐代金银器皿的分期」, 『唐代金银器研究』 中国社会科学出版社, pp.167~177)

사진 6
西安 扶风县 法门寺 地宮
출토 숟가락과 젓가락

가 앞은 둥글고 자루로 이어지는 뒤는 각이 져 있는 것도 다르지 않다. 도면이 없이 사진만 제시된 것이 유감이지만 숟가락을 바닥에 두고 보았을 때 술잎의 각도와 술잎에서 자루로 이어지는 각도 앞 시기의 숟가락 보다는 크게 제작되어 있다는 것을 알 수 있다. 그러므로 필자는 정묘교교장의 연대는 성당만기보다는 만당시기 또는 당대 말기로 보는 것이 타당할 것으로 생각된다.[65] 그리고 이와 같은 형태의 숟가락은 西安 扶风县 法门寺 地宮[사진 6]에서도 출토되는 것과[66] 같이

65 필자는 숟가락의 발전단계를 상정하여 강소 단도정묘교교장을 성당시기로 보기 어렵다고 판단하였지만 당대금은기의 분기를 설정하였을 때 단도정묘교교장 유물을 당대 말기로 보아야 한다는 견해가 제시되어 있다.(秦浩, 1983, 「唐代金銀器的分期─兼論時代」, 江苏考古學會; 齐东方, 1999, 「唐代金银器皿的分期」, 『唐代金银器研究』, 中国社会科学出版社, pp.167~177)

66 법문사에서 1981년 큰 비로 반파된 절 내의 13층탑의 기단 부분을 발굴·조사하는 과정에서 당대에 속하는 지하궁전이 발견되었다. 궁전은 모두 6개 실로 구성되었는데, 면적은 약 32㎡다. 8중 상자에 들어 있는 사리 외에 금은기·유리그릇·청자기·궁전다기·견직물 등 도합 900여 점의 유물이 출토되었다. 이러한 유물들은 당대 말 873~874년에 사리를 공양할 때 懿宗과 僖宗이 절에 봉납한 것들로 숟가락의 제작시기를 당대 후기로 볼 수 있는 근거가 된다. 그리고 법문사 발굴조사 보고서에는 19.2cm의 이 숟가락을 銀則으로 보고하였고 그 용도는 茶道具로 보았다. (陕西省考古研究院·法门寺博物馆·宝鸡市文物局·扶风县博物馆, 2007, 「法门寺考古发掘报告 上·下」陕西省考古研究院田野考古报告 第45號, 文物出版社, pp.136~137; 香江出版有限公司, 1999, 『法門寺』)

단면 S자로 변화한 형태의 당대 숟가락이 요와 금으로 이어지고 이 숟가락이 고려사회로 유입되었다고 본다.[67]

---

67 그렇게 볼 수 있다고 하여도 숟가락의 제작에 있어 왜 그런 변화가 일어났는지 지금으로서는 구체적으로 알 수 없고 다만 변화의 시기가 당말 경이라는 것만 우선 지적해 두고 그 배경은 추후의 과제로 남겨둔다.

05 맺음말 – 숟가락의 완성

　이상과 같은 사실을 종합하면 숟가락은 위진남북조시대를 지나 당대에 들어서면서 타원형의 술잎에 긴 자루가 부가되는 형태로 완성된다고 할 수 있으며 그 시기는 성당시기-전기말로 생각된다. 제사에서 국물이나 음식을 뜨는 도구로서 시작된 匕은 이렇게 당대 전기에 들어 귀족이나 일부 관원 등 소수 상류층의 개인 식도구로 보급 확산되었다. 이는 중앙지역인 하남성 낙양 일원뿐만 아니라 장강유역 일대의 남부지방에까지 널리 이용되고 있었음이 당시 분묘의 부장품에서 출토된 식도구를 통하여 고고학적으로 증명될 수 있었다. 당대에 들어서 개인 식도구로서 완성된 숟가락은 중기를 지나 말기로 접어들면서 숟가락을 바닥에 두고 보았을 때 술잎의 각도가 커지고 술잎에서 자루로 이어지는 각도가 크게 제작되는 소위 단면 S자 형태로 변화하게 되는 현상을 보이는 것이다. 이러한 변화는 오대를 거쳐 당대의 문화를 계승한 요와 금으로 이어져[68] 고려사회로 유입되

68　朱天舒, 1998, 『辽代金银器』, 文物出版社, pp.138~156.

는 것으로 생각된다.[69]

---

69 이상과 같은 연구 결과는 필자로서는 오랫동안 두고 생각해온 결과이지만 이번 글에
    제시된 자료 중 대단히 중요하다고 볼 수 있는 李景由墓 出土 숟가락, 江苏丹徒出土
    唐代 窖藏遗物, 浙江省长兴县窖藏遗物 등은 직접 보지 못하고 도면이나 사진만으로
    이 글을 완성하여 후일 실견할 기회가 주어진다면 그 자세한 상황을 보완하고자 한다.

통일신라 전통의
고려 초기 숟가락 연구

3

01 머리말

　　숟가락은 우리의 식탁에서 빠질 수 없는 도구이며 우리는 매 끼니의 처음부터 끝까지 숟가락으로 밥을 먹는 식문화를 유지하고 있다. 필자는 우리나라에서 숟가락을 처음 사용하게 되는 것은 삼국시대부터이지만 숟가락 사용이 본격적으로 이루어진 것은 고려시대 북방문화의 교류에서 비롯된 것이라는 견해를 밝힌 바 있다. 고고자료로 보아 숟가락은 삼국시대 이래 통일신라시대까지는 극히 일부 계층에서 사용하였으나 고려시대 전기 중국 북방에서 전래되면서 그 사용 계층이 점차 확대되었고 거의 100년간의 원간섭기 동안 음식의 변화와 함께 정착기를 맞은 것으로 이해할 수 있으며 이 숟가락이 조선시대와 일제강점기를 거쳐 오늘에 이르게 되는 것으로 보았다.[1]

　　이번 글을 통하여 필자가 입증하고자 하는 바는 중국 북방에서 전래

1　정의도, 2007, 「한국고대청동시저연구―고려시대」, 『석당논총』 38, 동아대학교 석당학술원 ; 2008, 「청동숟가락의 등장과 확산―삼국시대~통일신라시대―」, 『석당논총』 42, 동아대학교 석당학술원 ; 2013, 「고려전기 분묘 출토 쌍어형숟가락 연구」, 『동아문화』 15, 동아세아문화재연구원 ; 2017, 「고려후기 숟가락의 변화」, 『한국중세고고학』 창간호, 한국중세고고학회.

된 숟가락의 사용이 고려 전기였다면 그 시기는 구체적으로 언제쯤이며 그 시기 전까지는 과연 어떤 상황에서 숟가락이 사용되고 있었는가 하는 점이다.

지금까지 진행된 연구가 고려시대에 이르러 새롭게 전래된 숟가락을 사용하게 되는 좀 더 분명한 시기와 구체적인 배경에 대한 설명이 부족한 것은 필자에게는 풀지 못한 숙제 같은 것이었다. 이번 글을 통하여 의문을 제기하는 것이기도 하지만 이러한 문제 제기가 어려운 숙제에 대한 작은 실마리라도 제시할 수 있는 계기가 되기를 바란다.

02 고려 초기의 숟가락 출토 상황

통일신라는 후삼국시대의 혼돈기를 거쳐 고려로 통일되지만 새롭게 삼국을 통일한 고려가 구시대의 정치적 질서나 가치관을 극복하고 새로운 시대에 걸 맞는 이념이나 가치관을 곧 바로 모색하여 확립하지는 못하였을 것이다. 정치적 또는 사회적 혼돈기는 구시대의 가치관을 대신할 새로운 이념이나 질서를 모색하고 확립해 나가는 시기로서 이 시기는 오래된 것과 새로운 것이 섞여 분명하게 보이지 않는 복잡하고 모호한 시기라고 할 수 있는 것이다.

지금부터 설명하고자 하는 것은 고려 초기[2]의 숟가락으로, 몇 점 알려지지 않은 통일신라시대의 숟가락과 11세기를 넘어가면 분묘에서 그 출토량이 증가하게 되는 숟가락의 사이에 위치하는 것이다. 그런데 이 시기의 숟가락은 형식 분류 상 11세기 이후의 분묘에서 출토되는 숟가락과는 같은 형식으로 분류될 수 없는 것이다. 또한 통일신라시대까지

---

2 여기서 말하는 고려 초기란 분묘의 부장품에서 청자의 종류가 다양해지고 아울러 철제 가위나 청동가위, 동전 등의 부장이 시작되기 전까지의 시기를 말하는 것으로 거란과의 전쟁이 마무리되는 고려 8대왕 현종(1009~1031)의 재위 기간까지로 볼 수 있다.

분묘에서는 출토된 적이 없는 숟가락이 왜 고려 초기의 특정한 시점에 이르러 부장품으로 선택되게 되었는지에 대한 배경은 아직 구체적으로 고찰된 바가 없다.

숟가락 사용에 대한 그간의 사정을 헤아리기가 쉽지 않은 것은 고려사를 총체적으로 기술하고 있는 『高麗史』 어디에도 숟가락에 관한 기사 한 줄 남아 있지 않은 형편이니 말할 것도 없지만 고려 초기의 숟가락이라고 볼 수 있는 것도 손으로 꼽을 지경이기 때문이기도 하다.

지금까지 우리가 알고 있는 고려시대의 숟가락은 문헌을 통하여 확인할 수 있는 것은 없고, 대부분 분묘에서 출토되어 앞 시기 통일신라시대 숟가락이 출토되는 상황과는 구별된다. 말하자면 통일신라시대의 숟가락은 안압지와 경주박물관 신축부지 내 우물지, 호암산성 우물지, 그리고 경주 동천동 원형 석조유구 등에서 출토되지만[3] 고려의 숟가락은 대부분 분묘에서 출토되는 것이다.

1) 해무리굽완 동반 숟가락

고려분묘에서 출토되는 숟가락 가운데 가장 이른 시기의 것으로 볼 수 있는 것은 해무리굽청자나 백자완과 함께 출토되는 숟가락이다. 특히 해무리굽청자완은 굽바닥의 모양이 둥근 해를 연상케 하는 안 바닥과 주변에 원형으로 넓게 형성된 해무리를 떠올리게 하는 접지면으

---

3 통일신라시대 숟가락의 출토지는 분묘보다는 안압지와 경주박물관 내 우물지(경주 월성 내부), 정창원, 신라 왕경유적, 분황사지, 동천동유적(이상 경주지역) 그리고 대구 칠곡유적, 창녕 말흘리유적, 부소산유적, 한우물유적(지방) 등 우물지나 수혈에서 출토되는 경우가 많다. 사용계층은 경주지역에서는 월성과 왕경유적, 사찰이 포함되어 왕실과 귀족층, 승려가 있을 수 있고 지방에서는 관아지에서 출토되거나 숟가락 자루에 관직명이 새겨진 것으로 보아 일부 관료층에서 사용된 것으로 추정된다. (정의도, 2008, 앞의 논문.)

로 이루어진 독특한 모양의 굽이 있는 완을 말하는 것이다. 중국에서는 8~9세기에 주로 제작되었으며 옥벽저(玉璧底)라고 부르고 우리나라에서는 초기 청자가마에서만 나타나는 것이다.[4]

해무리굽완은 넓은 굽지름과 좁은 접지면, 내면이 곡면인 완형식을 선해무리굽완, 넓은 접지면을 가진 굽과 내면이 곡면인 중국식 해무굽완, 줄어든 굽지름과 넓어진 접지면, 내저원각을 가진 완을 한국식해무리굽완, 전체적으로 크기가 줄어든 완을 퇴화(변형) 해무리굽완으로 구분하고 있다.[5] 그러나 해무리굽청자의 시기구분이나 유행 시기 등은 청자의 발생과 관련하여 여러 설이 제기되고 있어 아직 그 분명한 시기를 특정하기는 어려운 실정이다. 다만 해무리굽완의 유행시기가 대개 9세기 후반에서 11세기에 걸쳐 있다고 보면 크게 틀지지는 않을 것으로 생각된다.

그러므로 만약 해무리굽완과 함께 출토되는 숟가락이 있다면 그것은 분명히 고려 초기의 숟가락으로 보아도 별 무리가 없다는 것이다. 한혜선의 연구에 의하면 우리나라에서 해무리굽완이 출토되는 유적은 31개소이며 유구는 52기에 달한다.[6] 그런데 이 가운데 숟가락과 함께 출토되는 유구를 살펴보면 경기도 광교신도시문화유적 1호 석곽에서는 해무리굽청자와 백자완이 함께 출토되었고,[7] 용인 보정리 소실유적 23호 석곽에서는 해무리굽완, 백자완, 청자잔, 잔탁, 접시, 대접들과 함께 출토되었다.[8] 그리고 충남 대전 노은동 A-1지구 5호 석곽묘에서는 장경병,

4 전승창, 2001, 「용인 서리요지 출토유물 검토」, 『용인서리 고려백자요지의 재조명』, 용인시·용인문화원, pp.15~23.

5 경인문화사, 2015, 『한국도자사전』, pp.523~524.

6 한혜선, 2016, 「고려 전기분묘 출토 자기해무리굽완의 확산과 소비양태」, 『한국중세사연구』 47, 한국중세사학회, pp.187~220.

7 기호문화재연구원·경기도시공사, 2011, 『광교신도시문화유적V-광교신도시 개발사업부지 내 3지구 유적발굴조사- 12·13·14지점』.

8 기전문화재연구원·에스제이종합건설, 2005, 『용인 보정리 소실유적 시·발굴조사 보고

등자와 함께 출토되었고, 진안수천리 5호 석곽에서는 청동발, 청동접시, 청동잔, 42호 석곽에서는 해무리굽청자완, 연판문반구장경병과 함께 출토되어 해무리굽이 출토되는 52기의 유구 가운데 5기에 불과할 뿐이다.[9] 출토지역은 경기와 전라지역인데 용인과 광교는 8km 이내의 거리로 인접지역이라고 할 수 있고 전라도 진안 수천리는 바다로 나갈 수 있는 완주까지 50km 정도 떨어진 산골이지만 모두 서해안과 멀지 않다고 할 수 있겠다.

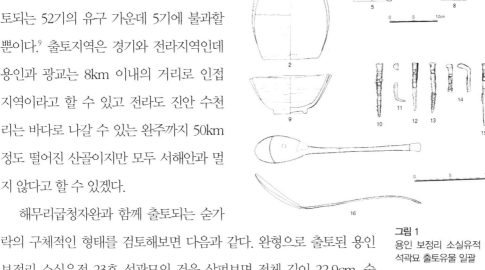

그림 1
용인 보정리 소실유적 23호 석곽묘 출토유물 일괄

해무리굽청자완과 함께 출토되는 숟가락의 구체적인 형태를 검토해보면 다음과 같다. 완형으로 출토된 용인 보정리 소실유적 23호 석곽묘의 것을 살펴보면 전체 길이 22.9cm, 술잎은 끝이 뭉툭하여 전체적으로 둥근 인상을 주고 길이와 너비는 각각 7.4cm, 3.8cm로 술잎비는 0.51이다. 또한 자루는 두께 0.2cm이고 술잎에서 부드럽게 이어지며 자루각은 7° 내외이다. [그림 1]

광교신도시 13지점 1호 석곽묘에서 출토된 숟가락은 도기병, 백자완, 동곳 등과 함께 출토되었다. 숟가락은 술잎이 일부 부식된 채로 출토되었으나 전체적인 상태를 파악하기는 무리가 없다. 전체 길이는 19.7cm, 술잎의 길이와 너비는 각각 6cm, 3.6cm로 술잎비는 0.6으로 상당히 둥근 편이며 자루는 술잎이 약한 각을 이루면서 좁아지다 이어지는데 술총은 넓게 펴서 타원형으로 만들었다. 자루는 단면상 약한 호

서 —본문·도면— 』, pp.127~130.

9　원광대 마한백제문화연구소·진안군·한국수자원공사, 2001, 『수천리고려고분군』.

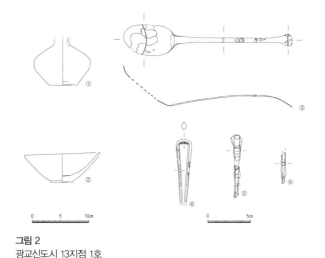

상을 그리는데 자루각은 10° 정도이다. [그림 2]

그리고 진안 수천리 5호 석곽 출토 숟가락은 술총이 훼손되어 전체 형태를 파악할 수는 없으나 술잎은 전체적으로 둥근 느낌이 드는데 끝은 뭉툭하게 처리한 것으로 길이와 너비는 7.4cm와 3.8cm로 술잎비는 0.51이다. 42호 석곽묘에서 출토된 숟가락은 전체 길이 20.5cm, 술잎의 끝은 뭉툭한데 길이 6cm, 너비 3.4cm로 술잎비는 0.57이다. 자루는 술목에서 폭을 줄이면서 단면으로 약한 호상을 그리는데 자루각은 역시 7° 내외이다. [그림 3]

그림 2
광교신도시 13지점 1호
석곽묘 출토유물 일괄

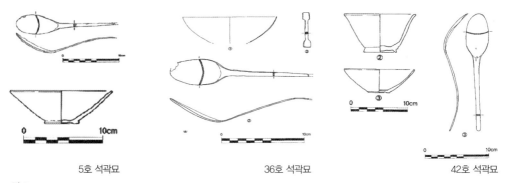

5호 석곽묘   36호 석곽묘   42호 석곽묘

그림 3
진안 수천리 석곽묘 출토 숟가락과 공반 유물

이와 같이 10세기대 고려분묘에서 출토되는 숟가락은 길이 20cm 내외이며 술잎비 0.5~0.6, 자루각 7°~10°로 술잎은 둥근 편이며 자루각의 만곡도는 강한 편이라고 하기는 어렵다. 그런데 11세기를 지나면서 순청자와 함께 부장되는 숟가락은 우선 출토유구가 대부분 석곽묘에서

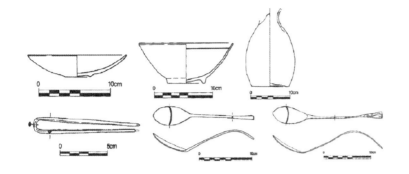

그림 4
진안 수천리 48호 석곽묘
출토유물 일괄

토광묘로 변하게 되며 술잎 끝이 유엽형으로 뾰족하게 변하고 있다. 또한 술잎비는 0.4 정도로 줄어드는 반면 자루각은 20° 정도, 그리고 숟가락 자루의 단면은 S자를 그리며 만곡하게 되고 술총은 쌍어형으로 제작되는 경향을 보이므로 10세기대의 숟가락과는 완전히 구분된다고 할 수 있다. [그림 4]

2) 해무리굽완 동반 숟가락의 특징

더욱 주목할 것은 해무리굽청자완과 함께 출토되는 숟가락이 통일신라시대의 숟가락과 다르지 않다는 것이다. 통일신라시대의 숟가락은 필자의 연구에 의하면 월지에서 출토된 것과 일본 정창원에 소장된 숟가락처럼 술잎의 어깨가 분명하고 타원형이며 끝이 뾰족하지만 술자루는 가늘고 길게 제작된 것이 있고[그림 5] 분황사지나 신라 왕경유적, 대구 칠곡, 부소산에서 출토된 것처럼 술잎이 둥글고 술목에서 술총까지 약하

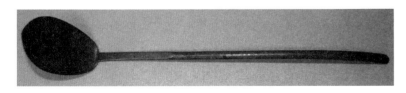

그림 5
안압지 출토 숟가락

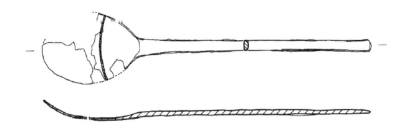

게 휘어지는 것으로 구분할 수 있다. [그림6]

　이와 같이 해무리굽청자완과 함께 석곽에서 출토되는 숟가락은 술잎비가 0.5 내외이며 자루각도 10° 이하로 통일신라 이래의 전통을 잇고 있는 것으로, 후대에 유행하는 토광묘에서 주로 출토되며 형식 또한 같지 않은 숟가락과는 분명하게 구분된다.

　이와 같은 상황은 무엇을 말하는 것일까. 중국 북방으로부터 기술을 도입하여 제작한 해무리굽청자완은[10] 경기도지역의 파주, 평택, 용인, 화성, 경상도지역의 경산, 고령, 상주, 전라도지역의 진안, 충청도지역의 대전, 부여, 연기, 논산, 공주, 서천, 단양, 보은, 오창, 청원, 충주 등 고려전기에 그 지역에서 중심지 역할을 하던 대읍에 집중되어 출토되고 있지만 숟가락은 부장되는 경우가 극히 드물다. 만약 중국과의 교류에서 숟가락의 사용이 시작되었다면 해무리굽완이 부장되는 분묘에서 상당한 비율로 숟가락이 출토되는 것이 맞지 않을까? 그리고 이 시기의 숟가락이 11세기에 보이는 숟가락과 형태가 같다고 볼 수 없는 점도 앞선 생각을 재고하게 하는 것이다.

　필자는 고려시대 이후 중국 북방과의 교류에서 숟가락의 사용이 증가하였고 고려 후기 원의 지배하에 들면서 식탁에 고깃국이 유행하게 되면서 숟가락은 매끼 식사에 필수도구가 되었다고 보았다. 그렇다면

10　장남원, 2009, 「10~12세기 고려와 요·금 도자의 교류」, 『미술사학』 23, 한국미술사교육학회, pp.171~203.

통일신라 말에서 고려가 북방과의 교류가 증가하여 장법의 변화가 일어나는 것으로 보이는 11세기 전반 경까지 적어도 100년 이상 공백이 생기게 되는데 그 시기는 어떻게 보아야 하는 것일까? 그렇다면 중국 북방으로부터 숟가락이 들어오기 전까지 사용한 숟가락은 없었을까 하는 점과 있었다면 숟가락의 사용과 더불어 숟가락이 부장품으로 선택되게 되는 것은 어떻게 보아야 하는 것일까 하는 참으로 어려운 질문과 마주하게 되고 만다.

이와 같은 상황을 해결하기 위해서는 먼저 통일신라시대의 분묘 양상을 파악하고 만약 통일신라시대를 지나면서 장법의 변화가 감지된다면 이것은 어떠한 과정에서 이루어졌을지 확인하는 작업이 필요할 것이다. 또한 고려 초기의 숟가락이 과연 중국 북방과는 다른 경로로 사용되고 부장품으로 선택되었다면 당시 고려와 마주하였던 요나 북송의 분묘에서 출토되는 숟가락에 대한 분석도 필요할 것으로 판단되지만 앞서 지적한 것처럼 숟가락의 계통이 다른 것으로 판단되어 논외로 한다.[11] 지금부터는 통일신라 분묘와 당과 오대의 분묘의 부장품을 비교 검토한 후 고려 초기 숟가락 사용에 대한 상황을 점검해 보기로 한다.

---

11 필자는 송·요·금·원묘에서 출토되는 숟가락의 경향을 검토한 바 있다. 요묘에서 송묘나 금묘 보다는 숟가락의 출토율이 높은 것은 사실이나 쌍어형 숟가락을 선호하는 것으로 판단되었고 당풍을 계승하여 청동경이나 철제가위, 동전 등을 부장하는 경우가 많았다. (정의도, 2009, 「宋·遼·金·元墓 匙箸 및 鐵鋏 出土傾向— 高麗墓 副葬品과 關聯하여—」, 『文物研究』 15, 동아시아문물연구학술재단, pp.53~136)

당묘와 통일신라묘의 부장품

앞서 보다시피 고려 초기에 해무리굽청자완과 함께 숟가락이 부장되고 있으며 그 숟가락은 11세기 이후에 등장하는 숟가락의 형태와는 구분되는 것으로 판단되었다. 그렇다면 과연 통일신라 말 분묘의 부장품이나 유구는 어떤 변화를 보이고 있는지 살펴보기로 한다. 그런데 필자는 앞서 통일신라시대 숟가락의 일단을 정리한 바 있는데 출토지는 분묘가 아니라 안압지와 경주박물관 내 우물지(경주 월성 내부), 정창원, 신라 왕경유적, 분황사지(이상 경주지역) 그리고 대구 칠곡 유적, 창녕 말흘리 유적, 부소산 유적, 한우물 유적(지방) 등의 우물이나 수혈에서 확인되었다. 그런데 고려 초기에는 분묘에서 숟가락이 출토되어 통일신라시대에는 숟가락을 부장하지 않은 것인지 또는 아직 확인되지 않은 것인지는 좀 더 두고 보아야 하는 상황이 되었고 숟가락을 부장하였다면 그것은 어떤 배경에서 비롯된 것인지 검토가 필요한 상황이 되고 말았다.[12]

---

12 최근 경주 동천동 원형석조유구에서 숟가락이 1점 발견되었다. 석조유구는 우물지가 폐기되고 난 다음 우물의 남벽을 증축, 재축조하여 평면이 타원형이 되게 만들었다. 내부에서는 기와, 중국자기, 청동제숟가락이 출토되었다. 숟가락은 술잎은 원형에 가깝

이를 위하여 먼저 당대 분묘의 부장품 경향을 추정할 수 있는 대표적인 유적을 선정하여 소개하고 아울러 당대 숟가락의 변화상도 간단하게 검토하여[13] 당대 분묘에서 보이는 부장품의 특징이 통일신라묘의 부장품에서 어떻게 반영되고 있는지 살펴보기로 하겠다.

1) 당묘의 부장품

위진남북조시대의 묘장은 전축묘를 주로 사용하면서 전에 조각을 한 예도 있고 벽화묘가 발견되기도 한다. 부장품으로는 도기(陶器)와 자기(瓷器), 동기(銅器), 철기(鐵器), 칠기(漆器), 장신구(裝身具), 전폐(錢幣) 등 일체의 생활도구와 장식품을 부장하고 묘지명도 함께 부장하여 묘주가 확인되는 경우가 적지 않다. 가장 많이 부장되는 것은 도기와 자기인데 도기에는 도관(陶罐), 도완(陶碗), 도병(陶瓶), 도반(陶盤), 도부(陶釜), 도분(陶盆), 도정(陶鼎), 도위두(陶熨斗), 도마(陶磨), 도조(陶竈), 도창(陶倉) 등의 생활기명과 죽은 사람을 모시기 위한 각종 도용과 생축가금, 무덤을 지키는 진묘수 등이 있지만 도기로 제작된 것은 대부분 자기(청자)로도 제작되어 부장된다. 그리고 철기에는 관정이나 철도, 철검, 철촉, 철모, 철삭 등 무기류가 주종을 이루는데 그 가운데는 철제 가위가 다수 포함되어 있다. 또

고 자루는 끝으로 가면서 약간 넓어져 마감된다. 전체 길이 25.4cm, 술잎 길이 7.3cm, 너비 6.8cm이다.(한국문화재보호재단·탑스리빙월드, 2010, 『경주 동천동696-2번지유적-공동주택 신축부지 발굴조사보고서-』, 학술조사보고 222)

13 중국에서 발간되는 대표적인 고고학 관련 잡지 『考古』『文物』과 고고학 관련 자료를 집대성한 『中國考古集成 華北卷-北京市, 河北省, 天津市, 山西省編/ 華北卷-河南省, 山東省編/ 華東卷-江蘇省, 安徽省編/ 華東卷-江西省, 上海市, 浙江省編, 東北卷』 등을 중심으로 살펴보면 당대의 분묘유적 가운데 비교적 잔존 상태가 양호한 것만 120건 이상 보고되어 있고 각 보고 건에는 2기 이상 유구가 포함된 것이 적지 않으므로 조사유구 건수는 훨씬 많다. 이번 논문에서는 10세기대 고려분묘에서 출토되는 숟가락에 대한 것에 초점을 맞추어 비교 가치가 높은 유적과 유구를 선별하여 정리하였다.

한 동기에는 노기, 대구, 동분, 동경 등이 있으며 대개 이때부터 부장품으로 유행하는 동경(銅鏡)과 전폐(錢幣,동전)는 후대로 가면서도 중국 분묘의 대표 부장품으로 이어진다.[14]

그런데 당묘 또한 앞선 남북조시대에 유행하던 전축묘와 생전의 생활도구 일체를 부장품으로 하는 전통은 계속된다. 다만 앞선 연구에서 확인된 것이 남북조시대의 묘장에서 숟가락이 출토되는 경우는 강서 남창시교 남조묘[15]와 영하고원 북주 이현부부묘[16]에서 발견된 것이 전부였고 백제 무령왕릉에서 출토된 숟가락과 동일한 숟가락은 하북 정현의 석함[17]에서 출토되어 분묘에서 출토된 것은 아니었다.

다음은 중국에서 발굴조사 된 당묘 가운데 위진남북조시대 이래 당대에 이르기까지 계속하여 분묘가 발견되고 있는 하남(河南) 언사지구(偃師地區) 분묘 출토문물에 대하여 약술하면서 그 변화상을 검토하기로 한다.

동한(東漢) 만기(晩期)에 축조된 언사행원위진 6호묘(偃師杏園魏晉6號墓)에서는 도기(陶器)로는 옹(瓮), 대개관(帶盖罐), 창(倉), 렴(奩), 방합(方盒), 방안(方案), 조(灶), 호(壺), 저권(猪圈), 증(甑), 소관(小罐), 정(鼎), 분(盆), 작(勺), 이배(耳杯), 계(鷄), 반(盤), 용(俑), 와당(瓦當) 등 51점과 동기(銅器)로는 경(鏡), 관형기(管形器), 함표(銜鑣), 개궁모(盖弓帽), 세할(書轄) 전폐(錢幣) 등과 석기(石器)로는 저(猪), 려석(礪石), 연(硯) 등이 출토되었다.

그리고 서진대에 축조된 행원위진 34호(杏園魏晉34號)에서는 도기로는 사계관(四系罐), 관(罐), 준(樽), 공주반(空柱盤), 편호(扁壺), 반(盤), 도(盆),

14 위진남북조시대 묘장의 출토유물에 대해서는 중국측 자료를 정리한 정의도, 2009, 「무령왕릉 출토 청동시저연구」, 『선사와 고대』 30, 한국고대학회를 참조하기 바란다.

15 『考古』, 1962년 4기, 「江西 南昌市郊 南朝墓發掘簡報」 江西省博物館考古隊

16 『文物』, 1985년 11기, 「寧夏固原 北周李賢夫婦墓發掘簡報」 寧夏回族自治區博物館, 固原固原博物館

17 『考古』, 1966년 5기, 「河北 定縣出土 北魏石函」 河北省文化局 文物工作隊

완(碗), 이배, 원안(圓案), 정(灯), 창방(倉房), 대(碓), 수정(水井), 수두(水斗), 마반(磨盤), 조(灶), 박산로(博山爐), 수형장좌(獸形獸長座), 우(牛), 우거(牛車), 무사용(武士俑), 견마용(牽馬俑), 여와용(女臥俑), 남와용(男臥俑), 진묘수(鎭墓獸), 마용(馬俑), 계(鷄), 양(羊), 구(狗), 저(猪)가 있고 자기는 무덤이 도굴의 피해를 입어 자관(瓷罐)만 일부 남아 있고 약간의 동기와 묘지(墓志)도 함께 출토되었다.[18]

언사지구에서 당묘는 최침묘(崔沈墓)[19], 이연정묘(李延禎墓)와 노주참군(廬州參軍) 이존묘(李存墓)[20], 이원경부부묘(李元璟夫婦墓)[21], 이수일묘(李守一墓), 송정묘(宋禎墓), 이사본묘(李嗣本墓), 이경유묘(李景由墓), 정소방묘(鄭紹方墓), 이열묘(李兌墓)[22], 북요촌(北窯村) 2호와 5호, 6호와 행원촌(杏園村) 1호묘[23], 유개묘(劉凱墓)[24], 엄인묘(嚴仁墓)[25], 채후촌전장(寨後村磚廠) 1호묘, 동채장촌당묘(東蔡庄村唐墓), 유파촌당묘(劉坡村唐墓), 산화향석가장촌당묘(山化鄉石家庄村唐墓), 남채장련체전창(南蔡庄聯体磚廠) 8호묘(鄭炅墓), 수빙창(水泵廠) 6호묘(徐府君季女墓)[26], 정순묘(鄭徇墓), 이욱묘(李郁墓)[27] 등이 조사되었다. 조성 시기는 각각 유개묘 664년, 북요촌2호묘 672년, 이연정묘 685년, 이수일묘 694년, 북요촌5호묘 703년, 송정묘 706년, 최침묘 706년, 이사본묘 709년, 이경유묘 738년, 정소방묘 814년, 이존묘 845년, 이열

18 『考古』, 1985년 8기, 「河南 偃師杏園的 兩座魏晉墓」趙芝荃, 徐殿魁

19 『文物參考資料』, 1958년 8기, 「河南 偃師唐崔沈墓」黃士斌

20 『考古』, 1984년 10기, 「河南 偃師杏園村的 兩座唐墓」徐殿魁, 劉忠伏

21 『中原文物』, 1981년 1기, 「偃師 唐李元璟夫婦墓 發掘簡報」

22 『考古』, 1986년 5기, 「河南 偃師杏園村的 六座紀年唐墓」徐殿魁

23 『考古』, 1992년 11기, 「河南 偃師 四座唐墓 發掘簡報」郭洪濤, 樊有升

24 『文物』, 1992년 12기, 「河南 偃師杏 唐柳凱墓」洛陽市第二文物工作隊, 偃師縣文物管理委員會

25 『文物』, 1992년 12기, 「河南 偃師 唐嚴仁墓」樊有升, 李獻奇

26 『華夏考古』, 1995년 1기, 「河南 偃師唐墓 發掘報告」郭洪濤

27 『考古』, 1996년 12기, 「河南 偃師杏園村 唐墓的發掘」徐殿魁

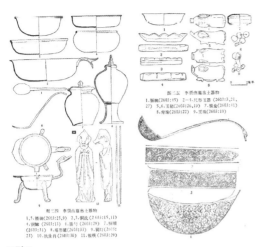

그림 7
偃師 杏園村 李景由墓 출토유물

그림 8
李存墓 출토유물

묘 869년, 행원촌1호묘 896년 등으로 초당(初唐)에서 만당시기(晩唐時期)까지 걸쳐 있다.

이 중 7세기대에 조성된 이연정묘에서는 진묘수, 무사용, 문관용, 기마용, 견마용, 견타용 등의 도용(陶俑)과 닭, 오리, 돼지, 개, 양 등의 가축용(家畜俑), 정란(井欄), 조(灶), 마(磨), 대(碓) 등의 도구용(道具俑), 도관, 칠반(漆盤), 동발(銅鉢), 동소발(銅小鉢) 등이 출토되었다. 그리고 8세기대의 이경유묘에서는 탑형관(塔形罐), 은합(銀盒), 은완(銀椀), 은쾌(銀筷) 1쌍, 은작(銀勺) 2, 금채장식(金釵裝飾), 동관(銅罐), 동발(銅鉢), 동세(銅洗), 동정(銅釘), 동경 3, 개원통보(開元通寶), 철생초용(鐵生肖俑), 척형옥기(尺形玉器), 옥주(玉珠), 옥저(玉猪), 골주(骨珠), 방칠합(方漆盒), 원칠합(圓漆盒), 목소(木梳), 석제묘지(石製墓志) 등이 출토되었는데 여기서 보고된 2점의 은제 작(勺)은 한 점은 국자이며 한 점은 숟가락이다. [그림 7]

다음으로 9세기의 이존묘에서는 옥제품은 양, 소, 합(盒), 배(杯), 도(罐), 반(盤)이 있고 석제품은 훈로(薰爐), 자석연(紫石硯), 려석(礪石)이 있다. 은기로는 은쾌 1쌍과 은작이 있고 동기로는 동인(銅印)과 인합(印盒), 동도(銅刀), 동이(銅匜). 개원통보, 철기는 철우(鐵牛), 철저(鐵猪), 철리화(鐵犂鏵), 모정(帽釘), 문환(門環), 철편(鐵片), 자기로는 백자관(白瓷罐), 타우(唾盂), 칠기는 원형칠합(圓形漆盒), 도관(陶罐), 묘지 등이 있다. [그림 8]

이상과 같이 한 지역에 4세기대에서 9세기대까지 시기 차를 두고 조

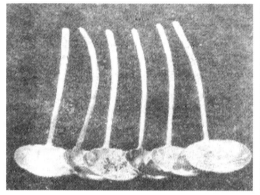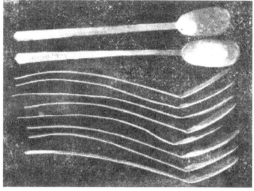

그림 9
江蘇 丹徒 丁卯橋 金銀器窖
藏遺蹟 出土 銀勺, 銀匙

성된 분묘에서 출토된 부장품을 살펴보았지만 도기와 자기를 중심으로
하는 기명과 도용을 부장하고 때로 금은기와 동기가 부장되는 패턴은
크게 변함이 없는 것으로 판단된다.

그런데 숟가락과 관련하여 먼저 주목할 점은 숟가락은 당대에 이
르러 지금의 숟가락으로 완성되고 사용된다는 것이다. 강소(江蘇) 단도
(丹徒) 정묘교(丁卯橋) 출토 당대 금은기교장유적(金銀器窖藏遺蹟, 盛唐 晩期)에
서는 은저(銀筯) 18쌍, 은비(銀匕, 은제 숟가락) 10점, 은작 6점이 출토되었
다.[28] 은저는 상단이 호로형인 것과 원봉형으로 나누어지고 길이는 각각
22.2cm와 32cm이다. 그리고 은비는 길이가 31.2cm로 술잎이 산(鏟)과
비슷한데 자루는 길고 약간 휘어져 있으며 자루 뒷면에는 「力士」라는 명
문이 있다. 또한 은작은 길이 31cm로 국자가 반구형이며 길고 끝이 넓
어지는 자루는 약간 휘어져 있는데 역시 「力士」라는 명문이 남아 있는
것이다. [그림 9]

또한 절강(浙江) 장흥항(長興巷) 개착공사 현장에서 지표하 1.5m에서
부드러운 진흙에 덮여서 약 100여 점의 은기(唐 晩期)가 출토되었다.[29]
이 은기 100여 점은 은배, 원구은완(圓口銀椀), 우상(羽觴), 은병탕작(長柄

28 『文物』, 1982년 11기, 「江蘇 丹徒 丁卯橋出土 唐代銀器窖藏」 丹徒縣文敎局, 鎭江博
    物館

29 『文物』 1982년 11기, 「浙江長興縣 發現 一批 唐代銀器」 長興縣博物館, 夏星南

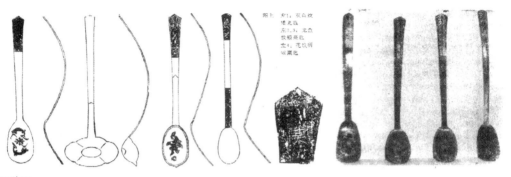

그림 10
浙江 長興港 出土 銀匙

湯勺), 장병은채시(長柄銀茶匙), 은쾌 등의 식도구, 은채, 봉채(鳳釵), 은잠, 은천(銀釧), 은발협(銀髮夾) 등의 장신구, 그리고 은정(銀鋌)으로 구성된다. 장병은채시는 22점이 출토되었는데 모두 S자로 휘어져 있고 술잎은 타원형이며 문양이 있는 것과 없는 것으로 나누어진다. 문양이 있는 5점의 전체 길이는 자루길이 22.4cm, 술잎 길이 8.4cm이고 자루에 화문을 새긴 숟가락의 길이는 30.5cm이다. 무문양의 숟가락도 3점이 있는데 형태는 거의 동일하고 길이도 30.5cm로 같다. [그림 10]

정묘교유적에서 출토된 성당시기의 숟가락 자루는 아직 전대의 만곡을 유지하고 있지만[30] 만당시기로 편년되는 장흥항유적의 숟가락은 S자로 완전히 휘어져 후대 숟가락의 전형으로 평가될 수 있는 것이다.[31]

이와 같이 청동숟가락이 그 형태가 완성되고 일반적인 개인 식도구로서 완성되는 것은 당대에 이루어진 것으로 보아야 하는 것이다. 또한 성당시기까지는 술총이 한번 휘어지는 형태였으나 만당시기에 이르러

30　이곳에서 출토된 숟가락과 동일한 형태의 것이 中國 陝西省 扶風縣의 法門寺 地宮에서 출토된 銀鍍金飛鴻紋匙(9C)이다. (新潟縣近代美術館, 1999, 『中國の正倉院 法門寺地下宮殿の祕寶「唐皇帝からの贈り物」』展圖錄, p.94)

31　요대 무덤에서 장릉형 숟가락이 가장 먼저 출토된 곳은 耶律羽之의 묘라고 할 수 있으나(『文物』, 1996년 1기, 「耶律羽之墓 發掘簡報」 內蒙古文物考古硏究所, 赤峯市博物館, 阿魯科尒沁旗文物管理所) 장릉형도 당묘에서 발견되고 있는데 西安市 長安區 祝村鄕 羊村에서 2점이 출토된 예가 있고(a), 1974년 西安市文物管理委員會 征集의 예도(b) 있다. (西安市文物保護考古所, 2012, 『西安文物精華 - 金銀器ー』, pp.66~68. a—素面銀匙1—16.67cm, 2—12.3cm, b—長柄素面銀匙, 32cm)

술잎이 술목으로 이어지는 각도와 자루에서 술총으로 이어지는 각도가 커지면서 단면 S자 형태로 만곡하게 되는 현상을 보인다. 그러므로 요나 금의 숟가락 단면이 S자로 휘어지게 제작되는 근원은 만당시기에 비롯된 것이다.

실제로 발굴조사에 출토된 유물을 검토하면 위진남북조시대 묘장에 주로 부장되던 식도구는 陶匕이다.[32] 그러나 당대에 들어서면 도제 작은 별로 보이지 않게 되면서 일부 묘장에서 숟가락과 젓가락이 부장되는데 이경유묘와 이존묘에서 출토되는 은제숟가락과 젓가락은 당대에 완성된 형태의 숟가락이며 젓가락과 동반 출토되어 실제로 식탁에서 사용한 것으로 볼 수 있다는 것이다.

당대에 이르러 숟가락이 부장품으로 포함된 것은 자세한 사정은 알 수 없으나 당시 부장품은 생활도구 일체를 포함하는 것이었으므로 숟가락이 부장품으로 포함되는 것은 자연스러운 일이었을 것으로 생각된다.

2) 통일신라묘의 부장품

다음에서는 통일신라시대 분묘의 일반적인 특징에 대하여 생각해보기로 한다. 통일신라시대의 분묘에서 숟가락과 관하여 생각해 볼 것은 통일신라 이후 분묘에서 나타나는 변화는 과연 어떤 배경에서 이루어졌을까 하는 것이다. 통일신라의 묘제가 일반적으로 대형고분이 분묘의 규모가 축소되거나 간략화의 과정으로 향하게 되는 것은 어떤 배경에서 이루어지는지 아직 구체적인 연구는 없는 실정이다. 불교의 영향으로 火葬이 유행하게 되었다고 하나 문무왕부터 경애왕에 이르기까지 화장

---

32 전계 주14) 참조.

은 4건에 불과한데 당시 왕가의 장법은 화장보다는 殯葬이 주로 이루어 졌고 묘제는 횡혈식 석실로 보고 있다.[33] 실제로 화장은 상당한 양의 목 재와 격리된 장소가 요구되기 때문에 쉽사리 행할 수 있는 장법으로 보 기는 어렵다.

왕경에 위치한 횡혈식 석실 가운데 통일신라 사회의 묘제 변화는 12 지상이 부장되었거나 호석에 조각된 예를 통하여 나타나고 있다. 12지 상은 당대의 무덤에 도용으로 제작되어 부장되던 것으로 용강동고분 내 부에서 출토된 것과 구정동방형분의 12지상이 대표적이다.[34] 또한 전 김 유신묘[35], 전 흥덕왕릉, 전 진덕왕릉의 경우 말(午)이 정남에 배치되고 쥐 (子)가 정북에 배치된 것이 특징인데 이러한 방위개념에 따라 묘향이 남 북으로 바뀌는 것도 삼국시대 분묘의 묘향과는 구분되는 통일신라 분묘 의 큰 변화라고 할 수 있다.

아울러 용강동고분, 전 신덕왕릉,[36] 쌍상총, 마총,[37] 장산 토우총,[38] 충 효리석실분, 충효리 1~10호분, 전 헌강왕릉[39]에서 나타나는 궁륭형 천 정은 위진남북조시대 이래 당대에 이르기까지 전돌을 사용하여 축조한 무덤에서 통상적으로 나타나는 궁륭형 천정의 영향을 받은 것으로 보는 것이 타당하지 않을까 한다.[40] [그림 11]

---

33 홍보식, 2004, 「통일신라의 장·묘제」, 『통일신라시대의 고고학』 제28회 한국고고학대회 자료집, pp.71~97.

34 문화재연구소 경주고적발굴조사단, 1990, 『경주 용강동고분 발굴조사보고서』.

35 경주문화재연구소, 1994, 『경주서악지역 지표조사보고서』, 학술연구총서 7.

36 박일훈, 1963, 「경주 삼릉석실고분—전 신라신덕왕릉—」, 『미술자료』 8, 국립중앙박물관.

37 김재원·김원룡, 1955, 「4286년 발굴보고 경주노서리 쌍상총, 마총, 138호분」, 국립박 물관 고적조사보고 제2책.

38 경주문화재연구소, 1994, 『경주서악지역 지표조사보고서』, 학술연구총서 7.

39 경주문화재연구소, 1995, 『헌강왕릉 수습조사보고서』, 학술연구총서 10.

40 수당대의 묘실은 토동묘와 전실묘로 크게 나누어진다. 그 중 전실묘의 구조는 앞선 시 대와는 별 다른 변화가 없이 묘실은 방형이나 장방형으로 하고 정부는 궁륭형으로 하 는 것이 일반적이다. 그리고 토동묘의 천정부도 붕괴된 것이 많긴 하지만 일반적으로 는 궁륭형의 천정을 하고 있다. (中國大百科全書出版社, 1998.10, 『中國大百科全書—

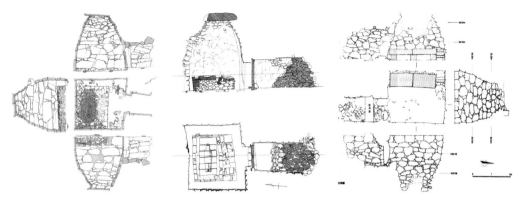

　지방에서 나타나는 통일신라 분묘를 살펴보기로 하자. 지금까지 조사된 통일신라시대 분묘는 횡구식이나 횡혈식 석곽묘(석실묘가 일부 포함)로 확인된다. 석곽에는 시상을 두는 경우가 적지 않고 부장품으로는 고배, 부가구연장경호, 파수부호로 대표되는 삼국시대 이래의 부장용 토기가 소멸되고 일상생활 기명 위주의 유개파수부, 장동병, 소병, 대부완 등의 토기로 대체된다.[41] 아울러 금속제품으로는 과대금구, 도자, 이형철제장식품, 방두관정, 철추, 철정, 청동방울 등이 출토된다. 이와 같이 부장품이 일상생활용품으로 변화하고 있는 한편으로 삼국시대 분묘의 주된 묘향이 등고선에 나란하게 설치한 것이었는데 반하여 이 시기 거의 대부분의 석곽이나 석실은 모두 등고선과 직교하는 남북 방향으로 묘향의 주된 방향이 바뀌게 된다.

　이와 같이 12지신이 도입되어 도용이 출토되고 호석에 12지신을 새기고 12지신의 방위개념에 따라 묘향을 남북방향으로 두게 되는 것과 부장품이 전반적으로 박장이기는 하나 생활기명 위주로 바뀌는 것, 그

　考古學—」참조) 그리고 신라 왕경에서 보이는 앞의 주43) 〈표 4〉 왕경 소재 횡혈식석실의 특징 참조.

41　이희인, 2017, 「나말여초 분묘 변화에 대한 시론적 검토—중서부지역을 중심으로—」, 『한국중세고고학』 창간호, pp.31~53.

니고 횡혈L제 횡혈식 석실이 특징이 궁릉철정이 것, 또한 통일시라시대에 조성되는 대부분의 석곽과 석실이 등고선과 나란하게 묘광을 설치하지 않고 직교하게 설치하게 되는 것 등은 당시 중국과의 교류에서 생겨난 변화라고 볼 수 있지 않을까.

실제로 기록에 의하면 신라는 당과의 전쟁을 거치면서 통일을 이룩하지만 성덕왕 재위 연간에는 46회의 대당교섭을 하면서 조공사, 하정사, 숙위 등 각종 사절을 파견하게 된다. 이후 신라는 260년간 120여회에 걸쳐 조공사를 파견하였는데 성당문물의 수용과 서역문화의 접촉이 가능해져 신라문화의 질적 성장을 가져오는 계기가 되었다. 아울러 경덕왕대에 이루어진 한화정책은 더욱 급속한 당 문화의 유입을 촉진시킨 계기가 되었을 것이다.[42] 이러한 대당교류는 신라문화가 더 이상 한반도에 격리된 문화로 남아 있지 않고 다양한 문화경험을 축적하여 내부로부터의 변화를 유도하였을 것으로 생각된다.

물론 이와 같은 정치문화적인 상황을 분묘의 구조나 부장품을 통하여 고고학적으로 입증하기는 쉽지 않다. 특히 통일신라의 묘장이 박장으로 부장품이 얼마 되지 않고 발견되는 분묘 또한 이상할 정도도 적은 탓으로 당시의 변화상을 읽어내는데 한계가 없을 수 없기 때문이다. 그런 상황 속에서 십이지개념의 도입과 묘향의 변화, 그리고 왕경지역에서 확인되는 궁릉형천정 횡혈식석실은 당 문화를 수용한 결과라고 생각되고 아울러 청주 용정동 Ⅱ-7호 석곽묘는 이 글의 논지를 이해하는데 대단히 중요한 유적으로 생각된다.[43] 이 석곽묘는 북동쪽의 구릉 정상부에서 남동쪽으로 경사진 능선의 해발 92.8m에 위치하며 주변에는 고려시대 이후의 토광묘가 인접하고 있다. 석곽묘의 장축은 등고선 방향과

---

42 신형식, 「V. 대외관계, 1. 당과의 관계」, 『신편 한국사 9』, 국사편찬위원회, pp.267~280.
43 한국문화재보호재단·한국토지공사, 2000, 『청주용암유적 I』─본문·사진─, 학술조사보고 74.

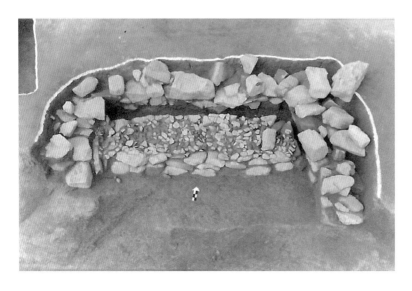

그림 12
용정동 II-7호 석곽묘

평행하는 동서방향이며 평면은 남장벽이 파괴되었으나 장방형이다. 규
모는 잔존 길이 190cm, 최대 깊이 92cm로 비교적 규모가 크다. [그림 12]

　관대는 석곽의 북장벽에 거의 인접하여 설치하였고 유물은 석곽의
바닥에서 서쪽에 관대와 인접하여 나란한 방향으로 청동숟가락 1점이
병부를 서쪽으로 향하여 바로 놓여 있었다. 이 청동숟가락은 완형으로
단면상 술잎에서 완만한 호를 그리며 자루에 이르고 자루 끝에서 약간
꺾여 있다.

　전체길이 20.8cm, 병부 너비 0.8cm, 술잎 길이 4.0cm, 너비 6.4cm
이며 관정 4점도 석곽의 시상 위에서 출토되었다. [그림 13] 여기서 출토된
숟가락은 경주박물관 부지 내에서 출토된 청동숟가락과 비교하면 크기
가 약간 작을 뿐 전반적인 형태는 거의 동일하다.[44] [그림 14]

　청동제숟가락의 출토 예는 단순히 다른 곳에는 보이지 않던 유물이
발견된 것 이상의 의미를 넘어 통일신라시대에도 아직 확인되지는 않았

44　국립경주박물관, 2002, 『국립경주박물관부지내 발굴조사보고서-미술관부지 및 연결통
　　로부지-』.

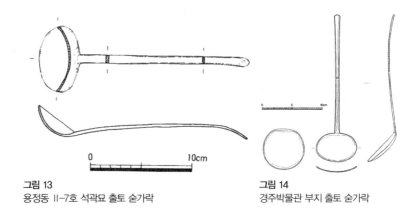

그림 13
용정동 II-7호 석곽묘 출토 숟가락

그림 14
경주박물관 부지 출토 숟가락

지만 생활기명으로서 청동제숟가락을 부장하는 사례가 있었으며 이것
은 다음 고려시기에서 보이는 청동숟가락의 부장이 단순히 중국 북방
에서 전래되어 온 것이 아니라 통일신라 이후 일부 계층에서는 청동숟
가락을 사용하고 부장하고 있었을 것으로 판단할 수 있는 근거를 제공
한다는 것이다. 부연하면 신라의 삼국통일 이후 당과의 교류에서 묘광
의 장축방향의 변화, 부장품의 변화, 궁륭형천정 등의 변화와 아울러 당
대에 완성된 숟가락과 젓가락, 그리고 국자 등이 일부 계층에서는 사용
되고 있었으며 이것을 부장하던 장속도 일부 계층에 한해서 이루어지고
있었던 것으로 추정할 수 있게 되는 것이다.

고려 초기의 숟가락

04

고려 초기의 분묘에서 해무리굽청자완과 함께 부장된 청동숟가락은 그 형식상의 특징이 통일신라시대의 숟가락을 계승하고 있고 식도구를 부장하는 매장풍습 또한 당대의 영향을 받은 것으로 볼 수 있어 나말 10세기대를 중심시기로 보아도 무방할 것으로 판단된다.[45] 그런데 이 숟가락은 11세기 중반 이후를 지나면서 분묘에 부장되는 숟가락과는 그 형태에서 차이가 난다는 것인데[46] 그것은 어디에서 비롯된 현상인지를 밝히고자 하는 것이 이번 글의 요지 가운데 하나라고 할 수 있겠다.

먼저 통일신라시대로 편년되는 숟가락의 출토 상황을 검토하면 앞

---

45 고려초기의 숟가락과 동반되는 해무리굽 청자가 중국식해무리굽(b), 한국식해무리굽(c)으로 볼 수 있어 중심시기를 11세로 보아야 한다는 의견도 있다. 이와 같은 견해는 필자의 숟가락 형식으로 보는 편년과 시기 차이를 보이고 있다. 필자는 고려 전기 숟가락의 획기적인 변화 시기는 당대 숟가락의 영향을 받은 요의 숟가락이 요의 장례 풍습과 함께 전래된 11세기 중반 이후로 보고 그 앞 시기의 숟가락은 통일신라의 전통이 이어지고 있다고 보았기 때문에 해무리굽청자의 분기는 필자의 숟가락 편년과 약 50년의 차이가 난다. 아직 청자의 발생시기와 전개과정에 대한 의견이 다양한 초기 청자 연구에 이러한 숟가락의 편년 연구성과가 참고가 되기를 바란다.

46 평택 용이동유적, 청주 용암유적, 청주 율양동유적, 연기 송담리유적, 청원 마산리유적에서 출토되는 유엽형의 술잎에 자루각이 20° 내외이면서 전체 단면이 「S」자를 이루는 숟가락을 지칭한다.(정의도, 2013, 앞의 논문.)

서 지적한대로 안압지와 경주박물관 부지 내 우물 출토 숟가락은 신라 왕실과 관련된 유적이며 둘 다 물 속에서 출토된 것으로 제사와 다분히 관련이 있을 것으로 추정된다.[47] 그리고 분황사에서는 거푸집과 함께 출토되어 사찰에서 숟가락을 직접 제작하였을 가능성도 보여 주었고 왕경 유적에서 출토된 숟가락과 국자, 젓가락은 당시 경주 귀족들이 실제로 숟가락을 사용하였던 증거가 된다. 그리고 부소산에서 출토된 숟가락은 출토 상황이 분명하지 않지만 제사와 관련되었을 가능성이 크다고 생각되고 당진 삼웅리나무고개 관아지유적에서 출토된 청동제 접시와 같이 출토된 청동숟가락, 그리고 한우물유적에서 출토된 나마(乃末-奈麻)의 관직명이 음각된 숟가락은 일단 신라의 지방 관리들도 숟가락을 사용하고 있었음을 보여주는 좋은 자료라고 판단된다.[48]

이와 같은 상황이라면 통일신라가 쇠퇴하고 후삼국시대를 거쳐 고려의 통일에 이르기까지 음식문화와 관련하여 특별한 변화가 없다면 비록 일부 계층에 불과하다고 하여도 사용하던 숟가락을 포기할 이유는 없다고 생각된다. 오히려 신라를 지탱하던 골품제도가 무너지면서 더 많은 사람들이 소위 지방 호족으로 등장하면서 지배계층으로 편입되는 현실에서 숟가락을 사용하고자 하는 욕구는 더욱 커져 갔을 것으로 생각된다.

여기에는 우리나라 전통의 식탁문화와도 관련이 있을 것으로 생각된다. 지금까지 우리나라에서는 수 만기의 삼국시대 분묘를 조사한 것으로 생각되지만 중국 동시대의 남북조시대 묘장에서 적지 않게 출토

---

47 물론 그 숟가락들이 모두 실제 식탁에서 사용되지 않았다는 것은 아니지만 필자가 직접 조사한 바로는 안압지 출토 숟가락 가운데는 사용 흔적이 별로 남아 있지 않은 것이 다수 포함되어 있었다. 이 숟가락들이 안압지 내에서 출토된 상황은 아직 구체적인 상황은 알기 어렵지만 대구 칠곡유적에서 출토된 다수의 식도구와 동천동 원형석조유구 내에서 중국자기와 함께 출토된 숟가락, 그리고 또 다른 통일신라 숟가락이 산성 내 우물지 내부에서 출토된 것과 관련하여 공통된 배경이 있는지 생각해 볼 일이다.

48 정의도, 2008, 앞의 논문 참조.

그림 15
고구려고분벽화 「각저총」
안칸 안쪽벽 벽화 배치도

되는 도제 작(勺)은 한 점도 발견되지 않았다. 온갖 기명을 토기로 만들 수 있었던 당시에 작을 만들지 않았고 부장품에도 포함시키지 않은 것은 삼국시대의 식생활에 필요하지 않았을 것이기 때문으로 이것이 모두 같이 둘러앉아서 밥을 먹으면서 공동의 그릇에서 음식을 덜어오지 않았던 것임을 반증하는 자료로 보고 싶은 것이다.[49] 고구려 각저총 벽화에도 상은 모두 일인상으로 차려져 있고[그림 15] 고려 회화자료는 남아 있지 않지만 조선전기의 계회도에서도 상차림은 모두 개인상으로 묘사되어[50] 모두 개인 소반에 차려 대접하는 우리의 전통 잔치상 방식은 이러한 사정을 반영하고 있는 것으로 생각된다.

그것은 고려시대의 식탁은 중국처럼 여러 명이 같이 앉아서 쟁반에 음식을 담아 두고 각자 음식을 덜어오는 방식이 아니라 1인상이나 겸상 위주였기 때문이며 이것을 송나라 사람 서긍은 평상 위에 작은 소반을 놓고 먹는다고 하였던 것이 아닐까 하는 것이다.[51] 이와 같이 개인상을 선호하였던

---

49 중국의 영향을 받아 제작한 고려시대의 청자 가운데 盤이 포함되어 있지 않은 것은 기술이 부족해서가 아니라 반이 우리의 식탁에서는 별다른 소용이 없었기 때문일 것이다.

50 1540년경의 작품 「薇垣契會圖」와 「蓮亭契會圖」(보물 871호), 그리고 1550년경의 작품 「戶曹郎官契會圖」에는 모두 1인상이 차려져 있다.

51 『高麗圖經』 권22, 잡속 1, 鄕飮. "今高麗人於榻上, 復加小俎, 器皿用銅, 鱐腊魚菜, 雖

전통적 처럼에 통일신라 이후 중국에서 전해진 개인 식도구는 사용자의 우월적 지위를 보여주는 도구로 인식되었을 가능성이 높고 이것은 당시 지배층 전반으로 확대되었을 것으로 볼 수 있다.

그런데 8세기대를 지나면서 경덕왕의 한화정책(漢化政策)과 수많은 공식 사절의 파견하여 당의 문물이 빠르게 수입되고 있는 분위기에서 통일신라의 무덤 또한 삼국시대 이래의 전통을 그대로 지켜 나가기는 어려웠을 것이다. 이것은 통일신라시대의 무덤에서 십이지상이 출토되고 등고선과 나란하던 묘향이 직교하게 변하면서 남북향으로 설치되고 궁릉식천정을 가진 석실묘가 축조되기도 하는 상황과 무관치 않을 것이다. 그런데 흥미로운 것은 9세기 후반에 태어나 신라 말에서 고려 초기를 살았던 고려 태조 왕건은 훈요십조에서 「우리 동방은 예로부터 당의 풍속을 숭상해 예악문물을 모두 거기에 좇고 있으나, 풍토와 인성(人性)이 다르므로 반드시 같이할 필요는 없다」고 하여 신라가 당의 문물 수용에 적극적이었음을 증언하고 있는 것은 당시의 분위기를 잘 보여주고 있다고 할 것이다.[52]

이상과 같이 당대 문화의 영향을 무시할 수 없는 상황에서 청주 용정동 통일신라시대 석곽묘에서 청동제숟가락이 출토되었다. 이것은 통일신라시대무덤에서 확인된 첫 번째 청동제숟가락이기도 하지만 당시 통일신라사회에 식도구를 부장하는 전통이 행해지고 있었음을 보여주는 근거로 볼 수 있다. 아울러 고려 초기 해무리굽청자완과 함께 통일신라 전통의 숟가락이 출토되는 상황은 통일신라 사회에서 비롯된 것으로 보아야 하며 이는 당의 영향으로 비롯된 것임을 이해하는 자료가 된

雜然前進, 而不豊腆, 行酒亦無節, 以多爲勤, 每榻只用二人, 若會賓客多, 則隨數增榻, 各相向而坐."

52 『高麗史』 권1, 태조 26년 4월. "御內殿, 召大匡朴述希, 親授訓要, 曰 … '其四曰, 惟我東方, 舊慕唐風, 文物禮樂, 悉遵其制, 殊方異土, 人性各異, 不必苟同.'"

다고 생각한다.

개국 초기 고려는 스스로 해동천자국임을 내세우고 다원적 국제질서에 적극적으로 대응하고자 했다. 다원적 국제관계는 다양한 부분에서 다양한 관계로서 교류가 이루어진 것이 특징인데 각국 사이에 책봉이나 그에 준하는 사봉, 인봉 등 다양한 외교형식이 나타나게 된다. 다원적 국제관계 속에서 고려는 우수하고 보편적이라고 여긴 문화를 수용하는 한편 자기문화의 정체성을 강화하려는 경향이 아울러 나타나게 되었다.[53] 이러한 고려초기의 문화적 자부심은 쉽사리 주변국의 문화—즉 장법이나 복식 등—에 동화되려고 하지는 않았을 것이다.

물론 북방의 요가 북송에 비하여 분묘에 더 높은 비율로 숟가락을 부장하고 있었던 것은 사실이지만 이것은 요가 자신들의 문화 위에 당 문화를 충실하게 계승한 결과로 볼 수 있는 것이다.[54] 또한 고려 스스로 자신의 문화정체성을 강조하던 시기에 요를 비롯한 주변국의 장법을 받아들여 변화하는 계기로 삼았다고 보기는 어려운 상황이지 않았을까. 더구나 고려초기 요와의 관계는 만부교사건이나 태조가 남긴 훈요십조, 발해멸망 등으로 그렇지 않아도 소극적인 관계가 악화일로를 걷게 되었으니 본격적인 교류는 일부 민간교류가 있었다고 해도 요의 침입이 마무리되고 정상적인 교류가 성립되게 되는 11세기 초까지는 어려웠다고 보는 것이 타당할 것이다.[55]

비록 해무리굽청자완이 북방의 도자기술을 전수받아 제작된 것이라

---

53 채웅석, 2017, 「고려전기 다원적 국제관계와 인식대응」, 『고려의 국제적 개방성과 자기인식의 토대』 제114회 한국중세사학회 학술대회자료집, pp.1~17.

54 基信祐爾, 2011, 「契丹墓の 壁畫に 見る 風俗」, 『草原の王朝 契丹』, 國立九州博物館, pp.208~212.

55 거란의 1차침입이 끝이 나고 「始行契丹統和年號」하게 되는 성종13년(994)이 한 획기가 될 것으로 생각되며 3차전쟁 이후 본격적인 화해시기가 공식적이고 본격적인 교류가 시작되는 것으로 볼 수 있을 것이다.(김재만, 1999, 『契丹·高麗關係史研究』, 국학자료원, pp.3~9)

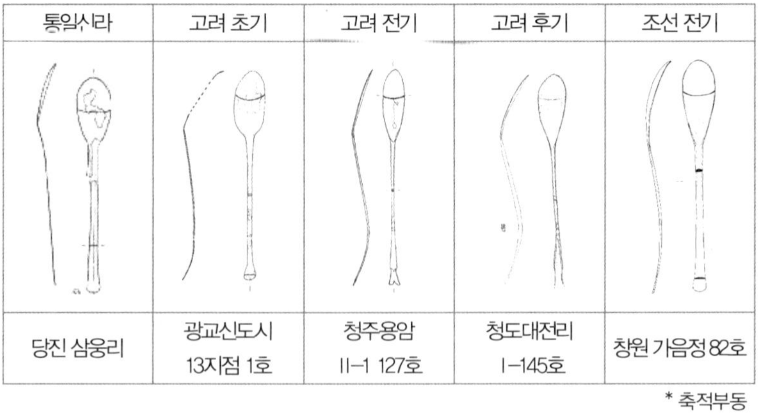

통일신라	고려 초기	고려 전기	고려 후기	조선 전기
당진 삼웅리	광교신도시 13지점 1호	청주용암 II-1 127호	청도대전리 I-145호	창원 가음정 82호

* 축적부동

그림 16
숟가락 편년안
(통일신라~조선전기)

고 하여도[56] 이것은 국가 지역에 관계를 맺는 상인, 승려, 유교지식인, 의사, 기술자 등에 의한 다양한 채널을 통해 이루어진 것이며 이것은 다원적 국제관계에서 우수하고 보편적이라고 여긴 문화를 수용한 결과로 보아야 한다는 것이다.[57]

이와 같이 정리해 본다면 해무리굽청자완과 같이 부장되는 숟가락은 통일신라 이래의 장례풍습이 고려 초기(11세기 전반)까지 이어진 결과로 볼 수 있다. 중국 북방의 부장풍습이 들어오는 것은 결국 요와 관계 개선이 마무리되는 11세기 중반 이후가 될 때이며 이때부터 묘제는 토광묘를 대부분 채용하면서 부장품으로는 청동거울, 철제가위, 동전, 귀이개 등 전반적으로 중국풍의 생활기명으로 변하게 되고 숟가락도 통일신라 이래의 당풍의 숟가락에서 요나 금 스타일의 숟가락으로 대체되는 것으로 볼 수 있고 통일신라 이후 숟가락의 양식변천은 [그림 16]과 같이 정리될 수 있다.

---

56 장남원, 2009, 「10~12세기 고려와 요·금 도자의 교류」, 『미술사학』 23, 한국미술사교육학회, pp.171~203.

57 주43), pp.1~17.

맺음말 **05**

    지금까지 고려 전기-적어도 11세기 전반 경까지- 석곽묘에 해무리 굽청자완과 함께 부장되는 숟가락이 어떤 배경에서 비롯되었는가에 대하여 검토해 보았다. 그 숟가락은 다양한 기물과 함께 토광묘에서 주로 출토되는 단면 「S」자 형의 숟가락과는 분명히 양식적으로 구분되는 것이었다. 필자는 석곽묘는 통일신라의 전통 묘제로 판단하였고 아울러 숟가락 또는 식도구가 부장되는 전통이 이미 통일신라사회에 일부 계층에서나마 유행하고 있었음을 청주 용정동 통일신라시대 석곽묘에서 청동제 숟가락이 출토되는 것이 반증하는 것으로 보았다.

    그런데 이러한 전통은 결국 통일신라가 한화정책을 시행하면서 묘제의 변화와 함께 부장품의 변화도 일부 일어나고 있었고 이러한 변화의 진원지는 당이었을 것으로 추정하였다. 말하자면 당나라의 전축분과 그 내부에 생활도구 일체를 부장하던 전통이 신라사회에 전래되어 박장으로 대표되던 장법이 일부 변화하게 된 것으로 보았으며 이러한 통일신라 사회의 변화는 11세기까지는 이어지는 것으로 볼 수 있었다. 그러나 이러한 통일신라의 전통은 고려와 거란과의 갈등이 해소되고 거란사람들이 고려로 다수 유입되면서 11세기 중반 이후는 요의 영향을 강하게 받게 되어 숟가락의 형태도 변하게 되고 부장품의 내용도 변하게 되는 것으로 판단된다.

한편 생각해보면 요의 숟가락도 당의 숟가락을 계승한 것이고 통일신라의 숟가락도 당의 숟가락을 받아들인 것이지만 고려 초기의 숟가락은 당의 숟가락을 계승하여 요 스타일로 변화된 것이 아니라 통일신라 이래의 숟가락으로 보는 것이 고고자료를 검토한 결과라고 하겠다. 이것은 말하자면 고려 개국 이후 통일신라 이후 일부 계층에서 사용되던 숟가락이 그 사용 계층이 확장되고 중국 북방과의 교류가 증가하면서 통일신라 전통에서 북방 스타일의 숟가락으로 변하게 되는 것으로 이해될수 있다. 고려는 개국 초기에 발해의 멸망으로 요에 대하여 강한 적대심으로 태조는 거란을 금수의 나라로 지목하였고[58] 또한 자국의 문화에 대한 정통성을 내세우던 상황으로 외부와의 교류에 의해서 자신들의 문화를 쉽사리 바꾸려고 하지 않았을 것이므로 이와 같은 숟가락 형태의 변화는 당시의 상황을 잘 반영하고 있다고 생각된다.[59]

마지막으로 생각해 볼 것은 고고학적 시기분에 있어 중세를 언제부터 볼 것인가 하는 판단이다. 물론 중세라는 개념을 어떻게 판단하느냐의 문제는 있겠지만 고려부터 중세라고 한다면 묘제나 숟가락의 경우

---

58 훈요십조 중 제4조에 우리 동방은 예로부터 당(唐)의 풍속을 숭상해 예악문물(禮樂文物)을 모두 거기에 좇고 있으나, 풍토와 인성(人性)이 다르므로 반드시 같이할 필요는 없다. (더욱이) 거란(契丹)은 금수의 나라이므로 풍속과 말이 다르니 의관제도를 본받지 말라고 하였다. [其四曰, 惟我東方, 舊慕唐風, 文物禮樂, 悉遵其制, 殊方異土, 人性各異, 不必苟同. 契丹是禽獸之國, 風俗不同, 言語亦異, 衣冠制度, 慎勿效焉.]

59 이 글은 2017년 6월 중세사학회 전국학술발표대회에서 있었던 채웅석의 발표(앞의 주 53)에 대하여 필자가 가졌던 막연한 의문에 대한 스스로의 답과 같은 것이다. 채웅석은 고려 전기 다자외교에서 고려는 스스로의 문화적 정통성을 지키고 토풍을 강조하는 정책을 강화하였다고 하였는데 한편으로 고려는 중국 북방의 장법과 문물을 받아들이고 있었다는 이율배반적인 상황이 의문스러웠기 때문이다.

와 같이 그 변화는 이미 통일신라로부터 시작되고 있다는 것이다.[60] 또한 통일신라시대에 들어 주, 군, 현을 설치하면서 축조되는 치소성이 토성으로 이루어지는 것도 심상치 않은 변화라고 할 수 있다. 삼국시대의 전통이 위지 동이전에 기록된 사회의 전통을 이어받고 있다면 통일신라 사회는 당이라고 하는 거대한 문화의 진앙지 앞에서 상당히 빠른 속도로 당의 문화를 신라사회에 받아들이고자 했다는 것이다. 자세한 논의는 다른 기회로 미루어야겠지만 중세사회의 시작은 통일신라사회로 올려보아야 할 여지가 없지 않다는 것이 필자의 좁은 소견임을 먼저 밝혀 둔다.

---

60 정의도, 2016, 「중세고고학의 진전을 위하여−고고철학적 시대구분론−」, 『한국고고학보』 100.

고려 후기 숟가락의 변화

4

01 머리말

  고려의 숟가락이 부장품으로 포함되는 것은 11세기를 전후한 시기에 요와 금과의 교류에서 비롯된 것으로 북방의 장례문화를 수용한 결과로 판단된다. 숟가락은 음식과 관련된 도구이므로 그 형태는 당연히 음식과 관련이 있다고 보아야 할 것인데 그런 점에서 고려시대에 중국 북방의 숟가락을 받아 들였다는 것은 간단히 이해하기 어려운 일이다. 또한 그 이후- 즉 고려시대를 지나 조선시대 이후에 전개되는 숟가락의 변화를 음식과 관련하여 어떻게 이해하여야 할지, 과연 숟가락은 음식과 관련하여 변화하는 것인지도 단언하기 어려운 것이다.

  필자는 고려시대 숟가락에 대한 자료를 정리하면서 원간섭기에 들어가는 13세기 후반에서 고려 말에 걸치는 시기에 숟가락의 자루가 획기적으로 두꺼워지는 현상을 인지하게 되었고 이것이 어떤 배경에서 이루어졌는지 답을 달고 싶었다. 숟가락은 밥이나 국을 떠먹는 도구로 형태가 단순하여 숟가락만으로 편년이 쉽지 않은 면이 있어 숟가락만 출토되는 유구가 단순한 형태의 토광묘라면 편년과 부장 배경, 그리고 당시 음식과의 관련성 연구는 더욱더 쉽지 않은 상황이 예상된다.

이상과 같은 간단하게 결론을 내리기 어려운 상황을 염두에 두고 원 간섭기 이후에 발생한 숟가락의 변화 양상과 그 배경을 고고학적 자료와 문헌사료를 통하여 검토하여 보기로 한다.

02 숟가락의 변화

1) 고려 전기 숟가락의 특징

고려시대 전기의 숟가락에 대한 특징을 필자의 선행 연구를[1] 요약하면서 정리하여 보면 다음과 같다. 우선 필자는 고려시대와 조선시대의 숟가락이 하나의 계통에서 변화한 것으로 보고 이들을 술잎의 형태로 유엽형과 타원형으로 크게 나눈 다음 유엽형은 자루의 형태에 따라 기본형, 쌍어형, 연봉형, 약시형, 그리고 타원형은 장릉형과 변형 장릉형으로 분류하였다. 아울러 술잎에서 자루로 이어지는 각을 자루각, 술잎의 너비와 길이의 비를 술잎비로 계측하여 구분하였다.[2]

고려 전기 분묘에서 출토되는 숟가락 형식은 기본형, 쌍어형, 장릉형으로 나눌 수 있고, 기본형과 쌍어형이 대부분인 가운데 쌍어형이 우위

---

1 정의도, 2013, 「고려 전기 분묘 출토 쌍어형숟가락 연구」, 『동아문화』 15, 개원10주년 개원특집, 동아세아문화재연구원, pp.341~407.
2 정의도, 2011, 「경남지역 조선전기 숟가락연구—지역성과 상징성—」, 『문물』 창간호, 한국문물연구원, pp.134~137.

를 차지하고 장릉형은 10% 미만의 출토율을 보인다. 그리고 술잎비는 40%, 자루각은 15도 전후로 측정되고 길이는 23cm 정도로 평균치가 나와 있다.

쌍어형 숟가락이 기본형 숟가락보다 출토 예가 많은 것은 쌍어형 숟가락이 11세기 전반 경 요대 중국 동북지방에 기원하여 11세기 말이면 그 형태가 완성되어 금대에 이르러 더욱 널리 유행하게 된 형식으로 볼수 있다. 쌍어문은 당시 요와 금의 지배층에서 선호하던 문양으로 이것이 숟가락에도 적용되면서 유행하게 되자 고려에도 쌍어형 숟가락이 기본형보다 더 유행하게 되었던 것으로 볼 수 있을 것이며 이것은 고려와 요·금 간의 활발한 문화교류를 반증하는 것으로 보았다.

그리고 숟가락이 고려시대 분묘의 부장품으로 포함되게 되는 것은 늦어도 11세기 경의 청자해무리굽 말기 단계일 것으로 판단되었으며 이것은 12세기경에 들게 되면 청자장경반구병, 청자음각연판문완, 청자양각모란문대접, 도기반구병, 8자형가위 등과 함께 급격하게 그 출토 예와 출토지역이 증가하게 된다. 이때는 고려와 요와의 교류가 공식적으로 활발하게 일어나는 시기인데 이후 요가 금에 멸망한 다음 남송이 건국되면서 고려는 금과 공식적인 교류를 계속하게 되고 인종 옥책에 금나라 연호 황통을 사용하게 되는 시기에 해당된다. 그리하여 12세기 중반 경에 이르게 되면 고려는 공식적으로 금나라와 조공관계를 맺게 되며 왕의 무덤[인종 장릉]에도 숟가락이 부장되게 되고 당시 지배층의 화장묘[양택 춘묘]에서도 숟가락이 출토되게 되는 상황으로 진전되게 되는 것이다.

이와 같이 고려시대 전기에 숟가락이 분묘에서 출토되는 것은 통일신라시대 이래의 전통에서 비롯된 것이 아니라 중국 북방과의 교류에서 전통적인 장례문화가 변하게 된 것이라고 생각된다. 그런데 고려 전기의 분묘에서 출토되는 숟가락 가운데 11세기 말 요대에 완성되어 금대에 본격적으로 유행하게 되는 쌍어형 숟가락이 우위를 점한다는 사실과

12세기 전반에는 이미 상당한 쌍어형 숟가락이 분묘에 부장되고 있었다는 점, 왕의 무덤에서 요나라의 황족 야율우지의 무덤에서 출토된 것과 같은 형태의 장릉형이 출토된 것은 쌍어형 숟가락이나 장릉형 숟가락이 당시 요나 금의 장례문화를 대표하던 기물로 비춰졌던 것으로 보인다.

2) 고려 후기 숟가락 출토 사례와 편년적 특징

숟가락이 부장품으로 선택된 것이 11세기를 전후한 시기라면 고려 후기는 원의 고려지배가 시작되는 시기를 말하는 것으로 고려 건국 후 250년 이상의 기간이 경과한 때를 말한다. 일단 묘제에 있어서 고려 전기의 석곽묘 전통이 거의 사라지고 토광묘가 주를 이루지만 부장품의 구성에 있어 도기병과 항아리, 청자접시와 발, 청동발과 청동접시, 청동경, 철제가위, 동전, 구슬, 인장 등 전기와 별 다른 차이가 보이지 않고 상당한 청동기명의 부장이 증가되는 경향을 보인다.[3]

이번 글은 13세기 후반을 지나면서 나타나는 숟가락의 변화에 대한 것으로 필자가 지적하고 있는 상황을 잘 보여주는 고려시대 전시기에 걸쳐서 조성되어 고려 전기와 후기의 숟가락이 이어서 출토되는 유적을 중심으로 검토하여 보기로 한다.

우선 고려 전기 숟가락의 대표적인 형태는 청주 금천동 Ⅱ-1유적의 3호, 74호, 148호 등에서 출토되었는데, 길이는 20cm 내외이고 술자루의 두께는 0.2cm 내외이며 쌍어형의 술총도 별다른 장식 없이 제작하여 심플한 느낌이다. 이에 반해 36호와 118호, 151호 등에서 출토된 쌍

---

3   신은제·허선영, 2011, 「14세기 동기의 유행과 그 의미: 고려시대 분묘유적을 중심으로」, 『석당논총』 51, 동아대학교석당학술원, pp.1~56.

어형 숟가락은 고려 후기에 해당하는 것으로 술총을 단을 지어 나누었고, 술자루의 두께도 0.3cm 이상으로 두껍게 제작되어 전기에 제작된 숟가락과 차이를 보인다. 이외에 초곡리, 성하리, 원북리유적 등에서도 동일한 현상이 관찰되고 있다.

청도 대전리 고려·조선묘군Ⅱ에서는 모두 82점의 숟가락이 출토되었는데, 그 중 술총 형태가 쌍어형인 것은 56점이고, 술자루의 두께는 모두 0.4cm 이상인 것으로 확인되어 고려 후기에 해당한다. 그리고 Ⅰ-68호에서 출토된 숟가락은 술자루의 두께가 0.55cm인데, 부러진 술자루를 수리하여 사용한 것으로 당시 숟가락이 상당히 귀한 물품이었음을 보여주고 있다.

끝으로 참고가 되는 것은 태안 마도선에서 출토된 숟가락이다. 지금까지의 연구결과에 의하면 태안 마도 1·2호선의 침몰시기는 13세기 전반에 해당되고 마도 3호선의 침몰시기는 13세기 후반이다. 마도 1호선에서 출수된 13점의 숟가락 모두 자루의 두께가 0.2cm 내외이고 2호선 2호(쌍어형), 5호와 6호 숟가락(기본형)은 0.2cm 내외이지만 마도 3호선에서 출수된 9점의 숟가락은 가장 얇은 것이 0.3cm(1호)이고 대부분 0.4~0.5cm, 3호와 7호는 0.6cm를 넘는다.

표 1 고려 전·후기 숟가락 두께

유적명	출토 분묘	술총 형태	술자루 두께	시기
청주 금천동 Ⅱ-1유적⁴	50호	기본형	0.2cm 내외	고려 전기
	3호	쌍어형		
	74호			
	148호			
	153호			
	36호	쌍어형	0.3cm 이상	고려 후기
	118호			
	151호			
	207호			

4　한국문화재보호재단·한국토지공사, 2000, 『청주용암유적(Ⅱ)』 학술조사보고 74.

유적명	출토 분묘	술총 형태	술자루 두께	시기
창녕 초곡리 유적[5]	Ⅰ-2호	기본형	0.2cm	고려 전기
	Ⅰ-3호		0.2cm	
	Ⅰ-38호	쌍어형	0.2cm	
	Ⅰ-4호	쌍어형	0.4cm	고려 후기
	Ⅲ-4호		0.4cm	
	Ⅳ-5호		0.4cm	
	Ⅴ-49호		0.4cm	
달성 성하리유적[6] 3-1구역	6호	기본형	0.1~0.2cm 내외	고려 전기
	49호			
	58호			
	42호	쌍어형	0.2cm	
	57호	쌍어형	0.4cm	고려 후기
	72호		0.3cm	
	97호		0.4cm	
	105호		0.5cm	
	153호	기본형	0.5cm	
논산 원북리 유적[7] 다지구	10호	쌍어형	0.5cm	고려 후기
	12호		0.4cm	
	13호		0.4cm	
	18호		0.4cm	
	34호		0.4cm	
청도 대전리 고려·조선묘군Ⅱ[8]	Ⅰ-36호	쌍어형	0.5cm	고려 후기
	Ⅰ-46호		0.7cm	
	Ⅰ-61호		0.5cm	
	Ⅰ-68호		0.55cm	
	Ⅰ-71호		0.5cm	
	Ⅰ-90호		0.6cm	
	Ⅰ-116호		0.55cm	
	Ⅰ-137호		0.6cm	
	Ⅰ-145호		0.5cm	
	Ⅰ-146호		0.5cm	

5 동훈·우리문화재연구원, 2010, 『창녕 힐마루골프장 예정부지내 창녕 초곡리유적』 학술조사보고 31.

6 대구광역시 달성군·한빛문화재연구원, 2015, 『달성 성하리유적Ⅳ(본문)—고려·조선시대편—』 학술조사보고 41.

7 중앙문화재연구원·중소기업진흥공단·논산시, 2001, 『논산 지방산업단지부지내 논산원북리유적』 발굴조사보고 9.

8 성림문화재연구원, 2008, 『청도 대전리 고려·조선묘군Ⅱ』 학술조사보고 20.

유적명	출토 분묘	술총 형태	술자루 두께	시기
태안 마도 1호선[9]	13점 출수	1점만 쌍어형	0.2cm 내외	13세기 전반
태안 마도 2호선[10]	2호	쌍어형	0.2cm 내외	
	5호	기본형		
	6호	기본형		
태안 마도 3호선[11]	9점 출수	7점-쌍어형, 젓가락 2쌍	0.3~0.6cm	고려후기 (13세기 후반)

이상의 발굴조사 결과를 정리하여 보면 다음과 같다. 우선 숟가락의 형식은 기본형과 쌍어형이 주류를 이루는 가운데 장릉형은 일부 분묘에 서만 출토되고 있다. 숟가락은 대부분 술날이 한쪽으로 마모되어 있어 생전에 사용하던 것을 부장한 것임을 알 수 있다. 또한 술잎비는 40% 내외를 유지하고 있고 자루각 또한 15도 내외를 유지하고 있어 고려 후기의 숟가락은 고려 전기의 숟가락의 특징을 이어받고 있다. 한편으로 주목할 것은 여러 변형이 나타나고 있다는 것이며 술총의 쌍어를 원형을 그대로 재현해 내지 못하고 도식적으로 변하고 있기도 하다. 그러나 이 시기에 들어 가장 뚜렷한 형식적인 변화로서 술잎을 지나 술목에서 자루가 이어져 휘어지기 전까지 즉 숟가락을 손으로 잡는 부분 전까지 자루의 두께가 2배 가까이 두꺼워진다는 것이다.

이러한 현상은 한 두점의 숟가락에서 확인되는 것이 아니다. 청도 대전리에서 출토된 63점의 숟가락 중 고려 후기의 숟가락은 62점이고 그 중 50점이 쌍어형, 10점은 기본형, 2점은 불명이다. 이 중에서 자루의 두께가 0.4cm를 넘는 것은 42점으로 68%에 달하고 0.3cm에 달하는 것을 포함하면 대부분이라고 할 수 있을 정도이다.

단양 현곡리에서 출토된 11점의 고려 숟가락 중 후기 숟가락은 10

---

9   국립해양문화재연구소, 2010, 『태안 마도 1호선』 학술연구총서 20.
10   국립해양문화재연구소, 2011, 『태안 마도 2호선』 학술연구총서 22.
11   국립해양문화재연구소, 2012, 『태안 마도 3호선』 학술연구총서 27.

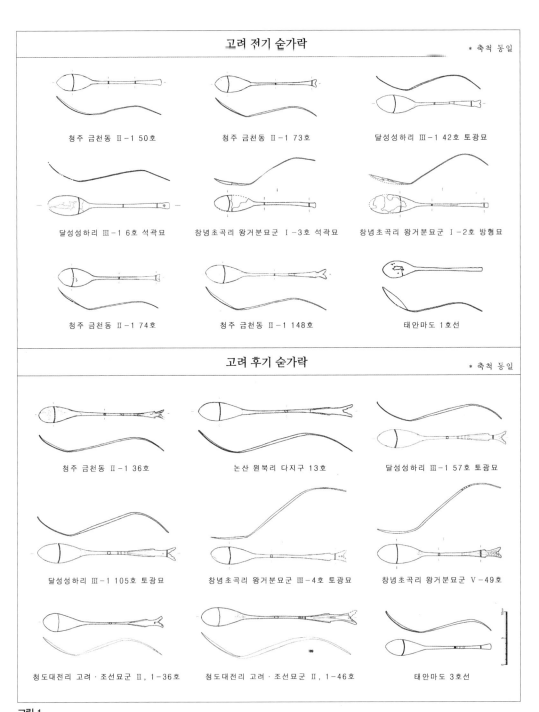

고려 전기 숟가락

* 축척 동일

청주 금천동 Ⅱ-1 50호

청주 금천동 Ⅱ-1 73호

달성성하리 Ⅲ-1 42호 토광묘

달성성하리 Ⅲ-1 6호 석곽묘

창녕초곡리 왕거분묘군 Ⅰ-3호 석곽묘

창녕초곡리 왕거분묘군 Ⅰ-2호 방형묘

청주 금천동 Ⅱ-1 74호

청주 금천동 Ⅱ-1 148호

태안마도 1호선

고려 후기 숟가락

* 축척 동일

청주 금천동 Ⅱ-1 36호

논산 원북리 다지구 13호

달성성하리 Ⅲ-1 57호 토광묘

달성성하리 Ⅲ-1 105호 토광묘

창녕초곡리 왕거분묘군 Ⅲ-4호 토광묘

창녕초곡리 왕거분묘군 Ⅴ-49호

청도대전리 고려·조선묘군 Ⅱ, 1-36호

청도대전리 고려·조선묘군 Ⅱ, 1-46호

태안마도 3호선

그림 1
고려 전·후기 숟가락 실측도
(축적동일)

점이었고 쌍어형 7점, 기본형 1점, 불명 2점이다. 이중 쌍어형 5점은 자루의 두께가 0.4cm를 넘고 기본형 1점도 0.4cm를 넘는다. 나머지 쌍어형 2점과 불명 1점도 0.3cm가 넘어 후기 숟가락의 자루 두께는 최소 0.3cm는 된다.[12] 또한 태안 마도 1호와 2호의 상한 연대는 13세기 전반, 마도 3호는 13세기 후반으로 편년되는데 위에서 제시한 바와 같이 마도 3호선 출수 숟가락 자루의 두께는 1호, 2호선 출수 숟가락 보다 훨씬 두껍다.

---

12 서울시립대학교박물관·한국도로공사, 2008, 『丹陽 玄谷里 高麗古墳群』 학술총서 제4 집. 단양 현곡리 고려고분군은 고려 전기에서 후기에 걸쳐 조성된 분묘군이다. 그런데 전기 분묘에서는 숟가락은 출토되지 않아 숟가락을 부장하는 전통은 고려시대 전기를 지나면서 시작된 것임을 보여주고 있다.

03 고려 후기 장례절차와 숟가락의 부장

부장품으로 도기나 자기, 청동그릇을 선택한 사람들은 과연 어떤 사람들이었을까? 인종장릉에서 출토된 숟가락과 젓가락을 통해 12세기 중반이면 왕의 무덤에도 숟가락이 부장되었던 것을 알 수 있고 고려 후기에는 관복에 착용하였던 과대가 출토된 분묘에서도 숟가락이 출토되고 있다.[13] 그러므로 고려 후기에 들어 무덤에 도기나 자기, 그리고 청동그릇을 부장할 정도의 사람은 대부분 숟가락을 사용하였으며 사용한 숟가락을 무덤에까지 가지고 갔다고 보아도 되지 않을까 한다.

물론 구체적인 사용계층 또는 분묘의 피장자 신분을 특정할 수 없기 때문에 대부분이라는 단서가 붙기는 했지만 이것은 당시 중국(원나라)의 숟가락 사용 경향과는 별개로 이루어졌다고 생각된다. 그것은 원묘에서 숟가락이 출토되는 것은 아주 드문 경우이고 출토되는 숟가락도 고려 후기 숟가락처럼 자루의 두께가 0.4cm를 넘어서는 것은 아니기 때문이다.

---

13 전게 주5), 왕거고분군 V-49호에서는 과대가 숟가락, 흑유정병, 흑유항, 옥, 청동접시 등과 함께 출토되고 있다.

그러면 고려사에 품계에 따라 정한 묘지와[14] 지석에 기록된 「예를 따라 장례를 지냈다」는 것이[15] 과연 우리가 보고 있는 분묘와 부장품을 말하는 것일까. 더구나 이장과 개장의 경우에도 부장품을 동일하게 묻는 것인지 또는 화장묘의 경우에는 어떨까 하는 것도 따져보아야 할 문제이다. 지금까지 발굴조사에서 유물이 발견된 묘광에서 이장이나 개장의 흔적이 남아 있는 경우는 찾기 어렵다. 다만 이장묘는 조선초의 분묘이긴 하지만 고려시대의 장례절차를 답습한 박익묘가 있다.[16] 그리고 梁宅春은 지석에 의하면 고종 41년(1254)에 사망하여 화장하였는데 화성군 동탄리 신리에서 지석과 함께 일단 쌍어형 숟가락이 출토되었고[17] 울산 복산동 손골유적 137호 화장묘는 12세기 후반의 청자발과 함께 묘광의 바닥에서 숟가락이 출토되었다.[18] 또한 진안 수천리 석관묘 4호는 14세기의 화장묘로 철겸과 은제 뒤꽂이, 쌍어형 숟가락이 출토되었다. 이와 같이 아직 화장묘의 부장품 구성을 논하기에는 충분하지는 않으나 숟가락 등이 부장되고 있으며 요나 금의 화장묘에도 많은 부장품이 발견되는 점은 참고로 할만하다.[19]

한편 고려시대의 묘지명은 350점이 넘게 남아 있어 당시 사람들의 장례 절차에 대해서도 적지 않은 정보를 제공하고 있다. 지석을 남긴 사람들의 장례가 일률적으로 정해진 것은 아니지만 고려 전기와 후기의 상황은 좀 다르게 이해된다.

---

14 『高麗史』, 권85, 지39, 형법2, 禁令

15 "遷葬于松林山丁向之原禮也.", 鄭沆墓誌銘(仁宗15, 1137) 등과 같은 수많은 묘지명에서 같은 내용으로 적혀 있다.

16 정의도, 2010, 「松隱 朴翊先生墓 出土遺物의 考古學的 解釋」, 『先史와 古代』 33, 한국고대학회.

17 이난영, 1992, 『한국고대금속공예연구』, 일지사, pp.121~126.

18 동서문물연구원·한국토지주택공사, 2012, 『울산 복산동 손골유적』(본문·도면), 조사연구보고 55.

19 內蒙古文物考古研究所·赤峰市博物館·阿魯科尒沁旗文物管理所, 1996, 「遼 耶律羽之墓 發掘簡報」, 『文物』 第1期

즉 전기에는 사찰에서 죽음을 맞기도 하고,[20] 승려가 아니어도 다비식도 치르며[21] 이장 또는 개장이 행해지기도 한다.[22] 그리고 무덤자리를 정하는데 점을 치고[23] 조종(宗祖)의 묘가 한 곳에 있지 않다고 하였다.[24]

그러나 고려 후기가 되면 선조의 곁에 묻히게 되고[25] 무덤을 선영에 쓰게 되며,[26] 복제(服制)를 마쳤다거나[27] 여묘살이를 하게 되고[28] 담당 관리에게 명기(明器)를 갖추어 장례 지내게 한다고 하였다.[29] 또한 『고려사(高麗史)』에서 충선왕은 충렬왕의 영정이 원나라로부터 도착하자 빈전에서 제사 지내고 대렴한 후에 세 번 슬피 곡했으며 모두 소복을 착용하였고 운구행렬이 출발할 때 왕은 최마질(衰麻絰) 차림으로 향로를 받들고 걸었

20 "不幸得疾, 醫藥無效, 卒于京城新和寺, 實皇統六年九月十二日己卯.", 裵景誠 墓誌銘 (인종24년, 1146)

21 "粤十二月十三日, 火其柩于京城南, 彰信寺, 南山之麓, 收遺骸權厝京北山寂炤佛寺, 至明年閏十月十二日, 庚午, 遷葬于松林山, 丁向之原禮也.", 鄭沆墓誌銘(인종 15년, 1137)

22 "疾大漸不幸而於辛丑年六月二十九日, 薨於燒身寺, 上聞之哀悼降使弔祭誄書賜謚曰章簡, 遂命有司禮葬, 于城東大德山之西麓, 今遷葬于牛峰郡, 屯伊山以東麓.", 朴景仁 墓誌銘(예종 17년, 1122)

23 "丙申年夏六月, 乙丑以疾而薨, 殯于闕東, 普通寺, 上聞之慟焉, 輟視朝賻, 贈有厚賜, 謚曰和順, 越壬申權葬于城東長峰山, 越明年, 春二月甲申其子等, 更卜吉於城西面西方岬之左麓移葬焉, 嗚呼孝哉.", 崔繼芳墓誌銘(예종 12년, 1117)

24 "噫我國無宗阡祖陌族墳之法, 各占地而藏之, 故今亦卜吉于開州黃桃原, 以永厝焉.", 任益惇墓誌銘(고종 14년, 1227)

25 "九月丁酉, 卒是夕天大風以雨, 旣棺乃止己亥窆于大夫人之墓側訃聞.", 尹澤墓誌銘(공민왕 19년, 1370) ; "洪武辛酉冬十月壬戌, 以病歿年六十五, 壬寅葬于錦之南山, 文貞之塋之右." 尹龜生妻崔氏墓誌銘(우왕 7년, 1381). 尹龜生의 妻 崔氏는 文正公 尹澤의 며느리이다.

26 "益齋先生李公, 以病卒于第, 年八十一, 大常謚文忠公, 十月, 有司具儀衛葬于牛峯縣桃李村先塋, 丙辰冬十月.", 李齊賢墓誌銘(우왕 2년, 1376)

27 "歲丙申三月, 太夫人以病卒, 葬于皇考文正公之墓, 次居其傍終制." 金光載墓誌銘(공민왕 20년, 1371)

28 "年七十三卒于洪武甲寅八月己亥, 其月辛丑葬于守山縣九明山, 其季子與余同年進士, 今方廬墓血泣終喪.", 朴允文妻金氏墓誌銘(공민왕 23년, 1374)

29 "後至元四年戊寅十月二十三日, 卒于第享年七十七, 上聞訃震悼, 命有司庀明器葬于奉國山之東麓, 贈謚曰忠肅公.", 金深墓誌銘(충숙왕 8년, 1339). 이상의 기사는 金龍善 編著, 2012, 『高麗墓誌銘集成 第五版』, 한림대학교출판부에서 당시의 장례 전통이 변하고 있음을 보여주는 것을 발췌한 것이다.

는데 이러한 의식은 선대에는 행하지 않던 것이라고 하였고[30] 고려말에 이르면 한결 같이 주자가례를 따랐다고 하여[31] 후기 들어 일부 계층에서는 성리학의 영향으로 장례전통이 변하고 있음을 보여 주고 있다.

이와 같이 대렴(大斂)이나 복제 등의 용어나 최마질 차림이나 명기를 갖추어 장례를 치른 것은 고려 후기에 들어서면서 주자가례에 의한 장례가 행해지고 있다는 것인데 사실 주자가례를 따른다면 고려분묘에서 보이는 숟가락 등의 부장품은 포함될 수 없는 것이다.[32] 그런 면에서도 고려 후기 분묘의 부장품으로 숟가락이 증가하고 자루가 두꺼워지는 현상은 장례 절차의 변화나 원과의 관계에서 이해할 것이 아니라 고려 내부의 변화로 보는 것이 타당할 것이다.[33]

그렇다고 하여도 지석이 제작되고 발견되는 장소가 대부분 개경이 중심이어서 지방에도 그렇게 장례가 치러졌고 그 결과가 지금 우리가 보고 있는 묘광과 부장품이라고 단정하기는 어렵지 않을까? 비록 충선 왕 때 주자학이 전래되어 이에 따른 장례절차가 왕실이나 중앙관료층을 중심으로 이루어지고 있었다고 하여도 고려 전기 이래의 불교 전통이 강하게 작용하고 있었던 고려 후기 사회에서 장례절차가 일시에 바뀌기는 어려웠을 것이다. 단양 현곡리나 의령 초곡리에서 출토된 금동제와 은제 대단금구는 피장자가 관리 출신임을 증명하는 것이어서 숟가락과

---

30 『高麗史』권33, 세가33, 충선왕 복위년 무신 10월 갑오 "大行王晬容來自元, 王率百官, 出迎于郊 入安于殯殿, 翌日, 王祭殯殿大斂 三臨盡哀, 百官皆縞素, 停朝市, 丁酉, 葬慶陵, 柩初發, 王哀麻絰, 手擎香爐, 步至十川橋, 乃乘肩輿, 至山陵, 葬訖, 大臨乃還, 先世所未嘗行也."

31 『高麗史』권112, 열전25, 鄭習仁 "習仁居父母憂, 皆廬墓終制, 治喪一用朱子家禮"; 권118, 열전31 趙浚 "願自今 一用朱子家禮, 大夫已上祭三世, 六品已上祭二世, 七品已下至於庶人, 止祭其父母."

32 『朱子家禮』「喪禮」

33 宋·遼·金·元墓 중 숟가락이 가장 많이 출토되는 것은 遼墓이다.(정의도, 2009, 「송·요·금·원묘 시저 및 철협 출토경향–고려묘 부장품과 관련하여–」,『문물연구』15, 동아시아문물연구학술재단)

청동기, 도자기 등을 부장하는 장례습속은 고려 후기 사회 대부분의 계층에서 광범위하게 시행되었을 것으로 볼 수 있다는 것도 당시의 상황을 뒷받침한다고 하겠다.

숟가락 변화의 배경 검토

04

숟가락은 당연히도 식탁 위의 음식을 입으로 나르는 도구이다. 숟가락의 변화는 음식물의 변화와 관련이 있다는 지적은 이미 있어 왔으므로[34] 고려 전기와 후기에 걸쳐 과연 어떤 음식물의 변화가 있었으며 음식물의 변화는 어떻게 숟가락의 변화와 관련이 있는 것인지 검토하여 보기로 한다.

고려의 주식은 곡류였으며 어육을 피하고 채식을 주로 하는 소요리가 존중되었다고 한다.[35] 『고려사』에 의하면 「흉년이나 전쟁이 나면 나라에서 면포와 소금과 간장, 된장을 배급해주었다」 「유랑자에게는 채소와 죽을 공급하였다」고 하였다.[36] 그리고 『고려도경(高麗圖經)』에는 당시의 고

34　이난영, 1992, 『한국고대금속공예연구』 일지사, p.142.

35　강인희, 1993, 『한국식생활사』 [제2판], 삼영사, pp.170~176.
　　윤성재, 2009, 「고려시대 식품의 생산과 소비」 숙명여자대학교 박사학위논문.

36　『高麗史』 권80, 지34, 식화3, 賑恤 "顯宗 九年 正月 以興化鎭比因兵荒, 民多寒餓, 給絹布鹽醬, …중략… 靖宗 五年 四月 制, '東北路諸州, 去年大水, 漂沒禾稼, 百姓貧乏. 其令本路勸農使, 發倉米鹽, 賑之.' …중략… 文宗 六年 二月, 又以京城饑, 命有司, 集飢民三萬餘人, 賜米粟鹽豉, 以賑之. …중략… 文宗 十八年 四月 又制, '自五月十五日, 至七月十五日, 於臨津普通院, 設粥水蔬菜, 以施行旅.'

려 농업과 먹거리에 대한 기록을 남기고 있는데 양과 돼지는 왕공이나 귀인이 아니면 먹지 못하였고 해산물을 많이 먹는다고 하여 고려 전기 까지의 일반적인 식생활의 모습을 전해주고 있다.[37] 또한 이규보(李奎報) 의 율시(律詩)에 오이, 가지, 무, 파, 아욱, 박을 노래하면서 가지는 꽃을 보고 열매는 먹고 무는 장을 곁들이면 한여름에 먹기 좋고 소금에 절이 면 긴 겨울을 넘긴다고 하여[38] 고려 사람들의 주된 음식이 국과 채소나 된장, 해산물이었음을 알 수 있다.

당시 고려 사람들이 섭취하였던 음식에 대한 가장 생생한 기록은 고려 선박에서 출수된 목간에서 드러난다. 마도 1호선의 목간에는 백미와 콩, 젓갈 등이 실려서 개경으로 올라갔다고 기록되어 있고,[39] 마도 2호선 의 목간에도 역시 백미와 콩, 꿀, 젓갈 등의 물목이 확인된다.[40]

이러한 곡물이나 채소 위주의 식생활이 원간섭기에 들어가면서 변하게 된 것은 사실로 볼 수 있다. 이 시기의 기록에는 병중에도 고기음 식을 삼갔던 고려 전기와는 달리[41] 충렬왕의 탄일에 원나라의 왕후가 양

---

37 『高麗圖經』 "種蓺, 其地宜黃粱黑黍, 寒栗胡麻二麥, 其米有秔而無穧, 粒持大而味甘 …중략… 漁 …중략… 國俗有羊豕, 非王公貴人不食, 細民多食海品, 故有鯖鰒蚌珠, 母蝦, 王文蛤紫蟹蠣房龜脚, 以至海藻昆布, 貴賤通嗜, 多勝食氣. 然而臭腥味鹹, 久亦 可猒也, …중략… 屠宰 夷政甚仁好佛戒殺, 故非國王相臣, 不食羊豕."

38 『東國李相國集』 V, 「東國李相國後集」 권4, 「家圃六詠」 고전국역총서170(1979) 園苽不 灌亦繁生[오이] 看花食實莫如茄[가지] 得醬尤宜三夏食 漬鹽堪備九冬支[무] 不唯酒 席堪爲佐 芼切腥羹味更嘉[파] 何妨養得葉舒舒[아욱] 先於差大亦宜烹[박]

39 "崔郎中宅 (魚)醢一缸封", "會津縣畬 白米入貳拾肆石", "崔郎中宅 上古道醢一缸" , "別將權克平宅 上末醬入貳拾斗 長宋椿", "會津縣在景〇(光)〇宅 田出太(肆)石入貳 拾斗", "竹山縣在京校尉 尹邦俊宅 上蟹醢一缸入四斗", (국립해양문화재연구소, 2010, 『태안 마도 1호선』 학술총서 20, pp.346~417)

40 "校尉〇〇〇宅, 上長沙縣田出太壹石, 各入拾伍斗", "X■ 僑郎中宅, 上田出中米壹石 各入拾伍斗", "別將鄭元卿宅, 上田出末醬壹石各入■X", "X卿庾宅, 上古阜郡田出中 米壹石入拾伍斗", "■ 敝縣事審〇宅 上麴一裏入〇〇斤", "重房都將校吳文富 宅上眞 盛樽封", "奇牽龍宅上卵醢一缸入二斗〇", "重房都將校吳文富, 宅上精蜜盛樽封" (국 립해양문화재연구소, 2011, 『태안 마도 2호선』 학술총서 22, pp.264~309)

41 『高麗史』 권92, 열전5, 崔凝 "凝恒齋素, 嘗寢疾, 太祖遣東宮問疾, 勸令食肉曰, '但不 手殺耳, 食肉何害' 凝固辭不食, 太祖幸其第, 謂曰, '卿不食肉, 有二失. 不保其身, 不得 終養其母, 不孝也. 不永命, 使予早喪良弼, 不忠也.' 凝乃始食肉, 果平復."

을 보내 왔다거나 충선왕에게 고기반찬을 대접하였다는 기사[42], 충렬왕 6년(1280)에 김방경이 원나라에 신년 하례 차 갔다가 황제가 진귀한 반찬을 하사하고 다시 흰 쌀밥과 생선국을 내려주면서 고려 사람들이 좋아하는 것이라고 한 기사[43], 고려사에 요승으로 남은 신돈은 오계와 백마를 즐겨 먹었고[44] 마계량은 소의 염통을 먹었으며[45] 김문비는 개를 그을려 털을 없애고 개고기를 먹었다고 기록한 것에서 당시의 상황을 짐작할 수 있다.[46] 또한 충숙왕 3년 원나라에서 의비가 죽었을 때 김이가 양고기와 술을 제사음식으로 올렸으며[47] 공양왕대가 되면 「상인을 북평에 보내서 양을 수입케 하는 일은 잘못이다.」라는 기사[48] 등이 나타나는데 모두 13세기 후반 이후의 기록들이다.

이와 같이 육류의 섭취에 대한 기록이 고려 후기에 들어 증가하는 것은 고려 13세기 후반 경에 침몰된 것으로 알려진 태안 마도3호선의 죽간에 1호선과 2호선과 같은 곡물을 올려 보내는 기록 이외에 전복과 전복젓갈, 물고기 기름, 홍합 한섬과 개 육포도 포함되고 있으며[49] 충선

---

42 『高麗史』 권31, 세가31, 충렬왕 23년 2월 "太后以王誕日, 賜羊四十頭, 鵠十首, 幷賜内醖, 諸王公卿皆來賀"; 세가33, 충선왕 복위년 "戊申年, 九月戊寅, 幸神孝寺, 遂幸王輪寺, 住持仁照進茶繼以肉膳."

43 『高麗史』 권106, 열전17 金方慶 "方慶亦與焉 帝溫言慰藉 命坐承相之次 賜珍餐 又賜白飯魚羹 日 高麗人好之 仍侍宴三日"

44 『高麗史』 권132, 열전45, 辛旽 "旽性畏畋犬惡射獵, 且縱淫, 常殺烏鷄白馬以助陽道, 時人頓爲老狐精"

45 『高麗史』 권124, 열전37, 崔安道 "時按廉馬季良, 貪婪嗜牛肚, 民譏之日, 馬食牛."

46 『高麗史』 권124 열전37, 李貞 附 金文庇 "文庇常燎狗破竹刮毛而食之, 及得疾遍體皆癢使人以竹刮其身至死."

47 『高麗史』 권108, 열전21, 金怡 "懿妃薨于元, 喪具未備, 怡燒骨納函棺身自瘞之, 每當朔望, 備羊酒親奠終三年."

48 『高麗史』 권46, 세가46, 공양왕 3년 9월 갑진 "諫官許應等上疏日 "殿下慨念商賈之弊, 遣使禁斷, 實斯民務本捨末之秋也, 今遣金仁用等商賈之徒, 前去北平貿羊, 竊恐非殿下崇節儉之美意."

49 "呂水縣綱副事審宅田出皮麥柒斗 ○▪▪", "田民上魚油缸, 男景池.", "右三番別抄都上乾염一石.", "辛允和侍郞宅上, 生鮑醢一缸", "豸脯小○合盛箱子", "右三(番)別抄都領侍郞宅上, 沙魚盛箱子一." (국립해양문화재연구소, 2012, 『태안 마도 3호선』 학술총서 27, pp.221~263)

왕 2년(1310)이 기록에도 검포가 등장하고 있는 것과 부합하고 있는 것도 흥미로운 사실이다.[50] 아울러 설야멱적, 설렁탕, 곰탕 등의 음식이 등장하고 후추의 수입 증가하는 것도 모두 고려 후기의 상황이다.[51]

그런데 이와 같은 상황이 숟가락 사용의 증가가 아니라 숟가락 자루의 두께가 변한 것과 뚜렷한 연관성을 찾기가 쉽지 않은 것이 사실이다. 불교의 나라이며 부처가 밟았던 연근과 연밥은 감히 따지 않았다는 고려가 원간섭기 이후에 육류의 섭취가 증가하였다는 것은 분명 원의 영향이라고 볼 수 있을 것이다.[52] 그런데 숟가락의 자루 두께가 두꺼워졌다는 것이 고기를 숟가락으로 썰어 먹었다면 모를까 보통의 밥과 국을 뜨는 데는 별달리 소용이 없다는 것이다.

고려 후기에 들어서서 동기의 사용이 증가하는 것은 원의 영향으로 보는 견해가 있기도 하지만[53] 고려 전기 분묘의 숟가락 출토비가 후기가 되면서 높아지는 것도 사실이고 이 시기가 되면 숟가락은 지역별로 선호하는 양식이 있을 정도로 널리 퍼져 있게 된다. 필자는 숟가락의 부장이 증가하는 것은 고려 후기 곰탕이나 설렁탕과 같은 국이 유행하게 되면서 더욱 널리 사용되고 분묘의 부장품으로 생전에 사용하던 숟가락을 넣게 된 것으로 보았다.[54] 즉 요와 금 또는 원대의 분묘 부장품 구성의 기본 개념은 분묘 내부를 생전의 집으로 꾸미고 거기에 갖가지 생활용품을 차려두는 것이었다. 이것을 고려분묘에서는 그대로 수용하지는 않

50 『高麗史』 권33, 세가33 충선왕 2년 12월 무인 "遣使如元, 獻海菜乾魚乾脯等物于皇太后, 贊成事裵挺, 以王旨如元, 獻佛畫."

51 尹瑞石 著·佐佐木道雄 譯, 2005, 『韓國食生活文化 歷史』, 明石書店, pp.373~376.

52 제주가 원지배하에 들어선 이후 음식의 변화에 대한 연구도 참고가 된다. (이종수, 2014, 「탐라와 몽골의 음식문화 유사, 상이점」, 『인문과학연구』 22, 동덕여자대학교 인문과학연구소, pp.35~59)

53 신은제·허선영, 2011, 「14세기 동기의 유행과 그 의미 : 고려시대 분묘유적을 중심으로」, 『석당논총』 51, 동아대학교석당학술원, pp.1~56.

54 정의도, 2007, 「한국고대청동시저연구 ―고려시대―」, 『석당논총』 38, 동아대학교석당학술원, pp.109~124.

았고 다만 묘광과 관 내부에 고려식의 부장품으로 채워 넣은 것이 우리가 지금 보고 있는 부장유물이라고 보았던 것이다.

고려 후기가 되면 중국식 숟가락이 들어와서 고려 사회에 통용된 이래 250년을 경과한 시점이다. 술총에 부가된 쌍어가 도식화되고 장릉형에도 변형이 생기게 되는 것은 전통적인 숟가락 형태에 대한 단순한 변형이겠지만 이 시기에 등장하는 연봉형은 새로운 고려 스타일이라고 보아야 할 것이다.[55] [사진 1]

사진 1
리움미술관 소장 청자상감용
봉문개합·연봉형숟가락

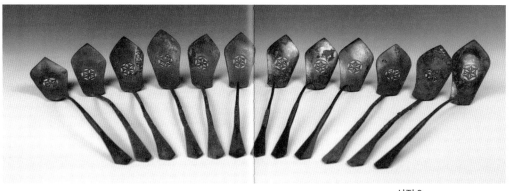

사진 2
江蘇 金壇市博物館 所藏 鏤
空銀匙

55 리움 소장 靑瓷象嵌龍鳳牡丹文鉢에 끼워진 연봉형숟가락이 대표적이다.(삼성미술관 리움, 2004, 『삼성미술관 소장품선집 고미술』, pp.64~65.

중국에서는 숟잎에 연하를 새기는 예는 있지만[56] [사진 2] 고려처럼 연봉형 숟가락을 제작하여 사용한 것은 아니어서 고려의 숟가락이라고 해도 무방한 것이다. 사실 고려가 중국 북방의 장례 풍속을 받아들였다고 하여도 고려의 스타일을 지켜 간 것이 없지 않다.

말하자면 고려의 묘제는 중국의 전축묘나 토실묘는 수용하지 않았고 통일신라 전통의 석곽묘에서 토광묘로 정착되었다. 부장품도 생전의 생활 도구를 넣는 기본적인 개념은 받아들였으나 요 · 금 · 원묘에서 자주 출토되는 도용은 받아들이지 않았고 아울러 가위는 부장품에 포함되었어도 도전(陶剪)을 제작하지는 않았다. 그런 점에서 필자는 고려가 후기에 들어 원의 영향을 받아 청동기를 선호하게 된 것은 사실이지만 숟가락의 부장이 늘어나고 자루의 두께가 획기적으로 두꺼워지는 현상은 음식물의 섭취가 전대에 비하여 달라진 것에 기인한다고 보기 보다는 연봉형 숟가락과 함께 고려 스타일의 숟가락을 완성해 나가는 과정이 아닐까 생각한다.

지금까지 막연하게 숟가락의 변화는 숟가락으로 떠오는 음식물의 변화와 깊은 관련이 있을 것으로 추정되었으나[57] 이것은 고고자료로 입증되지는 않았다. 이것은 고려 전기에 숟가락을 받아들이고 사용하다가 무덤에까지 들고 가게 된 배경을 생각해보면 좀 더 분명해진다. 그것은 고려사람들의 식단과 요나 금의 식단은 달랐을 것이 분명하기 때문에 고려사람들이 숟가락을 사용하게 된 것이 음식물의 변화와 관련지어 볼 수는 없기 때문이다. 아울러 고려 후기에서 조선전기로 넘어가면 숟가락의 변화가 다시 일어나게 된다. 즉 술잎비가 1/3에 가까워지면서 길어지고 술잎에 부가되는 술자루의 각도 또한 10도 이하로 떨어지면서

---

56 湖南省博物館, 2009, 『湖南宋元窖藏金銀器發現與研究』, 文物出版, pp.229~232.
57 앞의 주 34)

편평해지고 다시 앏아지게 된다는 것이다.[58] 조선시대 전기의 식생활은 대개 고려시대를 그대로 이어받은 것으로 특별한 음식물의 변화가 있었다고 볼 수는 없으므로 숟가락의 변화가 섭취하는 음식물이 변하게 되면서 일어나게 되는 것으로 보기는 어렵다는 것이다.

58 정의도, 2011, 「경남지역 조선전기 숟가락연구 –지역성과 상징성–」, 『문물』 창간호, 한국문물연구원.

05 맺음말

고려 전기 북방에서 전래된 숟가락은 전반적으로 0.2cm 내외의 두께로 제작되어 사용되었으나 고려 후기 들어 전반적으로 두꺼워지며 특히 술자루의 두께는 0.4cm 이상으로 제작되며 0.7cm를 상회하는 것도 확인되었다. 이러한 고려 후기 숟가락의 변화는 단순히 고려가 원간섭기에 원의 영향으로 빚어진 결과로 보기는 어렵다. 이 시기에 들어 숟가락의 부장되는 예가 증가하는 것은 설렁탕이나 곰탕과 같은 국을 위주로 하는 식단의 발전에서 기인한다고 볼 수 있다. 그렇다고 하여도 숟가락 자루 두께의 변화는 음식의 변화와 같이 하는 것으로 볼 수는 없고 오히려 연봉형 숟가락의 등장과 함께 고려식 숟가락이 완성되어 가는 것으로 보는 것이 타당하다고 생각된다.

말하자면 숟가락의 변화가 음식의 변화와 수반되어 이루어진다는 관점은 고려 후기의 음식이 거의 그대로 이어지는 조선 전기에 들어서서 일어나는 숟가락의 변화를 음식의 변화와 관련지어 설명하기는 어렵기 때문에 재고를 요한다고 하겠다.

아울러 고려 후기 사회에 대부분의 계층에서 광범위하게 수용되었

던 전기 이래의 장례습속이 고려 후기 들어 일부 계층에서 변화하고 있
는 것이 감지되었으나 이것이 고려사회의 전반적인 변화로 이어지지는
못하였고 분묘에 숟가락과 생활 도구를 부장하는 행위는 조선시대로 이
어지는 것으로 생각된다.

통도사 성보박물관 소장「天啓」銘과「崔末男」銘 청동수저

5

01 머리말

통도사 성보박물관에는 다수의 청동숟가락이 수장되어 있는데 성보박물관의 협조를 얻어 소장품 조사를 실시하였다. 그 중에는 크기로 보아 일반적으로 식탁에서 사용하는 숟가락이나 젓가락으로 보기는 어려운 대형 숟가락과 젓가락이 모두 각각 12점이 남아 있다.[이하 통도사 숟가락, 젓가락] 이 가운데는 「天啓」명이 남아 있는 것도 있고 시주의 이름과 화주의 이름도 남아 있기도 하여 그 고고미술사적 가치를 더하고 있다. 또한 대구 동화사와 밀양 표충사에도 명문이 있는 대형의 숟가락이 남아 각각 성보박물관에 수장되어 있다.

지금까지의 조선 분묘에 대한 연구 성과에 의하면 임진왜란이 끝이 난 이후 조선의 부장풍습은 일변하게 된다. 조선 개국 이후 일부 변화의 조짐을 보이기는 하였으나 조선시대 전기 내내 분묘에는 분청사기나 백자, 청동합과 청동수저, 일부 장신구, 청동경, 동전, 구슬 등이 부장품으로 매납되고 있었다. 그러나 17세기를 지나면서 분위기는 일변하여 숟가락이나 도자기 등을 중심으로 하는 전통적인 부장품은 거의 사라지고 만다. 그러므로 이 시대는 조선 전기까지 분묘에 부장되던 숟가락과 도자기, 그리고 각종 생활도구에 대한 시기적인 변화상에 따른 고찰이나 그 배경에 대한 연구가 더 이상 진행되기 어려운 상황이 되었다는 것을 의미한다. 말하자면 조선 전기까지의 분묘의 출토품으로서 추정 가능하였던 숟가락의 변화는 더 이상 알기 어려운 실정이 되었으며 지금 국립민속박물관이나 일부 박물관에서 소장 중인 19세기 말의 둥근 술에서 곧게 뻗은 자루가 이어지는 숟가락이 어떤 과정을 거쳐서 이루어졌는지 확인하기 어려운 상황이 되고 말았다.

말하자면 16세기 말에 사용되었던 숟가락의 형태나 시기적인 변화는 분묘 출토 유물을 통하여 고찰이 가능하지만 적어도 17세기와 18세기에 걸친 숟가락의 변화는 고고학적인 상황을 통하여 밝히기 어렵게 되었다는 것이다. 그런 점에서 통도사 숟가락과 젓가락은 비록 대형이기는 하나 제작 연대가 분명한 것이 그 유례를 찾기가 어려운 사례 일뿐만 아니라 조선시대 전기 즉 16세기 말의 전통을 충실히 이어받고 있는 것으로 판단되어 일단 18세기로 향하는 당시 숟가락의 특징을 조금이나마 살펴볼 수 있게 된 것이 숟가락의 시대적 변천을 고찰하고자 하는 필자로서는 무척 다행스런 일이라고 생각된다. 그런 사정을 염두에 두고 통도사 숟가락과 젓가락에 대한 그 형식적 특징을 살펴보고 이에 따른 숟가락의 변화와 제작 배경 등을 검토하여 보기로 한다.

통도사 숟가락과 젓가락에 대한 자료를 찾던 중에 대구 동화사에도 통도사 숟가락과 같은 크기와 같은 형식의 숟가락이 있다는 것을 알게 되었고 밀양 표충사에도 동화사 숟가락과 거의 같은 크기와 양식의 숟가락이 소장되어 있다는 것을 알게 되어 각 사찰의 도움을 받아 함께 조사하여 이번 글에 같이 소개하고 고찰의 대상으로 삼았다.[1]

---

1 문화재청·불교문화재연구소, 2011, 『한국의 사찰문화재』 그리고 여주 신륵사에도 나옹화상이 사용하였다고 전해지는 청동숟가락이 소장되어 있었으나 지금은 행방을 알 길이 없다.

이 시기의 송가라 자료가 워낙 귀한 편으로 고찰에 있어 논리의 비약이 적지 않을 것으로 생각된다. 선배 동학의 많은 가르침을 바란다.

숫가락과 젓가락

02

1) 통도사 소장 수저[2]

이번 고찰의 대상으로 삼은 통도사의 숫가락과 젓가락은 모두 청동 제이며 제작 수법은 거의 동일하고 그 형태도 크게 다르지 않다. 숫가락 12점, 젓가락 12쌍으로 모두 수저 12벌이다. 그 중 숫가락에는 모두 명문이 새겨져 있고 젓가락에는 3벌에 명문이 새겨져 있는 아주 특별한 예이다. 숫가락 12점 가운데 3점에는 「天啓三年通度寺化主仪寬」, 2점에는 「施主崔末男化主道具」, 나머지 7점에는 「施主崔末男」이라는 명문이 점각되어 있다. 또한 젓가락에는 고리가 달린 것에만 명문을 새겼는데 「化儀寬天啓三年」 또는 「通度寺癸亥」를 점각하였다.

---

2 통도사 성보박물관 소장 숫가락 조사는 인산 지준관장스님의 협조와 정우현학예사의 도움으로 이루어졌고 현지 조사에는 한국문물연구원 김순정선생의 도움을 받았다.

a. 통도122

완형 청동숟가락으로 전체 길이는 38cm, 술잎 11.5cm, 자루 15cm, 손잡이 11.5cm이며 끝은 좌우로 갈라져 있다. 술잎은 너비 4cm로 술에서 자루로 이어지는 부분은 얕게 표시하여 유엽형으로 표현하였다. 술대는 술목에서 편평하게 이어지며 너비 1.2cm, 두께 0.45cm로 단면은 장방형에 가깝다. 손잡이는 자루의 끝에서 점차 폭이 넓어졌다가 호선을 그리면서 손잡이의 끝으로 향한다. 손잡이의 中央에 心葉形으로 透刻하여 좌우를 多段으로 장식하였는데 이면에서 보면 안으로 오목하게 제작되어 단면은 호선을 그린다. 손잡이 裏面의 술대가 시작되는 부분에서부터 中央에 「施主崔末男」을 점각하였고 명문의 길이는 9cm 가량이다.

b. 통도123

완형 청동숟가락으로 전체 길이는 37.5cm, 술잎 11cm, 자루 14cm, 손잡이 12.5cm이며 끝은 좌우로 갈라져 있다. 술잎은 너비 3.8cm로 술에서 자루로 이어지는 부분은 얕게 표시하여 유엽형으로 표현하였다. 자루는 술목에서 편평하게 이어지며 너비 1.2cm, 두께 0.45cm로 단면은 장방형에 가깝다. 손잡이는 자루의 끝에서 점차 폭이 넓어졌다가 호선을 그리면서 손잡이의 끝으로 향한다. 손잡이의 中央에 心葉形으로 透刻하여 좌우를 多段으로 장식하였는데 손잡이 이면의 자루가 시작되는 부분에서부터 中央에 「施主崔末男」을 점각하였고 명문의 길이는 7.5cm 가량이다.

c. 통도124

완형 청동숟가락으로 전체 길이는 37.2cm, 술잎 11.5cm, 술대 14cm, 손잡이 11.7cm이며 끝은 좌우로 갈라져 있다. 술잎은 너비 4.1cm로 술에서 자루로 이어지는 부분은 얕게 표시하여 유엽형으로 표현하였다. 자루는 술목에서 편평하게 이어지며 너비 1.2cm, 두께 0.45cm로 단면은 장방형에 가깝다. 손잡이는 자루의 끝에서 점차 폭이 넓어졌다가 호선을 그리면서 손잡이의 끝으로 향한다. 손잡이의 中央에 心葉形으로 透刻하여 좌우를 多段으로 장식하였는데 손잡이 이면의 자루가 시작되는 부분에서부터 中央에 「施主崔末男」을 점각하였고 명문의 길이는 7cm 가량이다.

d. 통도125

완형 청동숟가락으로 전체 길이는 37.3cm, 술잎 10.7cm, 자루 14.5cm, 손잡이 12.8cm이며 끝은 좌우로 갈라져 있다. 술잎은 너비 4cm로 술에서 자루로 이어지는 부분은 얕게 표시하여 유엽형으로 표현하였다. 자루는 술목에서 편평하게 이어지며 너비 1.2cm, 두께 0.4cm로 단면은 장방형에 가깝다. 손잡이는 자루의 끝에서 점차 폭이 넓어졌다가 호선을 그리면서 손잡이의 끝으로 향한다. 손잡이의 中央에 心葉形으로 透刻하여 좌우를 多段으로 장식하였는데 손잡이 이면의 자루가 시작되는 부분에서부터 술목이 시작되는 부분까지 中央에 「施主崔末男化主道具」라고 점각하였고 명문의 길이는 12cm 가량이다.

e. 통도126

완형 청동숟가락으로 전체 길이는 37.4cm, 술잎 11.5cm, 자루 14cm, 손잡이 11.9cm이며 끝은 좌우로 갈라져 있다. 술잎은 너비 4cm로 술에서 자루로 이어지는 부분은 얕게 표시하여 유엽형으로 표현하였다. 자루는 술목에서 편평하게 이어지며 너비 1.2cm, 두께 0.45cm로 단면은 장방형에 가깝다. 손잡이는 자루의 끝에서 점차 폭이 넓어졌다가 호선을 그리면서 손잡이의 끝으로 향한다. 손잡이의 中央에 心葉形

으로 透刻하여 좌우를 多段으로 장식하였는데 손잡이 이면의 자루가 시작되는 부분에서부터 中央에「施主崔末男」을 점각하였고 명문의 길이는 7cm 가량이다.

f. 통도127

파손된 청동숟가락으로 전체 길이는 38cm, 술잎 11.5cm, 자루 13cm, 손잡이 13.5cm이며 끝은 좌우로 갈라져 있다. 술잎은 너비 4cm로 술에서 자루로 이어지는 부분은 얕게 표시하여 유엽형으로 표현하였다. 자루는 술목에서 편평하게 이어지며 너비 1.2cm, 두께 0.45cm로 단면은 장방형에 가깝다. 손잡이는 자루의 끝에서 점차 폭이 넓어졌다가 호선을 그리면서 손잡이의 끝으로 향한다. 손잡이의 中央에 心葉形으로 透刻하여 좌우를 多段으로 장식하였는데 우측 일부가 파손되었다. 손잡이 이면의 자루가 시작되는 부분에서부터 中央에「施主崔末男」을 점각하였고 명문의 길이는 7cm 가량이다.

g. 통도128

파손된 청동숟가락으로 전체 길이는 37.3cm, 술잎 11cm, 자루 14cm, 손잡이 12.3cm이며 끝은 좌우로 갈라져 있다. 술잎은 너비 3.8cm로 술에서 자루로 이어지는 부분은 얕게 표시하여 유엽형으로 표현하였다. 자루는 술목에서 편평하게 이어지며 너비 1.2cm, 두께 0.45cm로 단면은 장방형에 가깝다. 손잡이는 자루의 끝에서 점차 폭이 넓어졌다가 호선을 그리면서 손잡이의 끝으로 향한다. 손잡이의 中央에 心葉形으로 透刻하여 좌우를 多段으로 장식하였는데 우측 일부가 파손되었다. 손잡이 이면의 술대가 시작되는 부분에서부터 술목에 이르기까지 中央에「施主崔末男化主道具」라고 점각하였고 명문의 길이는 12cm 가량이다.

h. 통도129

파손된 청동숟가락으로 전체 길이는 38.1cm, 술잎 11cm, 자루 13.5cm, 손잡이 13.6cm이며 끝은 좌우로 갈라져 있다. 술잎은 너비 4cm로 술에서 자루로 이어지는 부분은 얕게 표시하여 유엽형으로 표현하였다. 자루는 술목에서 편평하게 이어지며 너비 1.2cm, 두께 0.45cm로 단면은 장방형에 가깝다. 손잡이는 자루의 끝에서 점차 폭이 넓어졌다가 호선을 그리면서 손잡이의 끝으로 향한다. 손잡이의 中央에 心葉形으로 透刻하여 좌우를 多段으로 장식하였는데 우측 일부가 파손되었다. 손잡이 이면의 술대가 시작되는 부분에서부터 中央에 「施主崔末男」을 점각하였고 명문의 길이는 7cm 가량이다.

i. 통도130

파손된 청동숟가락으로 남은 길이는 33.5cm, 술잎 11cm, 자루

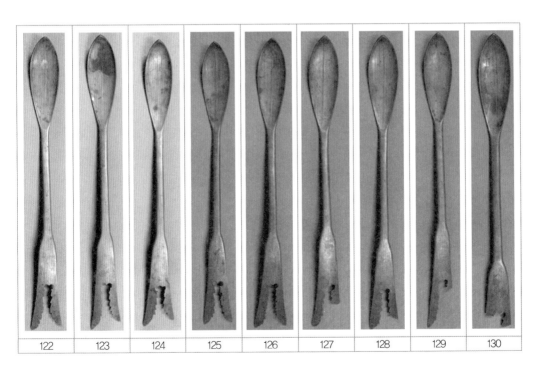

| 122 | 123 | 124 | 125 | 126 | 127 | 128 | 129 | 130 |

14.5cm, 남은 손잡이 0cm이며 끝은 좌우로 갈라져 있었지만 파손되었다. 술잎은 너비 4cm로 술에서 자루로 이어지는 부분은 얕게 표시하여 유엽형으로 표현하였다. 자루는 술목에서 편평하게 이어지며 너비 1.2cm, 두께 0.45cm로 단면은 장방형에 가깝다. 손잡이는 자루의 끝에서 점차 폭이 넓어졌다가 호선을 그리면서 손잡이의 끝으로 향한다. 손잡이의 中央에 心葉形으로 透刻하였으나 多段으로 장식한 오른쪽 부분만 남아 있다. 손잡이 이면의 술대가 시작되는 부분에서부터 中央에 「施主崔末男」을 점각하였고 명문의 길이는 7cm 가량이다.

j. 통도140

완형 청동숟가락으로 전체 길이는 47.5cm, 술잎 14.5cm, 자루 16.5cm, 손잡이 16.5cm이며 자루의 끝은 좌우로 갈라져 있다. 술잎은 너비 4.1cm로 술에서 자루로 이어지는 부분은 얕게 표시하여 유엽형으로 표현하였다. 자루는 술목에서 편평하게 이어지며 너비 1.2cm, 두께 0.45cm로 단면은 장방형에 가깝다. 손잡이는 자루의 끝에서 폭이 약간 넓어졌다가 다시 좁아져 능형을 만든 다음 다시 호선을 그리면서 손잡이의 끝으로 향하는데 이러한 형태의 손잡이는 통도141과 통도142도 동일하다. 손잡이의 中央에 心葉形으로 透刻하여 좌우를 多段으로 장식하였는데 좌우로 갈라지는 가운데 아래에 투공하여 직경 3cm의 고리를 달았다. 손잡이 이면 상단에 위치한 투공 아래에서부터 자루 초입까지 中央에 「天啓三年通度寺化主仪寬」이라는 銘文을 점각하였고 명문의 길이는 15cm 가량이다.

k. 통도141

완형 청동숟가락으로 전체 길이는 47.5cm, 술잎 14.5cm, 자루 15.5cm, 손잡이 17.5cm이며 끝은 좌우로 갈라져 있다. 술잎은 너비

4cm로 술에서 자루로 이어지는 부분은 얇게 표시하여 유엽형으로 표현하였다. 자루는 술목에서 편평하게 이어지며 너비 1.2cm, 두께 0.45cm로 단면은 장방형에 가깝다. 손잡이는 자루의 끝에서 폭이 약간 넓어졌다가 다시 좁아져 능형을 만든 다음 다시 호선을 그리면서 손잡이의 끝으로 향하는데 이러한 형태의 손잡이는 통도140과 통도142도 동일하다. 손잡이의 中央에 心葉形으로 透刻하여 좌우를 多段으로 장식하였는데 좌우로 갈라지는 가운데 아래에 투공하여 직경 3.2cm의 고리를 달았다. 손잡이 이면 상단에 위치한 투공 아래에서부터 자루 초입까지 中央에 「天啓三年通度寺化主儀寬」이라는 銘文을 점각하였고 명문의 길이는 15cm 가량이다.

1. 통도142

완형 청동숟가락으로 전체 길이는 47cm, 술잎 14.5cm, 자루 16.5cm, 손잡이 16cm이며 끝은 좌우로 갈라져 있다. 술잎은 너비 4.1cm로 술에서 자루로 이어지는 부분은 얇게 표시하여 유엽형으로 표현하였다. 자루는 술목에서 편평하게 이어지며 너비 1.2cm, 두께

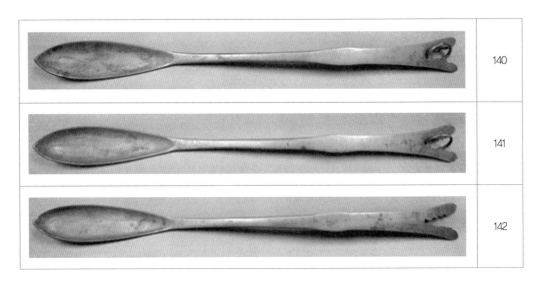

	140
	141
	142

0.45cm로 단면은 장방형에 가깝다 소잡이는 자루의 끝에서 폭이 약간 넓어졌다가 다시 좁아져 능형을 만든 다음 다시 호선을 그리면서 손잡이의 끝으로 향하는데 이러한 형태의 손잡이는 통도140과 통도141도 동일하다. 손잡이의 中央에 心葉形으로 透刻하여 좌우를 多段으로 장식하였는데 손잡이 이면 상단에서부터 자루 초입까지 中央에 「天啓三年通度寺化主仪寬」이라는 銘文을 점각하였고 명문의 길이는 15cm 가량이다.

m. 통도131

한쌍의 완형 청동젓가락으로 전체길이 35.2cm이다. 상단(잡는 부분)의 두께와 너비는 0.8cm×0.6cm이고 음식을 집는 부분의 두께와 너비는 0.4cm×0.3cm로 단면은 능형을 이룬다. 젓가락은 위에서 아래로 천천히 균형을 이루면서 얇아지며 젓가락의 위와 아래에는 청동 줄기를 잘라내고 다듬은 흔적이 약간 거칠게 남아 있다.

n. 통도132

한쌍의 완형 청동젓가락으로 전체길이 35.5cm이다. 상단(잡는 부분)의 두께와 너비는 0.8cm×0.6cm이고 음식을 집는 부분의 두께와 너비는 0.4cm×0.3cm로 단면은 능형을 이룬다. 젓가락은 위에서 아래로 천천히 균형을 이루면서 얇아지며 젓가락의 위와 아래에는 청동 줄기를 잘라내고 다듬은 흔적이 약간 거칠게 남아 있다.

o. 통도133

한쌍의 완형 청동젓가락으로 전체길이 35.5cm이다. 상단(잡는 부분)의 두께와 너비는 0.8cm×0.6cm이고 음식을 집는 부분의 두께와 너비는 0.4cm×0.3cm로 단면은 능형을 이룬다. 젓가락은 위에서 아래로 천천히 균형을 이루면서 얇아지며 젓가락의 위와 아래에는 청동 줄기를 잘라내고 다듬은 흔적이 약간 거칠게 남아 있다.

p. 통도134

한쌍의 완형 청동젓가락으로 전체길이 35.5cm이다. 상단(잡는 부분)의 두께와 너비는 0.8cm×0.6cm이고 음식을 집는 부분의 두께와 너비는 0.5cm×0.35cm로 단면은 능형을 이룬다. 젓가락은 위에서 아래로 천천히 균형을 이루면서 얇아지며 젓가락의 위와 아래에는 청동 줄기를 잘라내고 다듬은 흔적이 약간 거칠게 남아 있다.

q. 통도135

한쌍의 완형 청동젓가락으로 전체길이 35.5cm이다. 상단(잡는 부분)의 두께와 너비는 0.8cm×0.6cm이고 음식을 집는 부분의 두께와 너비는 0.4cm×0.3cm로 단면은 능형을 이룬다. 젓가락은 위에서 아래로 천천히 균형을 이루면서 얇아지며 젓가락의 위와 아래에는 청동 줄기를 잘라내고 다듬은 흔적이 약간 거칠게 남아 있다.

r. 통도136

한쌍의 완형 청동젓가락으로 전체길이 35.5cm이다. 상단(잡는 부분)의 두께와 너비는 0.8cm×0.6cm이고 음식을 집는 부분의 두께와 너비는 0.3cm×0.3cm로 단면은 능형을 이룬다. 젓가락은 위에서 아래로 천천히 균형을 이루면서 얇아지며 젓가락의 위와 아래에는 청동 줄기를 잘라내고 다듬은 흔적이 약간 거칠게 남아 있다.

s. 통도137

한쌍의 완형 청동젓가락으로 전체길이 35.5cm이다. 상단(잡는 부분)의 두께와 너비는 0.8cm×0.6cm이고 음식을 집는 부분의 두께와 너비는

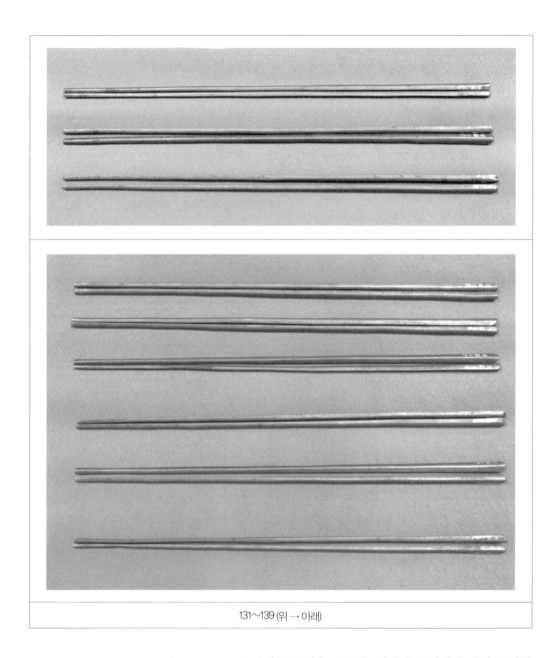

131~139 (위 → 아래)

0.4cm×0.3cm로 단면은 능형을 이룬다. 젓가락은 위에서 아래로 천천히 균형을 이루면서 얇아지며 젓가락의 위와 아래에는 청동 줄기를 잘라내고 다듬은 흔적이 약간 거칠게 남아 있다.

t. 통도138

한쌍의 완형 청동젓가락으로 전체길이 35.5cm이다. 상단(잡는 부분)의 두께와 너비는 0.8cm×0.5cm이고 음식을 집는 부분의 두께와 너비는 0.4cm×0.3cm로 단면은 능형을 이룬다. 젓가락은 위에서 아래로 천천히 균형을 이루면서 얇아지며 젓가락의 위와 아래에는 청동 줄기를 잘라내고 다듬은 흔적이 약간 거칠게 남아 있다.

u. 통도139

한쌍의 완형 청동젓가락으로 전체길이 35.5cm이다. 상단(잡는 부분)의 두께와 너비는 0.8cm×0.5cm이고 음식을 집는 부분의 두께와 너비는 0.4cm×0.3cm로 단면은 능형을 이룬다. 젓가락은 위에서 아래로 천천히 균형을 이루면서 얇아지며 젓가락의 위와 아래에는 청동 줄기를 잘라내고 다듬은 흔적이 약간 거칠게 남아 있다.

v. 통도143

한쌍의 완형 청동젓가락으로 전체길이 43.5cm이다. 상단(잡는 부분)의 두께와 너비는 1cm×0.5cm이고 음식을 집는 부분의 두께와 너비는 0.4cm×0.3cm로 단면은 능형을 이룬다. 젓가락의 상단에는 투공하여 직경 2.6cm의 고리를 달아 연결하였는데 고리를 달기 위하여 약간 넓게 제작한 상단에서 아래로 천천히 균형을 이루면서 얇아진다. 젓가락의 상단 끝부분은 볼록한 사면체를 이루고 있으며[⊠] 음식을 집는 부분은 연마하여 처리하였다. 이 젓가락의 측면 상단에는 「通度寺癸亥」라는 명문을 1벌에 모두 점각하였다.

w. 통도144

한쌍의 완형 청동젓가락으로 전체길이 43.5cm이다. 상단(잡는 부분)

의 두께와 너비는 1cm×0.5cm이고 음식을 집는 부분의 두께와 너비는 0.4cm×0.3cm로 단면은 능형을 이룬다. 젓가락의 상단에는 투공하여 직경 2.6cm의 고리를 달아 연결하였는데 통도143은 하나의 고리로 연결된 반면 통도144는 젓가락 각각에 고리를 달아 고리를 서로 연결한 것이 다르다. 고리를 달기 위하여 약간 넓게 제작한 상단에서 아래로 천천히 균형을 이루면서 얇아진다. 젓가락의 상단 끝부분은 볼록한 사면체를 이루고 있으며[⊠] 음식을 집는 부분은 연마하여 처리하였다. 이 젓가락의 측면 상단에는 각각 「化儀寬天啓三年」 「通度寺癸亥」라는 명문을 점각하였다.

x. 통도145

한쌍의 완형 청동젓가락으로 전체길이 43.5cm이다. 상단(집는 부분)의 두께와 너비는 1cm×0.5cm이고 음식을 집는 부분의 두께와 너비는 0.4cm×0.3cm로 단면은 능형을 이룬다. 젓가락의 상단에는 투공하여 직경 2.6cm의 고리를 달아 연결하였는데 통도144와 같이 통도145는 젓가락 각각에 고리를 달아 고리를 서로 연결하였다. 고리를 달기 위하여

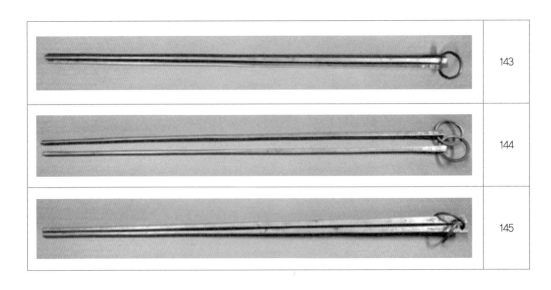

143

144

145

약간 넓게 제작한 상단에서 아래로 천천히 균형을 이루면서 얇아진다. 젓가락의 상단 끝부분은 볼록한 사면체를 이루고 있으며[⊠] 음식을 집는 부분은 연마하여 둥글게 처리하였다. 이 젓가락의 측면 상단에는 「化儀寬天啓三年」이라는 명문을 한쌍에 모두 점각하였다.

2) 동화사 소장 수저

동화사에는 통도사 수저와 유사한 형태의 대형 청동수저 한 벌이 수장되어 있다. 숟가락과 젓가락에 대한 전반적인 상태는 다음과 같다.

a. 동화1-1

완형의 청동숟가락으로 전체 길이는 45.5cm, 술잎 14cm, 자루 16.5cm, 손잡이 15cm이며 끝은 좌우로 갈라져 있다. 술잎은 너비 4.4cm로 술에서 자루로 이어지는 부분은 얕게 표시하여 유엽형으로 표현하였다. 손잡이는 자루의 끝에서 폭이 약간 넓어졌다가 다시 좁아져 약하게 능형을 만든 다음 다시 호선을 그리면서 손잡이의 끝으로 향하는데 이러한 형태의 손잡이는 통도140과 유사하다. 손잡이의 中央에 心葉形으로 透刻하여 좌우를 多段으로 장식하였는데 손잡이 이면 中央에서 자루 초입까지 「桐花寺」이라는 銘文을 점각하였고 명문의 길이는 5cm 가량이다.

b. 동화1-2

완형의 청동젓가락 한쌍으로 전체 길이 40.2cm, 잡는 부분의 너비와 두께는 1.5cm×0.9cm이고 집는 부분의 너비와 두께는 0.7cm×0.4cm 가량이다. 젓가락의 단면은 전체적으로 능형인데 음식을 집는 부

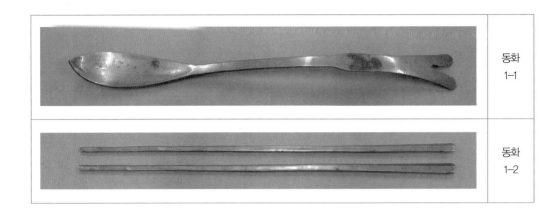

| | 동화 1-1 |
| | 동화 1-2 |

분은 둥글게 처리한 감이 있으나 충분하지는 않다. 젓가락의 상단은 약간 볼록하게 호선을 나타내고 단조한 탓인지 두 젓가락의 길이나 두께가 균일하지는 않다.

3) 표충사 소장 수저

표충사에는 청동수저 4벌이 수장되어 있다. 이들은 앞선 통도사나 동화사에 수장된 수저와는 좀 다른 양상을 보이기는 하지만 일단 숟가락의 크기가 30cm를 넘는 것으로 식탁에서 사용한 일반적인 용도의 숟가락으로 보기는 어렵다고 판단되었다. 이들 수저에 대한 전체적인 상황은 다음과 같다.

a. 표충1-1

완형의 청동숟가락으로 전체 길이는 29cm, 술잎 7.5cm, 자루 21.5cm이다. 술잎은 유엽형에 가까운데 너비 3.8cm로 술에서 자루로 이어지는 부분은 얕게 표시하여 유엽형으로 표현하였다. 자루는 술목에서 편평하게 이어지고 너비 0.8cm, 두께 0.5cm로 단면은 반원형에 가깝다. 자루는 술목에서 편평하게 일자로 이어지다가 숟가락을 잡는 부분으로 갈수록 약하게 휘어지는 흔적이 보이고 끝은 둥글게 처리하였다. 숟가락의 상태는 대단히 양호하며 술잎의 좌측에는 사용흔이 남아 있고 술대의 이면에 점각으로 「天皇山? 表?」라 새겼으나 분명하지는 않다.

b. 표층1-2

청동젓가락 한쌍으로 전체 길이는 26cm, 두께와 너비는 0.5cm×0.5cm로 단면은 정방형에 가깝다. 이 젓가락은 상하의 두께가 거의 비슷하고 한쪽에는 음각선을 새겼는데 이것이 젓가락을 잡는 부분이라는 표시라고 생각된다.

c. 표층2-1

완형의 청동숟가락으로 전체 길이는 33cm, 술잎 8.8cm, 자루 17.8cm, 손잡이 7cm이며 자루의 끝은 좌우로 갈라져 있다. 술잎은 너비 3.5cm로 술에서 자루로 이어지는 부분은 얕게 표시하여 유엽형으로 표현하였다. 술목에서 자루로 이어지는 부분은 편평하게 바닥에 붙어 있으나 약 3cm 정도를 지나면서 약하게 휘어지기 시작한다. 자루는 술목에서 편평하게 이어지며 너비 1.2cm 두께 0.45cm로 단면은 반원형에 가깝다. 자루는 중간에서 1cm 정도로 약간 좁아졌다가 다시 손잡이가 시작되는 부위에서 1.2cm 정도로 넓어진다. 손잡이의 너비는 끝으로 가면서 4.4cm까지 넓어지는데 평면이 거의 생선의 꼬리처럼 보인다. 가운데는 U자형으로 돌려내고 그 위는 다단으로 장식하였다. 통도사 숟가락과 다른 점은 손잡이 중앙 아래에 2공, 좌우에 각각 2공씩 모두 6공을 정교하게 뚫었다. 술잎의 왼쪽에 사용흔이 희미하게 남아 있고 명문은 없다.

d. 표충2-2

한쌍의 완형 청동젓가락으로 표충 2-1과 한 벌로 보관되어 있다. 전체 길이는 26cm이며 단면은 타원형으로 상단은 0.9cm×0.5cm이고 하단은 0.5cm×0.4cm이다. 젓가락의 상단에서 9.5cm 지점부터 너비를 확실하게 줄이고 있는데 아마도 여기까지가 젓가락을 잡는 부분으로 표시한 듯 하다.

e. 표충3-1

완형의 청동숟가락으로 전체 길이는 33cm, 술잎 8.8cm, 자루 17.2cm, 손잡이 7cm이며 끝은 좌우로 갈라져 있는데 표충2-1과 대체적으로 동일한 형태로 제작되었다. 술잎은 너비 3.5cm로 술에서 자루로 이어지는 부분은 얕게 표시하여 유엽형으로 표현하였다. 술목에서 자루로 이어지는 부분은 편평하게 바닥에 붙어 있으나 약 3cm 정도를 지나면서 약하게 휘어지기 시작한다. 자루는 술목에서 편평하게 이어지며 너비 1.2cm 두께 0.45cm로 단면은 반원형에 가깝다. 자루는 중간에서 1cm 정도로 약간 좁아졌다가 다시 손잡이가 시작되는 부위에서 1.2cm 정도로 넓어지지만 자루는 편평하게 제작되어 자루각은 표충2-1보다 약간 작다. 손잡이의 너비는 끝으로 가면서 4.4cm까지 넓어지는데 평면이 거의 생선의 꼬리처럼 보인다. 가운데는 U자형으로 돌려내고 그 위는 다단으로 장식하였다. 손잡이 중앙 아래에 2공, 좌우에 각각 2공씩 모두 6공을 정교하게 뚫었는데 표충2-1이나 4-1과 동일하다. 술잎의 왼쪽에 사용흔이 희미하게 남아 있고 명문은 없다.

f. 표충3-2

한쌍의 완형 청동젓가락으로 표충 3-1과 한 벌로 보관되어 있다. 전체 길이는 25.2cm이며 단면은 타원형으로 상단은 0.9cm×0.4cm이고 하단은 0.5cm×0.4cm이다. 젓가락의 상단에서 9cm 지점부터 너비를 확실하게 줄이고 있는데 아마도 여기까지가 젓가락을 잡는 부분으로 표시한 듯하다.

g. 표충4-1

완형의 청동숟가락으로 전체 길이는 33cm, 술잎 9cm, 자루 17.5cm, 손잡이 7cm이며 끝은 좌우로 갈라져 있다. 술잎은 너비 3.5cm로 술에서 자루로 이어지는 부분은 얇게 표시하여 유엽형으로 표현하였다. 술목에서 자루로 이어지는 부분은 편평하게 바닥에 붙어 있으나 약 3cm 정도를 지나면서 약하게 휘어지기 시작한다. 자루는 술목에서 편평하게 이어지며 너비 1.2cm 두께 0.45cm로 단면은 반원형에 가깝다. 숟대는 중간에서 1cm 정도로 약간 좁아졌다가 다시 손잡이가 시작되는 부위에서 1.8cm 정도로 넓어진다. 손잡이의 너비는 끝으로 가면서 4.4cm까지 넓어지는데 평면이 거의 생선의 꼬리처럼 보인다. 가운데는 U자형으로 돌려내고 그 위는 다단으로 장식하였다. 표충2-1, 표충2-1과 같이 손잡이 중앙 아래에 2공, 좌우에 각각 2공씩 모두 6공을 정교하게 뚫었다. 명문은 없다.

h. 표충4-2

한쌍의 완형 청동젓가락으로 표충 4-1과 한 벌로 보관되어 있다. 전체 길이는 26cm이며 단면은 타원형으로 상단은 0.9cm×0.5cm이고 하단은 0.5cm×0.5cm이다. 젓가락의 상단에서 9.5cm 지점부터 너비를 확실하게 줄이고 있는데 아마도 여기까지가 젓가락을 잡는 부분으로 표시한 듯하다.

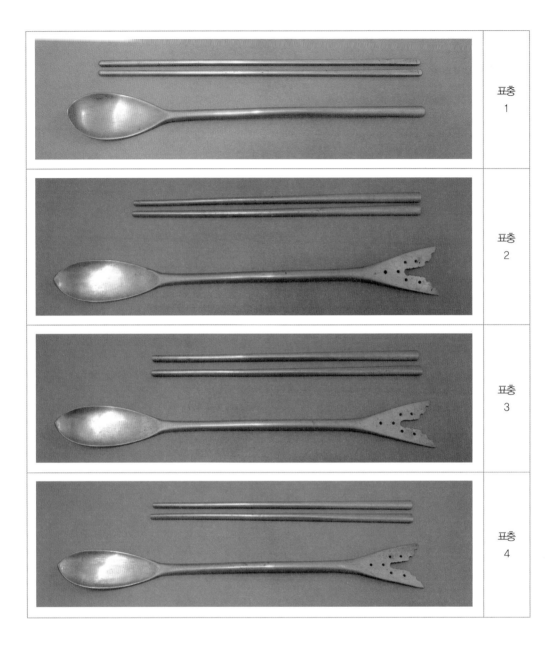

표 1 통도사·동화사·표충사 청동수저 일람표 (단위 cm)

통도사 숟가락	전체 길이	술잎 길이×폭	자루 길이	너비×두께	손잡이 길이	폭	형식	명문	기타
122	38	11.5×4 中2.2	15	1.2×0.45	11.5	2.5~4.2	双魚	施主崔末男 1.2×9×1	자루목 0.3 손잡이 아래에 명문 자루각 5° 내외?
123	37.5	11×3.8 中2	14	1.2×0.45	12.5	2.4~4	双魚	施主崔末男 1.2×7.5×1.1	손잡이 바로 아래에서 명문시작 자루각 5° 내외?
124	37.2	11.5×4.1 中2.3	14	1.2×0.45	11.7	2.5~4	双魚	施主崔末男 1.2×7×1	손잡이 바로 아래에서 명문시작 자루각 5° 내외?
125	37.3	10.7×4	14.5	1.2×0.4	12.8	1.2~4	双魚	施主崔末男 化主道具	손잡이 바로 아래에서 명문시작 자루각 5° 내외?
126	37.4	11.5×4	14	1.2×0.45	11.9		双魚	施主崔末男	손잡이 바로 아래에서 명문시작 자루각 5° 내외?
127	38	11.5×4	13	1.2×0.45	13.5		双魚	施主崔末男	쌍어 우측절 파손 자루각 5° 내외?
128	37.3	11×3.8	14	1.2×0.45	12.3	3.9 0.2~0.1	双魚	施主崔末男 化主道具	쌍어 우측절 파손
129	38.1	11×4	13.5	1.2×0.45	13.6	3 (절단부)	双魚	施主崔末男	쌍어 우측절 파손
130	33.5	11×4	14.5	1.2×0.45	8 (부분)	3 (절단부)	双魚	施主崔末男	쌍어 좌측절, 우측절(일부) 파손
140	47.5	14.5×4.1	21	1.2×0.45	16.5	4.2	双魚	天啓三年 通度寺 化主仅寬	環 3(外) 2.5(內) 손잡이 구멍 아래부터 술대시작까지 명문
141	47.5	14.5×4	20	1.2×0.45	17.5	4.2	双魚	天啓三年 通度寺 化主仅寬	環 3.2(外) 2.6(內) 孔 아래의 점각~술대 시작까지 명문
142	47	14.5×4.1	21	1.2×0.45	16	4.2	双魚	天啓三年 通度寺 化主仅寬	투공 없음

통도사 젓가락	전체 길이	단면 형태	단면 크기 上	下	명문
134	35.5	능형	0.8×0.6	0.5×0.35	
135	35.2	능형	0.8×0.6	0.4×0.3	
136	35.5	능형	0.8×0.6	0.3×0.3	
137	35.5	능형	0.8×0.6	0.4×0.3	
138	35.5	능형	0.8×0.5	0.4×0.3	
139	35.5	능형	0.8×0.5	0.4×0.3	
143	43.5	장방형	1.0×0.5	0.5×0.4	1環 ①化仅寬 天啓三年 / ②通度寺癸亥
144	43.5	장방형	1.0×0.5	0.5×0.4	2環 ①化仅寬 天啓三年 / ②通度寺癸亥
145	43.5	장방형	1.0×0.5	0.5×0.4	2環 ①化仅寬 天啓三年 / ②通度寺癸亥

동화사		전체 길이	술잎	자루	손잡이		형식	명문	기타
					길이	폭			
1	숟가락	45.5	14×4.4	16.5	15	4.2×1.9	双魚	桐花寺 점각	자루각 5° 내외
	젓가락	40.2	단면 上 1.5×0.9 下 0.7×0.5						2점 모두 단면 능형

표충사		전체 길이	술잎	자루	손잡이		형식	명문	기타
					길이	폭			
1	숟가락	29	7.5×3.8	21.5 0.8×0.5	–	–	기본형	天皇山? 表?	좌측 사용흔 자루각 거의 없음
	젓가락	26	단면 0.5×0.5						상단 음각선 단면 정방형
2	숟가락	33	8.8×3.5	17.8	7	4.4	双魚		자루각 2~3° 내외 투공 6
	젓가락	26	把手 9.5cm 단면 上 0.9×0.5 下 0.5×0.4						명문× 단면 上 타원형, 下 원형
3	숟가락	33	8.8×3.5	17.2	7	4.4	双魚		사용흔 자루각 2~3° 내외 투공 6
	젓가락	25.2	단면 上 0.9×0.4 下 0.5×0.4						
4	숟가락	33.5	9×3.5	17.5	7	4.4	双魚		자루각 2~3° 내외 투공 6
	젓가락	26	단면 上 0.9×0.4 下 0.5×0.5						

형식분류와 제작 시기 03

　지금까지 설명한 통도사 숟가락 12점과 젓가락 12점, 그리고 대구 동화사 수저 한 벌, 밀양 표충사 수저 한 벌은 모두 청동제로 일단 그 크기가 주목되는 바가 있다. 통도사 숟가락 12점 가운데 9점은 길이가 38cm 내외이고 나머지 3점은 길이가 47cm에 이른다. 통도사 숟가락을 조사하면서 알게 되었지만 동화사 숟가락도 길이가 40cm를 넘고 표충사 숟가락은 33cm나 되는 대형이다.

　지금까지 분묘에서 출토된 고려시대나 조선시대의 숟가락은 대개 25cm 내외이고 젓가락은 이보다 길이가 10% 정도 짧은 22cm 내외이다. 이에 비하면 앞선 수저들은 그 크기가 비할 바 없이 크고 표충사 숟가락 중 가장 작은 것도 길이가 29cm나 되어 보통 식탁에서 사용하던 것으로 보기는 어려운 것들이다. 그러면 먼저 이들 숟가락에 대한 형식분류와 나름의 제작시기를 고찰하는 것이 이번 장의 목적이랄 수 있는데 우선 통도사 수저 중 3점은 제작시기가 명문으로 남아 있다.

1)형식분류

필자는 숟가락에 대한 연구를 진행하면서 고려시대 이후의 요나 금의 영향으로 숟가락을 사용하게 되고 고려가 원의 지배를 받으면서 숟가락은 점차로 대중의 사용단계로 접어들게 된다고 보았다. 아울러 숟가락은 음식을 떠먹는 술잎과 숟가락을 잡는 손잡이, 그리고 술잎과 손잡이를 이어주는 자루 등 3가지 요소로만 이루어져 간단한 듯 보이지만 오랜 기간 동안 많은 변형이 생기게 되어 다양한 형식으로 나누어 볼 수 있게 되었다.

필자의 형식분류는 일단 술잎의 형태에 따라 유엽형과 타원형으로 나누고 자루의 끝이 일자나 호선으로 단순하게 제작된 것을 기본형, 자루의 끝이 둘로 나누어진 것을 쌍어형, 자루의 끝에 작은 술잎을 부가한

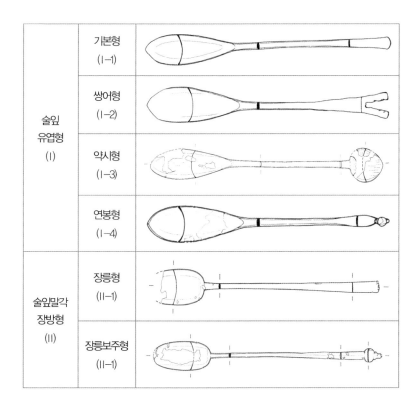

술잎 유엽형 (I)	기본형 (I-1)	
	쌍어형 (I-2)	
	약시형 (I-3)	
	연봉형 (I-4)	
술잎말각 장방형 (II)	장릉형 (II-1)	
	장릉보주형 (II-1)	

것을 약시형, 자루의 끝에 연봉을 부가한 것을 연봉형으로 나누었다. 그리고 타원형 술잎에 단조로운 일자의 긴 자루가 부가된 것을 장릉형, 장릉형의 자루 끝에 보주 등을 부가하는 형식을 보주형으로 제안하여 사용하고 있다.[3]

이상과 같은 형식 분류에 따르면 통도사 숟가락 12점은 모두 유엽형의 술잎에 끝이 둘로 나누어진 자루가 부가되어 있으니 쌍어형에 해당되고 동화사 숟가락도 쌍어형으로 분류된다. 표충사 숟가락 가운데 표충1은 유엽형 술잎에 일자형의 자루가 붙어 있으므로 기본형에 해당되고 나머지 3점은 유엽형의 술잎에 자루의 끝이 둘로 나누어진 것이니 쌍어형으로 분류된다. 그러므로 이번 고찰대상 숟가락 17점 가운데 16점이 쌍어형으로 압도적인 우위를 차지하고 있다.

그렇다면 다음에는 크기를 살펴보기로 한다. 제시한 자료를 살펴보면 통도사 숟가락 12점은 명문이 새겨진 3점이 다른 9점에 비하여 크기가 10cm 이상 차이가 나므로 따로 분류하기로 한다. 통도122~129까지 8점은(130은 파손으로 제외) 38/37.5/37.2/37.3/37.4/38/37.3/38.1cm로 평균 37.7cm이고 나머지 통도140~142까지 3점은 47.5/47.5/47cm로 평균 47.3cm이다. 아울러 동화사 숟가락은 45.5cm이고 표충사 숟가락은 쌍어형 숟가락이 33/33/33.5cm로 평균 33.2cm에 달한다.[4]

이렇게 보면 30cm가 넘는 대형의 숟가락이라고 하더라도 크게 두 개의 크기가 있다는 것을 알게 된다. 하나는 45cm 내외의 것이고 다른

---

3 정의도, 2014, 「경남지역 조선전기 숟가락연구—지역성과 상징성—」, 『한국고대숟가락연구』 경인문화사, pp.467~470.

4 이렇게 숟가락과 젓가락의 크기가 엇비슷한 것은 아마도 반방짜유기 기법을 사용하였기 때문으로 생각된다. 원래 숟가락은 모두 단조로 제작하여 제각기 크기가 형태가 다양하였던 것이나 숟가락의 수요가 증가하는 시기에 이르면 일일이 단조로 제작하기는 어려웠을 것이다. 조선 후기에 이르러 제작된 숟가락의 크기가 거의 일정한 것은 일단 주조로 기본적인 형태를 잡고 나머지 세부적인 형태를 완성해 갔을 것으로 생각되기 때문이다.(대구방짜유기박물관, 2008, 『방짜유기에 담긴 혼』)

히니는 35cm 내외의 것이 있다는 것이다. 아울러 표충1은 전장 29cm의 기본형 숟가락이다.

그렇다면 이렇게 크게 두가지 크기가 있다는 것은 어떻게 이해될 수 있을까 하는 것이 또 다른 연구 과제라고 하겠다.

2) 제작시기

다음은 구체적인 제작시기에 대하여 살펴보기 위하여 술잎비에 대하여 검토하여 보기로 한다.[5] 필자의 연구에 의하면 술잎비는 조선 전기 말로 가면서 작아지다가 조선 후기 들어 커지면서 술잎이 원형을 이루게 된다. 먼저 통도122~130의 술잎비는 122-11.5/4cm (35%), 123-11/3.8cm(35%), 124-11.5/4.1cm(36%), 125-10.7/4cm(37%), 126-11.5/4cm(35%), 127-11.5/4cm(35%), 128-11/3.8cm(35%), 129-11/4cm(36%), 130-11/4cm(36%)로 35%가 주류를 이루고, 통도140~142는 140-14.5/4.1cm(28%), 141-14.5/4cm(28%), 142-14.5/4.1cm (28%)로 28%가 주류로 통도122~130보다는 술잎비가 낮다.

한편 동화사 숟가락의 술잎비는 14/4.4cm로 31%이고 표충사 숟가락 가운데 표충2~4는 2-8.8/3.5cm(40%), 3-8.8/3.5cm(40%), 4-9/3.5cm(39%) 모두 40%에 가깝고 표충1은 3.8/7.5cm로 51%이다.

숟가락의 제작시기를 파악할 수 있는 요소로 자루각이 있다. 자루각은 숟가락을 식탁에 놓았을 때 술잎에서 자루가 이어지면서 만드는 각도를 말하는데 이것이 시기에 따라 변하는 것으로 알려져 있다. 특히 조

---

5 술잎비에 관하여는 정의도, 2013, 「고려전기 분묘 출토 쌍어형 숟가락연구」, 『東亞文化』 15호, 동아세아문화재연구원, pp.380~384를 참고하기 바란다.

선전기에 들어서면 10° 내외를 유지하던 것이 16세기로 들어서면 자루가 점차 편평해지면서 5° 내외의 자루각을 이루는 경향을 보인다. 그러나 통도사와 동화사, 표충사의 숟가락은 아직 실측이 이루어지지 않아 자루각을 측정하기는 어려워 분명한 자루각의 변화를 말하기는 어렵다. 다만 전체적인 자루각의 크기가 5°를 넘지 않는 것으로 볼 수 있으며 표충1 숟가락은 자루가 거의 편평해져서 1~2° 정도에 불과할 것으로 판단되었다.[6]

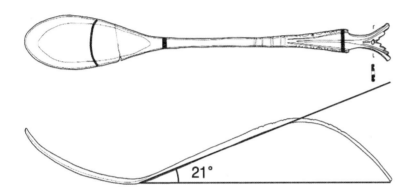

도 1
자루각 측정 예시도

이와 같은 결과를 고려하여 제작시기를 나누어보면 통도140~142가 술잎비 28%로 가장 시기가 앞서고 동화사 숟가락이 31%로 그 다음 시기에 제작한 것으로 보인다. 그 다음이 술잎비 35% 내외의 통도122~130이고 마지막으로 제작되었다고 볼 수 있는 것이 술잎비가 40%에 달하는 표충2~4 숟가락과 술잎비 50%의 표충 1숟가락이 된다.

구체적인 제작시기는 우선 통도사 소장 숟가락 가운데 통도140~142는 「天啓三年通度寺化主儀寬」이라는 명문이 남아 있고 젓가락 상단에 구멍을 내고 고리를 달아 연결된 3벌의 통도143~145 젓가락에도

6 정의도, 2013, 「조선 후기 숟가락의 변화」, 『문물』 3호, 한국문물연구원, pp.283~284.

「化儀寬天啓二年」이라는 명문이 새겨져 있어 이 세벌의 수저 제작시기가 천계3년이라는 점에는 별다른 의문이 없다. 천계3년은 광해군15년이자 인조 즉위년이며 서력기원 1623년에 해당된다. [사진 1]

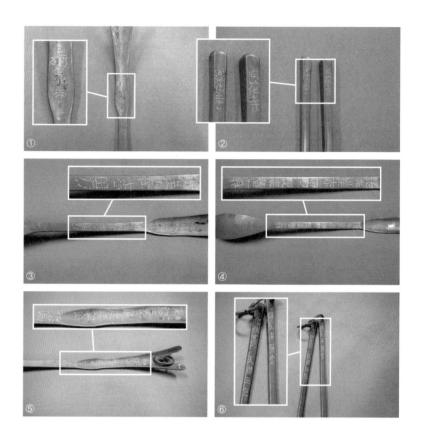

사진 1
① 동화1
② 동화2
③ 통도122
④ 통도125
⑤ 통도140
⑥ 통도144

술잎비와 자루각을 참고한 제작시기는 그 다음이 동화사 숟가락인데 손잡이에 약한 능형의 돌기를 만든 것이 통도140~142의 제작 예와 유사하여 별다른 시기 차가 없거나 있다고 하여도 크게 나지는 않을 것으로 생각된다. 다음에 이어지는 것이 「施主崔末男」을 새긴 7점과 「施主崔末男化主道具」을 새긴 2점 등이다. 이 숟가락은 시주가 최말남이라는 사람인데 모두 9점을 제작하여 그 중에 2점에만 화주 도구를 덧붙였다. 화주는 불사의 소임을 맡은 사람이므로 화주에 이어지는 명칭은 일반적

226

으로 스님의 법명이 들어가는 것이 정상적이라 하겠는데 여기에 점각된 법명은 「道具」로 판독된다.

도구가 지금으로서는 「tool」이라는 뜻으로 해석되어 좀 이상한 점이 없지 않아 「道見」 「道昊」 「道昗」 「道眞」 「道且」 등으로 판독을 해보았지만 이 중 어느 것도 분명하다고 말하기는 어렵다. 어쨌든 「化主」라는 명문은 분명하므로 이어져야 할 것은 법명이라는 것이다. 어쨌든 이들 9점 숟가락의 제작 시기는 아직 쌍어형의 전통이 강하게 남아 있지만 술잎비가 커진 점으로 미루어 보면 17세기 중 후반에 편년할 수 있지 않을까 싶지만 이 시기에는 더 이상 분묘에 숟가락을 부장하지 않았기 때문에 동반유물과 아울러 검증하기는 어렵다.

지금까지 조사 결과에 따르면 17세기에 조성된 분묘는 거의 확인되지 않는다. 백자접시와 대접, 청동합 등과 함께 숟가락을 부장품으로 매장하던 16세기까지의 상황은 조선 개국 이래 강조되던 주자가례에 따른 장례절차의 확산과 아울러 임진왜란과 병자호란을 거치면서 완전히 변화하게 된다. 부장품이 아예 없는 경우가 허다하고 있다고 하여도 상평통보 몇 점이나 백자 접시와 담뱃대가 일부 출토될 뿐이다.

다음 단계에 편년되는 것이 표충사 소장의 쌍어형 숟가락 3점과 기본형 숟가락 1점이다. 쌍어형 숟가락 3점을 살펴보면 자루 끝에 손잡이로 달린 쌍어문은 완전히 형식적으로 퇴화되어 그 부분을 잡기 어렵게 제작되었고 고려시대 전통적인 쌍어형 숟가락에 1개의 구멍을 내던 것이 6개를 만들어 이 또한 장식으로만 인식되고 있음을 보여준다. 그러나 술잎비는 크게 높아져 40%를 넘어서고 있으며 기본형은 50%를 넘어서 숟가락의 형태가 거의 19세기 말의 형태에 가까워지고 있음을 보여주고 있다. 그러므로 표충사 소장 숟가락 가운데 3점의 쌍어형 숟가락은 18세기 중반경으로 제작시기를 추정할 수 있고 표충1 숟가락은 18세기 말이나 19세기 초로 편년할 수 있을 것이다.

04 숟가락의 제작배경

숟가락의 제작시기를 밝혔다면 유례가 드문 형태의 숟가락 제작배경을 밝히는 것은 반드시 필요한 작업이라고 생각된다. 그러면 먼저 숟가락의 용도를 먼저 검토하여 보기로 한다. 앞서 제시한 숟가락은 일단 크기가 모두 식탁에서 일반적으로 사용하는 대체적인 크기 25cm를 훨씬 상회하고 있어 식탁에서 사용한 것으로 볼 수는 없을 것이다.

앞서 지적하였다시피 통도사 숟가락은 12점 가운데 9점이 길이가 38cm 내외이고 나머지 3점은 길이가 47cm에 이른다. 그리고 동화사 숟가락도 길이가 45cm를 넘고 표충사 숟가락은 33cm나 되는 대형이다. 또한 숟가락에 새겨진 명문도 주목된다. 먼저 통도140~142에 새겨진 「天啓三年通度寺化主儀寬銘」이나 통도143~145에 새겨진 「化儀寬天啓三年銘」은 천계 3년(1623)에 통도사에서 화주 의관이 만들었다는 뜻이다. 또한 「施主崔末男」이 새겨진 숟가락은 최말남이 시주하여 만들었다는 것이다.

앞서도 지적하였다시피 일반적인 식탁에 쓰기는 어려운 30cm가 넘는 대형의 숟가락 가운데 45cm 내외의 것과 35cm 내외의 것이 있다는 것이다. 그렇다면 이렇게 크게 두 가지 크기가 있다는 것은 어떻게 이해될 수 있을까. 조선시대에 치러진 제사의 정점에는 종묘대제가 있고 이 종묘대제 제기에는 黍稷匕와 시저가 포함되어 있다.[7] 칠직비는 메기장과 찰기장을 태우기 위해 조금씩 덜어낼 때 사용하는 수저인데 그 길이는 40.5cm이다. 또한 종묘 제사에서 사용하는 숟가락은 길이가 28.9cm에 이르러 종묘 제기 중에서도 숟가락의 크기는 용도에 따라 40cm 내외와 30cm 내외 두 가지로 나누어진다는 것을 알 수 있다.

이런 점을 참고하면 이렇게 두 크기의 숟가락은 제사용으로 제작되었다고 보는 것이 타당하지 않을까 한다. 그렇다면 왜 불가에서 17세기에 이르러 종묘에서나 사용함직한 제사용 숟가락과 젓가락을 제작하게 되었을까? 제사는 유교적 의례로서 친족체계를 지키고 같은 친족임을 과시하는 절차이자 행위로 간주되는 것이다. 16세기를 지나 17세기에 이르면 조선사회는 종족 개념이 깊이 자리 잡게 되어 종족 소유의 묘소와 위패를 봉안한 사당에서 의례 행위를 치렀고 이 행위를 통하여 같은 선조의 후손임을 과시하고 친족의 유대와 결속을 강화하고자 하였는데 그 행위의 중심이 제사였다.[8]

이 같은 유교 사회의 제사가 불교계에 영향을 끼친 것은 적지 않았고 오히려 강력한 사회 지배 이념으로 세를 키워가는 신유교 앞에 불교계는 유교 이념을 받아들일 수밖에 없었고 제사라는 유교 형식의 의례를 행하게 된 그 결과가 통도사 소장 청동수저이며 동화사 소장 청동수저라고 볼 수 있는 것이다.

실제로 17세기에 들어 불교계는 임진왜란 이후 한층 강화된 지배 이

---

7 궁중유물전시관, 2004, 『종묘대제문물』.
   국립고궁박물관, 2014, 『宗廟』.

8 마르티나 도이힐러 지음·이훈상 옮김, 2013, 『한국의 유교화 과정—신유학은 한국사회를 어떻게 바꾸었나』, 너머북스, pp.23~32.

넘으로 자리 잡게 된 성리학의 간섭을 피할 수 없게 된 것은 피할 수 없었던 현실적인 문제였다. 당시 조선 사회에서 불교에 대한 유교의 박해는 심각한 수준이었다. 조선 초기부터 시작된 숭유억불책은 16세기에 들어서도 멈추지 않았다.[9] 예를 들면 연산군은 선종의 본사인 흥천사와 교종의 본사인 흥덕사 · 대원각사를 폐하고 공해로 삼았다. 삼각산 각 사찰의 승려를 쫓아내어 빈 절로 만들고, 성내의 니사를 헐고 니승은 궁방의 비로 삼았다. 또 승려를 환속시켜 관노로 삼거나 취처하게 하였으며, 사사의 토지를 모두 관부에 몰수하였다. 이때 승과도 중지되고 양종 본사도 없애버렸다. 그리고 중종 연간에는 승과를 완전히 폐지시키고 경주의 동불상을 부수어 군기를 만드는 한편 원각사를 헐어 그 목재를 연산군 때 헐린 민가의 재축 자재로 나누어 주기도 하였으니 불교는 그야말로 명맥만을 유지한 형편이었다.

한편 발굴조사에서 확인된 억불의 극단적인 예는 도봉서원의 복원 과정에서 드러난 바 있다. 서울 도봉구의 도봉서원은 1572년 건립됐으며 정암 조광조와 우암 송시열을 배향한 서울 내 유일한 서원이다. 임진왜란 때 소실됐다가 복원 후 조선말 흥선대원군의 서원폐기정책으로 다시 없어지는 우여곡절을 거쳐 20세기 들어 두차례에 걸쳐 일부가 복원된 상태였다. 서울시가 도봉서원을 시유형문화재로 지정하자 도봉구가 시행한 복원을 위한 발굴과정에서 불교유물이 무더기로 발견되었다. 그 결과 도봉서원은 고려 때 지은 사찰 영국사를 허물고 건립된 것이 밝혀졌으며, 이는 조선의 숭유억불책에 따른 불교탄압의 역사적 증거라고 볼 수 있다.[10]

이러한 상황에서 불교계가 유교의 눈치를 보지 않을 수 없었던 현실

---

9 이봉춘, 2003, 「불교계의 동향」 『한국사31. 조선 중기의 사회와 문화』 탐구당, pp.386~401.

10 서울문화유산연구원, 2012, 「서울 도봉서원 복원사업부지내 매장문화재 발굴조사 약식 보고서」

은 다음과 같은 글에서도 입증된다. 즉 16세기 말의 고승 서산대사 휴정은 『禪家龜鑑』이라는 책에서 다음과 같은 말을 남기고 있다. 「예전에 불교를 배우던 사람들은 부처님의 가르침이 아니면 말하지 않았고 부처님의 행실이 아니면 행하지 않았다. 그러므로 보배로 여긴 것은 오직 대장경에 있는 부처님의 가르침뿐이었다. 그런데 오늘날 불교를 공부하는 사람들이 전하여 가면서 외우는 것은 세속 선비들의 글이요 청하여 지니는 것은 벼슬아치 시 뿐이다. 그것들을 고급 종이에다 아름다운 비단으로 책을 꾸미면서 아무리 많아도 족한 줄 모르고 가장 큰 보배로 여기고 있다. 아 오늘날 불교를 공부하는 사람들이 보배로 삼는 대상이 예전 사람들과 어찌 이다지도 다를 수 있단 말인가?」라고 하여 16세기 중반 이후 승려들이 사대부들의 글을 가지고 보배롭게 생각한다는 것이 상당히 일반적인 풍조였음을 개탄하고 있는 것이다.[11]

　「선가귀감」이 편찬되던 가정 갑자년(명종 19년/1564)이 이런 상황임을 감안하면 광해군 15년(1623)에는 유교로의 쏠림은 더욱 심하여 불가에서 유교식 제사를 지냈고 이를 위하여 제기의 하나로 청동수저를 제작하였던 상황도 짐작이 가는 것이다. 더구나 제사용 숟가락이 전하고 있는 표충사는 원래 원효가 창건한 죽림사를 신라 흥덕왕 때 황면이 재건하여 영정사로 개칭한 절이 있었다. 표충사라는 이름은 사명대사를 제향하는 사당을 당시 서원의 격으로 표충서원이라 편액하고 일반적으로 표충사로 불렀는데, 이 사당을 사찰에서 수호하여 왔으므로 사(祠)가 사(寺)로 바꾸어진 것이다. 말하자면 영정사라는 사찰 전통의 명칭이 충절이라는 유교적 국가이념으로 바뀐 것을 의미하며 이것은 유교적 가치관이 사찰의 명칭까지 바꾸게 되는 사회적 분위기를 대변해 주는 것이라 하겠다.

11　西山大師 지음·원순 역해, 2007, 『禪家龜鑑』 「序 古之學佛者 非佛之言 不言 非佛之行 不行也 故所寶者 惟貝葉靈文而已 今之學佛者 傳而誦則 士大夫之句 乞而持則 士大夫之詩 至於紅綠色期紙 美錦粧其軸 多多不足 以爲至寶 吁 何古今學佛者之 不同寶也」

이러한 상황가 관련시켜 본다면 불교계에 남아 있는 유교적 영향의 결과물은 상당히 많다고 할 수 있다. 먼저 통도사에 소장되어 있는 불기는 실제로 그 형태가 종묘대제의 수라기, 탕기, 면기와 그 형태가 동일한 것으로 조선시대 분묘에서 자주 출토되는 청동대부합과 유사하며 불교와 깊은 관계가 있다고 볼 수 없는 기물이다. [사진 2]

사진 2
① 직지성보박물관 소장 불기 일괄
② 쌍계사 소장 불기
③ 해인사 소장 불기
④ 종묘대제문물
 – 수라기, 탕기, 면기

일제강점기를 지나면서 많은 청동제기들이 남아 있지 않지만 합천 해인사나 대구 파계사, 고성 옥천사, 구미 수다사, 김천 직지사 등에 남아 있는 불기들은 그 형태로 보아 종묘에 보관되어 있는 제기들과 별다른 차이가 없는 것이다.[12]

---

12 이번 글에서 소개하고 있는 각 사찰의 불기나 고승진영, 목패, 사찰벽화 등의 자료는 모두 문화재청·재)대한불교조계종 유지재단 문화유산발굴조사단, 2008, 『한국의 사찰문화재 전국사찰문화재일제조사 대구광역시/경상북도Ⅰ』; 문화재청·재단법인 불교문화재연구소, 2008, 『한국의 사찰문화재 전국사찰문화재일제조사 대구광역시/경상북도 Ⅱ』; 2009, 『한국의 사찰문화재 전국사찰문화재일제조사 경상남도Ⅰ』; 2010, 『한국의 사찰문화재 전국사찰문화재일제조사 부산광역시/울산광역시/경상남도Ⅱ』; 2011, 『한국의 사찰문화재 전국사찰문화재일제조사 경상남도Ⅲ』; 문화재청·사단법인 성보문화재연구원, 2008, 『한국의 사찰벽화 사찰건축물 벽화조사보고서/경상남도』; 2009, 『한국의 사찰벽화 사찰건축물 벽화조사보고서/경상남도』; 2010, 『한국의 사찰벽화 사찰건축물 벽화조사보고서/대구광역시·경상북도』; 2011, 『한국의 사찰벽화 사찰건축물 벽화조사보고서/대구광역시·경상북도』; 2014, 『한국의 사찰벽화 사찰건축물 벽화조사보고서/전국』에서 영남지역을 중심으로 자료를 찾았다.

① ② ③ ④

사진 3
① 자장율사진영
　(통도사성보박물관)
② 부종수교국일대선사
　호암당진영(범어사)
③ 부종수교청허당대선
　사진영(보경사)
④ 개산조사순응대덕진영
　(해인사)

　또한 통도사를 비롯한 영남지역의 많은 사찰에는 고승진영이 전하고 있다. 조선 후기 경상도지역 고승진영의 연구 결과에 의하면 대체로 1,000여 점에 이르며 제작 시기는 18세기에서 20세기에 집중된다고 한다. 또한 이를 유형분류하면 의자에 앉은 의자형과 바닥에 앉은 가부좌형으로 나눌 수 있고 의자에 앉은 형식이 조선 중기부터 이어지는 고식이라고 하였다.[13] 이 연구의 방향이 회화사적인 것이어서 저자는 왜 고승을 의자에 앉은 모습으로 그리게 되었는지는 설명하지 않고 있다. [사진 3]

　그 이유를 살펴보면 조선의례를 정리한 가장 기본적인 예서로는 조선전기에『국조오례의』가 있고 조선후기에는『春官通考』가 있다. 특히 춘관통고는 정조 12년(1788)경 유의양이 왕명을 받아『春官志』『國朝五禮通編』등을 바탕으로 예조가 관장하는 모든 예제와 예무를 吉·嘉·殯·軍·凶의 오례로 나누어 정리 편찬한 책이다. 춘관통고 흉례에「靈座交椅」라는 제목 아래 그림이 남아 있고 이 교의는 신백함을 안치하는 곳으

13　김국보, 2008, 「조선후기 경상도지역 고승진영 연구」, 동아대학교 대학원 박사학위논문, pp.38〜55.

靈座交椅

所安神帛
以神帛者

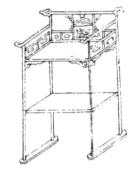

사진 4
春官通考 靈座

사진 5
표충사 위패 및 교의(좌:기허대사 우: 사명대사)

로 가래나무로 만든다고 하였다.[14] 그런데 이 춘관통고의 영좌교의가 고
승진영에서 고승들이 앉아 있는 의자와 그 형태가 다르지 않다는 것이
다. [사진 4]

이것은 두말할 것도 없이 유교식 장례절차가 불교에 흡수되었다는
말해주는 증거로 볼 수 있다고 생각된다. 이러한 상황은 표충사에 남아
있는 의자에 앉은 서산대사영정이나 사명대사영정, 기허대사영정 등에서

---

14 『春官通考』卷八十五 凶禮 靈座交椅 所以安神帛函者 補編交椅用楸木 長兩尺用營造
尺下竝同 高前三尺 後四尺廣尺七寸 三面設虛兒 後面另刻風牧丹 設兩層精板唐朱漆
成殯後倭朱漆 小喪黑漆 成殯後黑眞漆 返虞後神座交椅制同(신백함을 안치하는 것이
다. 교의는 가래나무(楸)로 만들며, 영조척(營造尺)으로 길이는 두 자, 높이는 앞이 세
자, 뒤가 네 자이며, 넓이는 한 자 일곱 치이다. 삼면에 허아(虛兒: 구멍)를 설하였고, 후
면에는 별도로 바람과 모란을 새겼으며, 양층에는 정판(精板)을 설치한다. 당주칠을 한
다. 성빈 후에는 왜주칠을 한다. 반우 후의 신좌교의(神座交椅)도 만드는 방식이 같다.)

도 보이고 있지만 사명대사와 기허대사의 위
패함과 교의, 그리고 청허대사의 위패함에도
남아 있다고 하겠다. [사진 5] 말하자면 불교 승
려라고 할지라도 그들의 사후 제사는 유교식
으로 치러졌음을 보여주고 있다는 것이다.[15]

또한 영천 은해사, 구미 대둔사, 김천 직
지사, 고성 옥천사, 합천 해인사, 밀양 표충사
등 수많은 사찰에는 목패라는 유물이 전하고
있고 지금도 사용되고 있다. [사진 6] 이 목패는
유교식 제사에서 죽은 사람을 상징하는 위패
하고 다른 것이 아니다. 조선후기에 제작된

사진 6
목패 (상: 범어사 하: 파계사)

표충사 大覺登階錦潭堂大禪師 大覺登階幻月堂大禪師之位, 해인사 性波
堂首座達俊之位, 中庵堂大禪師之位, 浩然堂大禪師善賛之位, 그리고 김
룡사 鼈巖堂大禪師可僞之眞影은 위패에 당호를 써서 진영으로 삼았고
표충사 包虛堂璨溟之位 진영은 위패를 당호를 위패 형식으로 그리고 그

---

15 기허대사의 교의는 세월을 지나면서 훼손되었을 가능성이 높다. 그리고 교의의 높이가
110cm에 달하는데 춘관통고에 교의의 높이는 뒤쪽이 4척(120cm)이라고 하였으니 유
교 법식을 따라 제작한 것이 분명하다고 하겠다.

사진 7
① 표충사− 표충사대각등계 금담당대선사   ② 표충사− 표충사포허당찬명영정
③ 해인사− 중암당대선사영   ④ 해인사홍제암−호연당대선사선찬진영

것을 영좌교의 위에 올려둔 것이다. [사진 7] 그러므로 양산 통도사를 비롯한 문경 봉암사, 또한 대구 동화사, 양산 통도사, 영천 은해사, 부산 범어사 등지에 남아 있는 의자에 앉아 있는 고승진영과 목패 등은 유교식 장례절차가 불교식 장례절차에 혼입된 것임을 보여주는 자료라고 하겠다.

아울러 또 한가지 주목할 것은 사찰에 남아 있는 벽화에 관한 것이다. 사찰벽화는 부처의 일생을 그리거나 불교 관련 고사를 그림으로 그리거나 단청으로 장식하여 부처의 위엄을 더하는 것이 그 목적이라고 하겠으나 부산 운수사 대웅전, 문경 봉암사 극락전, 김천 직지사 대웅전, 봉정사 대웅전 등에서 나타나는 묵매도나 산수도, 화훼도 등은 불교와는 관련이 없고 유교적 가치가 불교 전각에 투영된 결과라고 볼 수 있다. [사진 8]

이와 같이 조선전기에서 조선말기에 이르기까지 불교계는 국가이념으로 등장한 유교의 영향에서 자유로울 수 없었다. 그러한 결과가 유교식으로 고승진영을 제작하게 되고 사찰 전각의 벽화 또한 유교적 이념의 상징이랄 수 있는 매화도, 화조도, 오죽도 등을 그리게 되는 것이다.

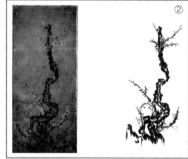

사진 8
① 고성 운흥사 대웅전–모란괴석도　　② 창녕 관룡사 약사전–매화도
③ 부산 운수사 대웅전–묵죽도　　　　④ 봉정사 영산암 응진전–파초도, 묵매도

또한 유교적 제사 또한 받아들여서 유교 관련 의례서가 사찰에서 사용
되고[16] 유교식으로 제작된 위패가 유행하게 되기도 하며 아울러 통도사,
동화사, 표충사에서 보게 되는 제사용 숟가락과 젓가락도 제작하여 사
용하게 되는 것이다.

---

16 현재 남아 전하는 사찰의 도서목록을 살펴보면 불경이 주를 이루는 가운데 논어, 맹자,
   장자, 주역, 주역전의대전, 고문진보(고성 옥천사), 논어, 효경, 맹자, 대학, 시경, 주역,
   가례보의, 상례비요, 춘추좌전, 주자대전(김해 은하사), 주역, 주역언해, 서전, 시전, 시경
   언해, 맹자집주대전, 논어집주대전, 자치통감강목(양산 통도사) 등 상당량의 유교서적
   이 보관되어 있다.

05 맺음말

지금까지 양산 통도사 성보박물관에 수장된 청동숟가락과 젓가락, 대구 동화사 성보박물관에 수장된 청동숟가락과 젓가락, 그리고 밀양 표충사 성보박물관에 수장된 청동숟가락과 젓가락에 대하여 각각의 제 작시기와 제작 배경 등에서 살펴보았다.

먼저 통도사 숟가락과 젓가락은 모두 12벌인데 명문과 크기, 형태 로 보아 「천계」명이 새겨진 3벌의 수저와 「시주최말남」명이 새겨진 것 으로 구분되었다. 천계3년명 숟가락과 젓가락은 크기가 각각 47cm 와 43.5cm에 달하는 것이며, 시주최말남명 숟가락과 젓가락도 크기 가 38cm와 35cm에 달하는 것으로 그 크기로 보아 우리나라에서는 그 유례가 드문 것이었다. 아울러 대구 동화사 청동숟가락과 젓가락도 45.5cm와 40.2cm에 달하고 밀양 표충사 숟가락과 젓가락도 33cm와 26cm에 달하여 식탁에서 일상적으로 사용하는 수저로 보기는 어려운 것이었다.

천계3년(광해군15년, 1623)으로 제작시기가 분명한 것과 동화사명이 남 아 있는 숟가락과 젓가락은 크기나 형식이 유사하여 제작시기에는 별다른 차이가 없을 것으로 보았다. 그런데 시주최말남명 숟가락과 젓가락은 술잎비가 앞선 것보다는 커서 19세기에 이르러 술잎이 둥글게 변하는 경향이 나타나는 것을 참고하여 17세기 말 경 제작된 것으로 보았다. 그리고 표충사 숟가락은 쌍어형으로 부가된 손잡이가 완전히 형식화되어 있고 술잎비 역시 시주최말남명 숟가락 보다는 커서 18세기 이후에 제작된 것으로 보았다.

이러한 숟가락은 제사용으로 보았는데 사찰에서 제사용 숟가락이 제작된 것은 숭유억불책으로 유교의 간섭을 피할 수 없었던 상황에서 유교식 제사를 받아들이게 되면서 제작되었을 것으로 판단하였다. 그러한 상황은 사찰에 남아 전하는 불기라고 통칭되는 것이 종묘에서 사용되는 제기들과 그 형태가 별반 다르지 않다는 것에도 관찰되며, 유교식 위패가 목패라는 명칭으로 많은 사찰에서 남아 전하는 것, 아울러 고승 진영에서 고승을 의자에 앉은 모습으로 그린 것이 고식으로 전하고 있는데 그 의자는 유교식 제례에서 사용하는 것으로 확인된다. 또한 사찰의 벽화에 매화도나 묵죽도, 화훼도 등을 그리게 되는 것은 유교적 이념이 불교 사찰에 반영되어 남겨진 것으로 볼 수 있기 때문이다.

끝으로 숟가락이 문화재라는 측면에서 한 가지 아쉬운 점이 있다. 전 세계적으로 보아도 식탁의 시작부터 끝까지 숟가락으로 식사를 하는 전통은 우리나라에만 남아 있는 것으로 알고 있다. 우리가 식탁에서 숟가락으로 밥을 먹기 시작한 것은 고려와 요의 교류 이후라고 보아도 천년을 넘는 역사적 배경을 지니게 되었다는 것이다. 하나의 전통이 천년을 넘는다는 것은 실로 대단한 일이며 그 전통이 오늘에까지 이어지고 있다는 것은 더욱 희귀한 일이 아닐 수 없다는 것이다. 그런 점에서 본다면 우리의 식문화를 대표하는 도구가 숟가락이라 하겠는데 아직 우리나라에서는 식문화전통을 대표하는 문화재로서 그 가치를 인정 받아 지정된 사례가 없다는 것이 현실이다. 숟가락이 너무 흔해서 지정하지 않

있다면 그것도 타당한 견해가 될 수는 없는 것이다. 더구나 이번에 소개한 숟가락 가운데 3점은 「天啓三年」이라는 뚜렷한 제작시기와 「通度寺」라고 하는 장소, 그리고 「化仅寬」이라는 화주명까지 명문으로 남아 있는 희귀한 자료이다.

우리의 소중한 식문화 전통을 대표하는 식도구로서 숟가락을 문화재로 지정하지 않을 이유가 하나도 없지 않을까. 관계자들이 빠른 시간 내에 실행하여 우리의 소중한 식문화 전통을 수호하는 상징적 조치로 삼아야 할 것이다.

고고자료로 본
조선시대의 젓가락 연구

6

01 머리말

젓가락은 한 쌍의 가늘고 짤막한 나무나 청동 등의 재질로 만든 것으로 음식이나 그 밖의 다른 물건을 집는 기구를 말한다. 일반적으로 젓가락은 식탁에서 음식물을 입으로 운반하는 가장 기본적인 도구이지만 제사나 의식에서 사용되기도 하고 난로의 재를 정리하는 도구나 작은 물건을 집어서 옮기는 도구 또한 젓가락으로 부를 수 있다.

우리나라에서 젓가락 사용은 중국의 영향으로 상당히 오래되었을 것으로 추정된다. 먼저 기장 고촌유적에서 대나무로 제작된 젓가락이 출토되었고 무령왕릉에서도 청동젓가락이 출토된 바 있어 이와 같은 짐작을 뒷받침하고 있다. 그러나 우리나라는 밥상에서 숟가락을 주로 사용하는 전통을 이어오고 있고 이것은 이웃 중국이나 일본과는 구별되는 점이다. 그렇다고 하여도 지금 우리들의 젓가락 사용의 전통은 조선시대에 닿아 있다고 보는 것이 타당할 것인데 조선시대에는 어떤 젓가락을 사용하였는지 또는 어떠한 배경에서 젓가락 사용이 보다 일반화되었는지 알지 못하고 있다.

지금까지의 발굴조사 자료나 연구 결과를 참고하면 우리나라에서 젓가락이 일반적으로 사용된 것은 조선 전기로 올려 보기는 어렵고 조선시대 18세기를 지나 19세기를 지나면서라고 생각된다. 그러나 임진왜란이 끝이 난 이후 장례 풍습이 일변하면서 분묘에는 숟가락이나 젓가락을 부장하지 않게 되어 젓가락 사용에 대한 구체적인 변화를 짐작하기가 쉽지 않다.

이 글은 우리나라에서 출토되고 있는 젓가락을 삼국시대에서 고려시대까지 일차적으로 검토한 다음 조선시대 젓가락 사용의 상황을 점검하여 보고자 한다. 젓가락 사용이 확산되고 정착되는 것으로 보이는 조선시대에 사용된 젓가락에는 어떤 것이 있으며 어떤 상황에서 출토되었는지 살펴보고 이를 바탕으로 젓가락 사용의 구체적인 상황을 검토하여 보기로 한다.

삼국시대~고려시대
젓가락 자료와 고찰

젓가락이 출토되는 상황은 시대에 따라 다르다. 청동기시대까지는 출토예가 아직 확인된 바가 없지만 삼국시대에는 고분과 사지에서 나타난다. 본격적으로 젓가락이 사용되는 시기로 생각되는 고려시대에는 분묘에서 주로 출토되고 이것은 조선시대 전기까지 이어진다.

1) 삼국시대-통일신라시대의 젓가락

우리나라에서 젓가락 가운데 가장 오래된 것은 부산 기장고촌유적에서 출토된 대나무 젓가락이 있고 그 이외에는 고분과 사지에서 출토된 것이다. 그러나 이들은 모두 삼국시대의 것으로 편년되며 지금까지 통일신라시대의 젓가락이 발견된 바는 아직 없다.

a. 기장 고촌유적 젓가락

저습지에서 출토된 것이며 4세기대의 토기편, 베틀 부속을 비롯한

다수의 목기와 함께 가지런히 놓
인 상태로 출토되었다. 이 한 쌍
의 젓가락은 대나무로 제작된 것

도 1
기장 고촌유적 출토
대나무 젓가락

으로 한 짝은 완형으로 상단을 사선으로 깎아 정면하고 하단은 뾰족하
게 깎아 마무리하였다. 다른 한 짝은 하단 일부가 결실되었고 대나무 마
디가 그대로 드러나 있다. 길이는 각각 28.6cm, 28.2cm 정도이다.[1] [도 1]

b. 무령왕릉 젓가락

무령왕릉에서는 청동 숟가락 3점과 2쌍의 청동 젓가락이 출토되었
다. 2쌍의 젓가락은 무령왕릉의 관대 앞에서 발견된 것으로 각각의 길
이는 21.2cm, 19.6cm이며 조금 더 긴 것이 길이 19.5cm의 숟가락과 짝
이 되고 조금 짧은 젓가락이 길이 18.2cm의 숟가락과 짝이 되는 것으
로 볼 수 있다. 두 쌍의 젓가락 가운데 한 쌍은 단면 원형이며 잡는 부분
의 직경은 0.4cm, 아래 부분은 0.2cm이다. 그리고 조금 짧은 젓가락은
왕비의 것으로 생각되는데 이 젓가락은 단면 팔각형이며 약 5.5cm 지

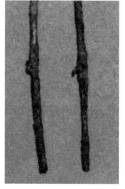

도 2
무령왕릉 출토 청동수저(좌)
젓가락 부분(우)

1 정의도, 2008, 「청동숟가락의 등장과 확산—삼국시대~통일신라시대—」, 『석당논총』 42,
   동아대학교학술원, pp.282~283.
   한국토지주택공사·경남문화재연구원, 2010, 『부산 고촌 택지개발사업지구 내 고촌유적
   (I지구)[본문·부록] [도면·사진]』, pp.241~257, 401.

섬에 고리를 부착하여 두 젓가락을 연결할 수 있는 사슬을 달 수 있도록 하였다.[2] [도 2]

c. 왕흥사 목탑지 젓가락

목탑지 심초석 남쪽 모서리를 중심으로 다량의 사리 장엄구가 출토 되었는데 젓가락도 함께 출토되었다. 이 청동젓가락은 가운데가 부러진 것으로 단면 8각으로 매끄럽게 마연하였으나 각 면이 일정하지는 않다. 이 젓가락은 21.0cm 정도이며 상단에서 5cm 지점에 고리를 부착하여 두 젓가락을 연결할 수 있는 사슬을 달 수 있게 하였다.[3] [도 3]

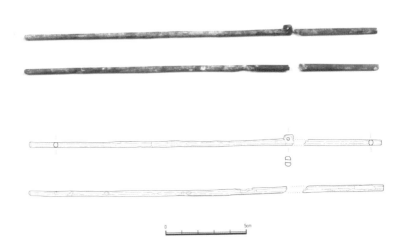

도 3
왕흥사지 목탑지 출토 젓가락

2 문화공보부 문화재관리국, 1973, 『무령왕릉』, pp.12~17, 39~40. 무령왕릉 발굴 40주 년을 맞아 펴낸 국립공주박물관, 2011, 『무령왕릉 연구현황 검토』, 『무령왕릉을 격물하 다』에 무령왕릉에 대한 연구 업적이 망라되어 있다.
3 국립부여문화재연구소, 2009, 『왕흥사Ⅲ』 학술연구총서 제52집, p.64.

2) 삼국시대~통일신라시대의 젓가락 고찰

이상과 같은 자료를 검토하면 삼국시대~통일신라시대의 젓가락 사용에 대하여 다음과 같은 상황을 추정해 볼 수 있다. 먼저 삼국시대에 젓가락을 식탁에서 사용하는 경우는 별로 없었을 것이라고 볼 수 있다. 그것은 먼저 지금까지 발굴 조사된 삼국시대의 고분은 어림잡아도 수천기를 상회할 것이 분명하고 출토유물은 수 만점을 쉽게 넘길 것이지만 그 중에서 숟가락과 젓가락이 출토된 고분은 무령왕릉 단 1기에 불과하다는 것이다.[4] 이러한 상황은 같은 시기 중국 남조 고분의 부장품에 숟가락과 젓가락이 부장되는 상황과도 구별된다.[5] 또한 무령왕릉에서 출토된 숟가락과 젓가락이 당시 중국에서 들어온 수저를 모방 제작하였을 것이라는 견해도 있으므로 무령왕릉에서 출토된 청동숟가락과 젓가락은 당시 일반적인 식도구로서 보기는 어렵다는 것이다.

필자는 삼국시대의 사람들은 아마도 손으로 밥을 먹었을 가능성이 높다고 생각한다. 물론 기장 고촌에서 출토된 대나무 젓가락을 두고 고분 속에 나무로 만든 숟가락이나 젓가락이 부장되었으나 오랜 세월에 남아 있지 않을 가능성도 없지는 않을 것이지만 경산 임당동이나 신창동저습지에서 출토된 목제 식도구 가운데 숟가락이나 젓가락은 포함되어 있지 않다는 점과[6] 토기로 제작된 숟가락이 단 한 점도 출토되지 않

4　문화공보부 문화재관리국, 1973, 『무령왕릉』.

5　중국 남조 묘장의 출토유물에 대하여는 중국 측 발굴조사 보고서를 검토하여야 하는데 전반적인 것을 보기는 어려운 실정이고 1956년 이래 발간되고 있는 고고학지 『考古』와 『文物』을 참고하여 출토유물을 검토한 것은 다음의 논문이 참고가 된다. 정의도, 2014, 「무령왕릉 출토 청동수저」, 『한국고대숟가락연구』, 경인문화사, pp.145~177.

6　국립가야문화재연구소, 2008, 『한국의 고대목기-함안 성산산성을 중심으로-』 연구자료집 제41집, pp.39~66. 이 자료집에는 목기를 무기류, 농공구류, 용기류, 식사구, 생활구, 방직구, 문방구 및 목척류, 운반구, 악기류, 의례용, 건축부재, 기타 및 용도 불명 등으로 분류하였다. 이 자료집의 식사구류에는 광주 신창동에서 출토된 국자, 국자형 목기 등이 포함되어 있으나 숟가락이나 젓가락으로 분명하게 볼 수 있는 것은 없다. 또한 국립공주

는 깃은 당시의 상황을 알려주고 있다고 생각된다. 아울러 한대에 쓰여진 『禮記』에 「남과 함께 먹으면 손을 문지르지 않는다. 밥을 뭉치지 말고 방반하지 않으며 물마시듯이 들이 마시지 않는다.. 밥을 헤치지 말며 기장밥을 젓가락으로 먹지 말아야 한다.」라고 한 것으로 보아 당시 중국에서는 밥을 손으로 먹었다는 것을 알 수 있다. 이와 같은 중국의 사정을 감안하면 삼국시대에도 밥을 먹을 때 손을 이용한 것으로 보이며, 이를 통해 발굴조사된 수많은 삼국시대의 무덤에서 숟가락이나 젓가락이 나오지 않는 까닭을 짐작할 수 있는 것이다. 그러므로 지금까지의 고고 자료로 보아 삼국시대나 통일신라시대에 극히 일부 계층을 제외하면 식탁에서 일반적으로 젓가락을 사용하였다고 보기는 어렵다고 생각된다.

또한 왕흥사에서 출토된 젓가락은 젓가락 가운데 고리를 부착하여 사슬로서 연결할 수 있게 한 것인데 무령왕릉에서 출토된 두 쌍의 젓가락 가운데 동일한 형태의 것이 포함되어 있고 이들의 길이는 20cm~21cm 정도이다. 이 왕흥사 젓가락은 사리 장엄구와 함께 출토된 것인데 감은사 서삼층 석탑이나 화엄사 서삼층 석탑의 장엄구에 포함된 숟가락과 마찬가지로 당시 사리를 사리기에 옮기는 도구로 이용되었을 가능성이 높다고 생각된다.[8] 아울러 기장 고촌유적 출토 대나무 젓

박물관, 2010, 『새로운 만남 백제의 목기』에도 숟가락으로 지목한 목기가 있으나 술부가 음식을 뜨는 기능을 하기에는 어려워 보여 오히려 국자로 보는 것이 타당할 듯하고 젓가락은 사례가 없다.

7 『禮記 曲禮 上』「共飯不澤手 毋搏飯 毋放飯 毋流歠.. 毋揚飯 飯黍毋以箸」여기에서 不澤手라고 한 것은 밥을 먹을 때 손을 문지르지 않는다. 또는 땀이 난 손으로 밥을 먹지 않는다는 뜻으로 밥을 손으로 먹었기 때문이며 毋放飯이라고 한 것은 손가락에 묻은 밥을 다시 그릇에 떨어뜨리지 말라고 한 것으로 역시 손으로 밥을 먹을 때의 예에 대하여 말한 것으로 해석된다.(이민수 역해, 1992, 『禮記』, pp.35~38) 이해원, 2010, 『중국의 음식문화』, 학술연구총서 73, 고려대학교출판부, pp.119~125.

8 왕흥사지와 무령왕릉에서 출토된 고리가 달린 젓가락은 병차를 굽는 젓가락일 가능성이 크다는 지적도 있으나 무녕왕릉에서 출토된 수저 두벌은 모두 관 밖에서 출토된 것으로 숟가락은 연도의 입구에 동발과 같이 두었고 젓가락은 관대 앞에 청동잔과 같이 둔 것이다. 이것을 병차를 굽는 젓가락으로 보려면 그에 상응하는 고고학적 근거가 있어야 하겠지만 구체적인 근거는 없다.(문화공보부 문화재관리국, 1973, 『무령왕릉』; 정의도,

도 4
일본 정창원 소장
은제금도금수저

가락도 그런 점에서 식도구가 아니라 특정한 기물을 집거나 제사에서

사용된 도구로 보는 것이 좋을 듯하다.

　통일신라시대의 젓가락은 우리나라에서는 아직 출토된 예가 없고

숟가락은 호암산성이나 부소산에서 청동숟가락이 발견되어 국립중앙박

물관에 소장되어 있다. 이것은 통일신라시대의 식탁에 젓가락이 일반적

으로 사용되지 않고 있음을 보여주는 자료라고 하겠다. 게다가 20점이

넘는 청동숟가락이 출토된 월지(안압지)에서도 젓가락은 단 한 점도 출

토되지 않아 이와 같은 추정을 뒷받침하고 있다. 또 신라의 물건이 많이

전해져 남아 있는 일본 정창원 남창에 신라의 문서로 싸여진 채 보관된

사파리시 345매와 조금 형식이 다른 폭이 넓은 술부를 가진 목엽형 숟

가락, 그리고 패시가 60점 소장되어 있는데, 은제금도금의 숟가락과 젓

가락이[도 4] 한 쌍만 소장되어 있는 것도 이러한 상황을 반영한 것으로

보인다.[9] 그리고 정창원에 보관된 숟가락은 2점을 한 세트로 싸고 있는

데 이것은 아마도 한 숟가락은 음식을 떠오는 용도로, 다른 한 숟가락은

음식을 입으로 가져가는 용도로 사용하였을 가능성이 높다고 생각된다.

　2009, 「무령왕릉 출토 청동시저 연구」, 『선사와 고대』 30, 한국고대학회) 또한 왕흥사에
서 출토된 사리기에서 사리가 나오지 않은 것은 사실이나 사리기의 명문을 보면 사리를
사리기에 사리를 담았던 것은 분명한 것으로 볼 수 있고 감은사탑이나 화엄사 서탑에서
출토된 숟가락은 사리를 담기 위한 도구로 생각되어 왕흥사 젓가락도 사리를 담는 도구
로 사용되었을 가능성이 크다고 생각된다.(정의도, 2008, 「청동숟가락의 등장과 확산-
삼국시대~통일신라시대」, 『석당논총』 42) 또한 종묘에서 사용 중인 망료저 또한 사슬로
연결되어 있어 시사하는 바가 적지 않다.

9　奈良國立博物館, 1988, 『第40回 正倉院展』 昭和 63年, pp.104~105; 2002, 『第54回
正倉院展』 平成 14年, pp.59~65.

3) 고려시대의 젓가락

통일신라시대의 분묘 부장품은 골호나 석관이 유행하면서 일부 요대나 도자 등의 금속기나 토기 등의 부장품은 있었으나 대부분 박장을 유지하는데 고려시대에 들어서면 통일신라시대에 비하여 획기적으로 부장품이 늘어나게 된다. 그 배경에는 요나라나 금나라, 원나라 등과 같은 거란족, 여진족이나 몽골족이 수립한 나라들과 직간접적으로 교류나 교역이 증가하였기 때문으로 생각된다.

고려시대의 젓가락은 대부분 분묘에서 숟가락과 함께 출토되는 청동젓가락이 일반적이지만 예외적으로 고려시대의 침선에서 선원들의 생활도구 중에 청동수저와 함께 나무젓가락이 출수되기도 한다. 다음에는 분묘와 침선에서 출토된 고려시대 젓가락 가운데 대표적인 것들을 선별하여 소개하기로 한다.

a. 인종 장릉 젓가락

수저 한 벌로 출토된 것으로 구리가 소량 포함된 은제이다. 숟가락은 소위 장릉형 숟가락이라는 형식 분류의 기준이 된 것으로 전체 길이는 32.8cm이다. 젓가락은 길이 24.1cm로 손잡이 부분은 죽절형, 단면은 원형이며 집는 부분으로 가면서 가늘어진다.[10] [도 5]

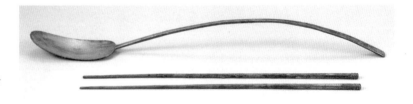

도 5
인종 장릉 출토 은제 숟가락과
젓가락

---

10   국립중앙박물관, 2008, 『고려왕실의 도자기』; 이난영, 1992, 『한국고대금속공예연구』,
일지사, pp.117~120.

b. 강릉 방내리고려묘 젓가락

4기의 고려묘 가운데 2호에서만 북송전(지도원보, 상부통보, 원풍통보 등), 남송전(소흥원보)과 함께 상태가 불량한 청동수저가 출토되었다. 젓가락의 남은 길이는 각각 22cm, 20cm이다.

c. 부여 염창리고분 V-1호 젓가락

청동수저가 호형토기, 청자대접, 청자팔각접시, 청자화형접시 등과 함께 출토되었다. 젓가락은 네 모서리의 각을 줄인 말각방형의 단면으로 가운데 가 양 끝보다 약간 두껍다. 손잡이 부분에는 2조의 음각선대를 배치하였다.[11] [도 6]

▶ 전체 길이 25.8cm, 두께 0.3~0.4cm

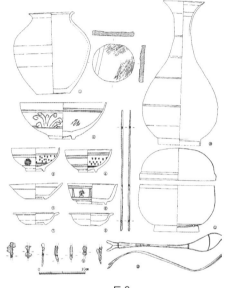

도 6
부여 염창리 고분 V-1호 출토 유물

d. 논산 원북리유적 13호 젓가락

청동발과 수저가 함께 출토되었다. 젓가락의 단면은 사각의 모를 줄인 말각방형이며 중앙에 2조 또는 3조의 홈을 새겨 죽절 장식을 하였다.[12]

▶ 전체 길이 22.51cm, 두께 0.4cm

e. 단양 현곡리고분 14호 젓가락

청동합과 수저가 함께 출토되었다. 젓가락은 1쌍으로 가운데는 2단으로 2줄의 새겨 죽절문을 만들었다. 위쪽은 단면이 팔각형이고 아래쪽

---

11 공주대학교 박물관·대전지방국토관리청, 2003, 『염창리고분군(본문)(도판)』, pp.529 ~533, 312.
12 중앙문화재연구원·중소기업진흥공단·논산시, 2001, 『논산 원북리유적(본문)(도면)』, pp.247~248, 281.

은 인형이다.[13]

▶ 전체길이 26.6cm, 두께 0.4cm

f. 청주 용암 금천동 Ⅱ-1유적 127호 젓가락

토광묘에서 출토된 것으로 청동발, 청동숟가락과 함께 출토된 것이
다. 젓가락은 청동제로 완형이다. 1점은 상단이 단면 팔각형이고 다른 1
점은 단면 장방형이다. 하단의 단면은 모두 원형이다.[14]

▶ 길이 23.1cm, 22.8cm, 두께 0.3cm

g. 태안 마도 1호선 젓가락

13점의 대나무 젓가락 형태의 막대가 출수되었다. 27cm 내외가 6
점, 20cm 내외가 3점, 17cm 내외가 4점이다. 이와 함께 출수된 청동숟
가락은 모두 13점이며 1점만이 쌍어형이고 나머지는 모두 기본형이다.[15]

[도 7]

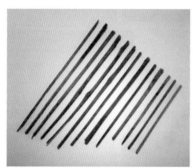

도 7
태안 마도 1호선 출수 대나무 젓가락

13 서울시립대학교 박물관, 2008, 『단양 현곡리 고려고분군』, pp.104~108.
14 한국문화재보호재단·한국토지공사, 2000, 『청주 용암유적(Ⅱ)[본문] [사진]』, pp.246~
    250, 164~165.
15 국립해양문화재연구소, 2010, 『수중발굴조사보고서 태안 마도 1호선』, pp.418~423.

h. 태안 마도 2호선 젓가락

8점의 청동숟가락과 함께 대나무를 쪼개어 만든 젓가락이 완형으로 출수된 것이 18점이고 형태가 완전하지 않은 것이 12점이다. 완전한 형태의 것 중 아래와 위가 동일한 일자형 젓가락은 14점이고 길이는 31.1cm 내외가 11점, 27cm 내외가 3점이다. 아래를 뾰족하게 다듬은 것이 3점인데 길이는 각각 22.6cm, 24.2cm, 21.1cm이다. 또한 나뭇가지의 껍질을 제거한 원형과 타원형 단면의 젓가락도 출수되었다. 모두 부러진 채로 출수되었는데 7점만 전체적인 형태가 확인되었고 길이는 32.3cm, 32.6cm이다.[16] [도 8]

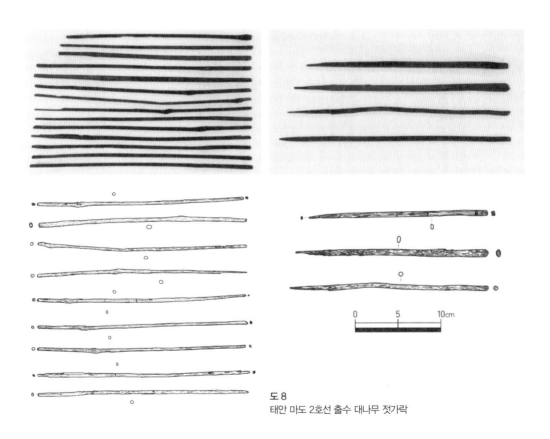

도 8
태안 마도 2호선 출수 대나무 젓가락

---

16 국립해양문화재연구소, 2011, 『수중발굴조사보고서 태안 마도 2호선』, pp.310∼333.

i. 태안 마도 3호선 젓가락

마도 3호선에서는 청동숟가락 9점, 청동젓가락 4점과 함께 대나무 젓가락 7점도 함께 출수되었다. 청동젓가락은 남은 상태로 보아 2벌로 볼 수 있는데 한 벌은 상부는 단면 육각형, 하부는 단면 원형으로 제작되었고 1/3 지점에 2조의 죽절문이 음각되어 있다. 전제 길이는 24.24cm, 두께 0.3~0.4cm이다. 다른 한 벌 또한 제작수법은 동일하며 전체 길이 24.6cm, 두께 0.4cm이다. 대나무 젓가락은 끝이 뾰족한 것과 별다른 처리를 하지 않은 것이 있다. 끝이 뾰족한 것의 길이는 ① 16.4cm, ②20cm, ③26.5cm, ④19.1cm 등인데 ①과 ③은 끝을 비스듬하게 잘랐고 ②와 ④는 끝을 마름모꼴로 다듬었다.[17] [도 9]

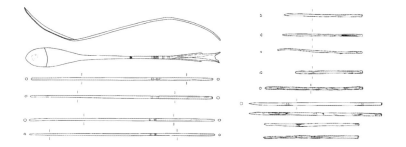

도 9
태안 마도 3호선 출수 청동수저(좌), 대나무 젓가락(우)

j. 광주 쌍촌동유적 2호 젓가락

청동숟가락, 철제 가위 등과 같이 출토되었다. 젓가락은 청동제로 한 점은 완형이지만 다른 한 점은 아래 부분이 훼손되었다. 윗부분의 단면은 팔각형이고 아랫부분의 단면은 원형이다. 1/3 되는 지점에 각각 3조의 홈이 2줄, 2조의 홈을 3줄 새겨 죽절문을 만들었다. 전체 길이

17　국립해양문화재연구소, 2012, 『수중발굴조사보고서 태안 마도 3호선』, pp.280~290, 300~302.

23.7cm, 두께 0.4cm이다.[18]

k. 청도 대전리 고려묘 I-41호 젓가락

토광묘에서 청동숟가락과 한 벌로 출토된 것이다. 2열 1조의 음각
침선 3조를 등간격으로 새겨 죽절문을 만들었다. 상부는 단면 방형, 하
부는 단면 원형이다. 전체 길이 21cm, 두께 0.4cm이다.[19]

l. 안동 태사묘삼공신 젓가락

보물 제451호로 일괄 지정된 고려말 삼태사의 유
물들로 쌍어형 청동숟가락 1점과 젓가락이 3점으로
부러져 전하고 있다. 길이는 각각 15.9cm, 14.5cm,
10.5cm이다.[20] [도 10]

도 10
안동 태사묘삼공신 출토유물

m. 밀양 고법리 박익선생 벽화묘 젓가락

장릉형 숟가락과 젓가락이 출토되었다. 상부는
단면 방형이지만 하부는 단면 원형이며 중간의 손잡
이 부분 가까이에 2조의 음각선을 상하로 배치하고
그 사이에 홈을 돌아가면서 새겨 죽절문을 표현하였
다. 전체 길이 26.2cm, 두께 0.5cm이다.[21] [도 11]

도 11
밀양 고법리 박익선생 묘
출토 수저

---

18 전남대학교 박물관·광주광역시도시공사, 1999, 『광주 쌍촌동 주거지』, pp.208~210.
19 성림문화재연구원, 2008, 『청도 대전리 고려·조선묘군 II』, pp.129~132.
20 진홍섭 편저, 1985, 『국보 5.공예』, pp.162, 228.
21 동아대학교 박물관, 2002, 『밀양 고법리 벽화묘』 고적조사보고 제35책, pp.48~50.
    박익선생은 황희가 쓴 묘표에 의하면 정종 즉위년(1398)에 사망하였으나 분묘에서 출
    토된 영락통보(1403~1424)를 참고하면 이 묘는 박익선생의 사망 당시 조성한 묘는
    아닌 것으로 보인다. 다만 청동수저는 박익선생이 생존 당시 사용한 것으로 보이기 때
    문에 고려시대의 젓가락으로 편년하여 소개한다.(정의도, 2010, 「송은 박익선생묘 출토
    유물의 고고학적 해석」, 『선사와 고대』 제33호)

4) 고려시대의 젓가락 고찰

고려시대에 들어서면 각 지역에 조성된 분묘에서 젓가락이 출토된다. 앞서 예를 든 것은 그와 같은 상황을 정리한 것이지만 그렇다고 젓가락이 대부분의 식탁에서 일반적으로 사용되었다고 보기는 어려울 듯하다. 그것은 무덤에서 출토되는 젓가락은 모두 청동제이며 청동제 젓가락은 거의 대부분 청동숟가락과 같이 출토된다는 것이다.

이와 같은 상황을 설명할 수 있는 유적을 들어 보기로 하겠다. 단양 현곡리에서는 고려분묘 33기가 발굴조사되어 이 분묘의 주인공들은 출토유물의 수준으로 보아 남한강 상류지역에 토착하였던 지방세력이었을 것으로 짐작되었다.[22] 이 분묘군에서는 25기의 인골과 함께 고려시대 분묘에서 출토되는 다양한 유물이 출토되기도 하였다. 예를 들면 청자 압출양각국초화문완, 청자해무리굽완, 청자유병, 청자백퇴화문잔받침, 청자호, 청자광구병, 청자잔, 청자상감중권문발, 청자상감국화문참외모양주자, 백자음각운문완, 백자잔, 도기광구병, 도기유병, 도기호 등의 도자기류, 청동곳, 철제가위, 청동경, 청동합, 청동숟가락과 젓가락, 청동 박쥐문단추, 금동허리띠장식물, 철제도자, 청동도자, 철제고리, 철사, 은제고리, 철제고리 등 고려고분에서 출토되는 대부분의 유물들이 망라되어 수습되었다.[23]

그런데 이 33기의 고려분묘 중 청동숟가락이 출토된 것은 14호, 15호, 17호, 18호, 21호, 26호, 고려3호, 고려4호, 고려5호 등에서 각 1점씩 9점이 출토되었다. 젓가락은 모두 청동젓가락인데 15호, 26호, 고려3호, 고려5호에서 출토되었다. 출토비율을 따져보면 숟가락의 출토비는

---

22 서울시립대학교박물관, 2009, 『고려인의 영원한 삶 단양 현곡리』 발굴성과전, pp.20~25.

23 전게 주13) p.265 표1. 도자기의 편년과 공반 유물 참조.

9/33로 33%이고 젓가락은 4/33이니 12%이다. 그런데 젓가락은 숟가락과 함께 출토되고 있으니 수저가 출토되는 비율 또한 12%가 되는 것이다. 또한 지금까지의 연구 성과를 참고하면 숟가락만 출토되는 분묘보다는 숟가락과 젓가락이 함께 출토되는 분묘의 부장품이 좀 더 풍부하다. 그러므로 고려시대까지도 젓가락은 일반적으로 사용되었다고 보기는 어렵고 일부 집안에서 젓가락을 사용하는 정도였을 것으로 볼 수 있을 것이다.

사실 젓가락이 반드시 필요한 음식은 국수이고 이외의 음식은 숟가락으로 먹어도 되고 손으로 집어서 입에 넣어도 무방하다. 이와 관련하여 『高麗圖經』에서 연회를 기록한 글에 「나라 안에 밀이 적다. 모든 밀은 장사치들이 경동도(山東地域-필자 주)를 통하여 수입하여 면 가격이 대단히 비싸므로 큰 잔치가 아니면 쓰지 않는다.」라고 하였다.[24] 고려시대에 국수가 비싸고 구하기 어려운 음식이었다면 그것을 먹을 수 있는 젓가락을 무덤에 들고 간다는 것은 상대적으로 상당한 재력을 필요로 하는 것임에 분명할 것이다.

그러므로 고려에서는 아직 젓가락이 식탁에서 일반적으로 사용되던 도구라고 보기는 어렵다는 것이다. 그렇다면 마도선에서 출토된 나무젓가락은 어떻게 이해하여야 하는가 하는 문제가 있다. 마도에서는 3척의 침선이 발굴되어 보고서가 나와 있다. 이 중 2호선과 3호선에서 나무젓가락으로 추정되는 것이 출수되었다고 하였고 이것을 요약하여 앞에 정리해 두었다. 그렇다면 이것은 과연 음식물을 집는 식도구로 볼 수 있을까? 먼저 그 형태나 길이가 일부 젓가락과 유사한 것이 있는 것은 사실이다.

---

24 『高麗圖經』 卷二十二 雜俗一 鄕飮 「國中少麥皆買 人販自京東道來 故麵價頗貴 非盛禮不用」

미도 1호선에서 출수된 길이 27cm 내외 6점, 20cm 내외 3점, 17cm 내외 4점의 나무 막대 가운데 길이로만 보면 20cm 내외의 것을 젓가락으로 볼 수도 있겠지만 보고서에 의하면 음식물을 집는 부분을 둥글게 가공한 것은 그 중 4점뿐이라고 한다. 마도 2호선의 대나무 막대는 완형으로 출수된 것이 18점인데 한 쪽 끝을 뾰족하게 만든 것은 3점으로 길이가 22.6cm, 24.2cm, 21.1cm이다. 다른 나무 막대 10점 중 비교적 온전한 형태의 것은 7점이고 그 중 하단을 뾰족하게 다듬은 것이 1점인데 길이는 23.4cm, 두께는 0.5cm이다.

또한 마도 3호선의 대나무 막대는 총 7점 중 하단을 뾰족하게 다듬은 온전한 형태의 것이 3점인데 길이가 16.4cm, 20cm, 26.5cm, 19.1cm 등으로 일정하지 않다. 나머지는 부러진 것이거나 끝이 뭉툭한 그대로를 사용한 것이다.[25]

이상과 같이 일부는 음식물을 집는 젓가락으로 보아도 무방한 정도의 형태를 하고 있는 막대도 있어 고려시대에는 선박에서 나무젓가락을 사용할 정도로 일반화되었다고 말할 수 있을지도 모르겠다. 그러나 문제점은 청동젓가락이 청동숟가락과 같이 사용되는 것이라면 그렇게 많은 나무젓가락이 출수되었다면 나무숟가락도 한 점 쯤은 출수되어야 하는 것이 정상이 아니겠는가 하는 점이다. 그리고 앞서 지적하였다시피 젓가락은 국수를 먹는데 필수적인 도구인데 고려시대에 그 귀한 국수를 화물선의 선부들이 국수를 먹기 위해 젓가락을 사용하였다는 것은 이해하기 어려운 상황이 아닐까. 그리고 마도 1호나 2호, 3호선에서 많은 청동숟가락과 젓가락이 출수되고 있는 상황에서 청동수저를 사용하는 사람들과 나무젓가락을 사용하는 사람을 나누어 생각한다면 현재 고려 고

---

25 大阪市立東洋陶磁美術館, 2015, 『新發見 高麗靑磁 −韓國水中考古學成果展−』 日韓國交正常化50周年記念 國際交流特別展, pp.54, 55.

분에서 청동숟가락만 출토되는 것은 청동숟가락과 함께 나무젓가락을 부장하였을 것으로 보아야 할 것인지 참으로 복잡한 상황이 예상되기도 한다.[26]

26 또한 남송 때가 되면 거의 숟가락을 쓰지 않고 젓가락만 사용하고 있기 때문에 고려와 남송과의 교류를 생각하면 젓가락의 사용이 증가하지 않았을까 생각할 수도 있고 한 편으로 고려가요 동동에 분지나무로 만든 젓가락을 노래하고 있어(십이월 분디남가로 갓곤 아으 나잘 반앳 져다호라 니믜 알패 드러 얼이노니 소니 가재다 므라잡노이다 / 십이월 분지나무로 깎은 아아, (임께) 드릴 소반 위의 젓가락 같구나. 임의 앞에 들어 가지런히 놓으니 손님이 가져다 입에 뭅니다. 아으 동동다리) 고려시대의 젓가락이 많은 계층에서 사용되었을 것으로 볼 수도 있을 것이다. 그러나 고려사를 검토하여 보거나 분묘에서 출토되는 유물을 살펴보면 고려는 중국의 북방민족 국가 즉 요나 금과 긴밀한 관계를 맺고 있었고 원으로부터는 거의 100년에 이르는 지배를 받기 때문에 숟가락을 일찍 포기한 중국과의 관계에서 고려에서 젓가락 사용이 일반화되었을 것으로 보기는 어렵다. 또한 고려가요에 나오는 분지나무(북쪽에서 산초나무를 부르는 이름) 젓가락으로 고려시대에 젓가락 사용이 어느 정도였을까를 헤아리기는 고려가요의 성격이나 「동동」의 구체적인 의의를 정확히 알기 어려운 필자로서는 단정 짓기 어렵다.

03 조선시대 젓가락 자료

조선시대에 들어서면 성리학이 새로운 지배질서로 채택되면서 정치적 사회적 문화적 변화를 불러일으키게 된다. 사자를 위한 부장품의 구성 또한 대체로 임진왜란이 끝나는 조선시대 전기까지 고려시대의 장법이 이어지는 듯 하지만 지역적으로 또는 시대적으로 차이를 보이고 있다. 말하자면 조선이 성리학을 국가이념으로 채택하였지만, 고려시대 이후 전해져 온 장례절차는 지역에 따라 완급의 차이는 있다고 하여도 그리 쉽게 변하지 않았다는 것이다. 물론 이전 시대의 장례 풍습과는 전혀 다르게 주자가례에 따라 장례를 치른 분묘도 확인되고 있는데 주자가례에 따라 장례를 치른 분묘에서는 고려시대 이래의 전통적인 부장유물인 청동숟가락이나 젓가락, 청동합, 도자기, 반지나 청동곳 등의 장신구 등은 출토되지 않는다. 대신 銘旌이나 소렴과 대렴에 들어가는 의복이나 명기 등이 부장되어 확인된다.[27]

그러므로 젓가락은 조선시대 전기까지는 대체로 분묘에서 출토되는

---

27 울산박물관, 2013, 『학성이씨 일가묘 출토유물』.

것이 대부분이고 조선시대 후기에 이르면 조선시대 전기의 장례풍습은 완전히 사라지게 되어 분묘의 부장품으로 숟가락이나 젓가락이 전하는 것은 거의 없고 어쩌다가 백자나 상평통보 한 점씩이 출토되는 것이 전부인 상황으로 변하게 되는 것이다. 그러므로 조선시대 후기에 들어 새로운 외래 식품이 등장하여 식문화가 변화하는 것이 알려져 있어도 분묘나 건물지에서 출토되는 젓가락은 거의 없는 실정이므로 고고자료로서 조선시대 후기의 변화를 추정하기는 대단히 어려운 실정이다. 다만 조선시대 전기에 조성된 분묘에서 숟가락과 같이 출토되는 젓가락은 적지 않은 양이므로 각 지역을 대표하는 일부만 선별하고, 남아 있는 것이 거의 없다시피 하는 조선 후기의 젓가락 자료는 일부 실물과 함께 회화 자료도 함께 소개하여 조선 후기에 들어 젓가락의 사용이 조금 더 일반화되어 가는 과정을 살펴보기로 한다.

1) 조선시대 전기 젓가락

a. 『世宗實錄』 젓가락

『세종실록』 오례 흉례 서례 明器 四에 젓가락을 저「筯」로 쓰고 나무로 만든다고 하였다. 대개 젓가락은 대나무 죽 변을 써서 「箸」로 쓰거나 「筷」로 쓰는데 여기서 는 같은 대나무 죽 변을 사용하기는 하였으나 「筯」를 사용하였다.[28] [도 12]

도 12
『世宗實錄』 「凶禮 明器圖說」

---

28 『世宗實錄』 五禮 / 凶禮序例 / 明器 / 明器 四 筯 以木爲之 참고로 『世宗實錄』의 본래 명칭은 『世宗章憲大王實錄』이며 조선 제4대 국왕 세종의 재위 기간(1418. 8.~1450. 2.) 동안의 역사를 기록한 책이다. 1452년(문종 2) 3월 22일부터 편찬하기 시작하여 1454년(단종 2) 3월에 완성되었다. 한편 『世宗實錄』에는 젓가락과 함께 숟가락을 자루의 끝이 둘로 갈라진 「쌍어형」으로 그렸으나 성종 5년(1474)에 완성된 『國朝五禮儀』와

b. 온녕군묘 출토 젓가락

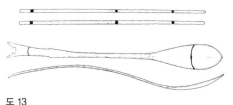

도 13
온녕군묘 출토

온녕군은 세종의 서형제가 되는 인물로 이 무덤의 축조 시기는 단종 2년(1454)이다. 청동제로 숟가락과 함께 출토되었는데 젓가락의 상단은 단면 방형이고 하단은 원형이다. 전체 길이는 25.4cm, 두께 0.4cm이다.[29] [도 13]

c. 은평 진관동 분묘군Ⅳ 120호·128호 출토 젓가락

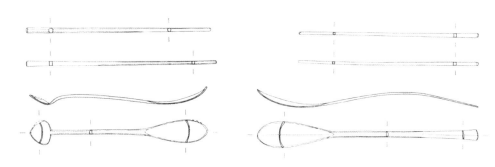

도 14
은평 진관동 120호(좌),
128호(우) 출토

120호 젓가락은 약시형 청동숟가락과 출토되었는데 예외적으로 젓가락의 길이가 숟가락 보다 길다. 젓가락은 각각 길이와 제작수법이 다르다. 한 점은 상단이 단면 방형으로 아래로 가면서 두께를 줄여서 원형으로 마감하였지만 다른 한 점은 상단의 단면이 육각형이고 아래로 갈수록 두께를 줄였다. 크기는 각각 24×0.6cm, 23.2×0.6cm이다. 그리고 128호 젓가락은 기본형 청동숟가락과 함께 출토된 것인데 길이는 숟가락(28.8cm)보다 훨씬 짧고 두께도 다르다. 상단의 단면은 방형으로 아래로 가면서 두께를 줄여 원형으로 만들었다. 크기는 23.6×0.4cm, 23.6×

정조 13년(1789) 예조에서 관장한 예무의 고실을 망라한 『春官通考』에는 숟가락의 그림이 실려 있지 않다.

29 이난영, 1992, 『한국고대금속공예연구』, 일지사, pp.137~139.

0.3cm이다.[30] [도 14]

d. 은평 진관동분묘군Ⅵ 73호 출토 젓가락

쌍어형 청동숟가락과 함께 출토되었다.
젓가락의 상태는 양호한 편이지만 한쪽이
약간 더 가늘다. 상단의 단면은 장방형인데
아래로 갈수록 두께를 줄여서 원형으로 제
작하였다. 전체 크기는 각각 24.8×0.8cm,
24.8×0.6cm이다.[31] [도 15]

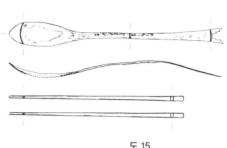

도 15
은평 진관동분묘군Ⅵ
73호 출토

e. 서울 진관동유적Ⅱ 3지점-135호 출토 젓가락

기본형 청동숟가락과 함께 출토되었다.
한 쌍의 젓가락은 거의 동일한 형태로 제작
되었다. 젓가락을 잡는 상단의 단면은 장방형
이며 아래로 갈수록 두께를 줄여 단면을 육각
형에 가깝게 처리하였다. 특이한 점은 젓가락

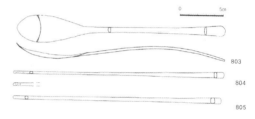

도 16
서울 진관동유적Ⅱ
3지점-135호 출토

의 하단에 톱니를 만들었는데 음식물을 용이하게 집기 위하여 고안한 것
으로 보인다. 전체 길이 23.6cm, 두께 0.6cm이다. 같은 구간에서 조사된
175호에서도 기본형 청동숟가락과 함께 135호와 거의 유사한 형태의 젓가
락이 출토되었으나 하단에 톱니를 만들지는 않았다. 이 젓가락의 길이는
24.2cm, 두께 0.6cm이다.[32] [도 16]

30 중앙문화재연구원·SH공사·두산건설(주)·금호건설(주), 2009, 『은평뉴타운 제2지구C공
    구 내 은평 진관동분묘군Ⅳ』 발굴조사보고 제156책, pp.63~65, 68~71, 281, 283.
31 중앙문화재연구원·SH공사·두산건설(주)·금호건설(주), 2010, 『은평뉴타운 제2지구C공
    구 체육시설부지내 은평 진관동분묘군Ⅵ』 발굴조사보고 제167책, p.59.
32 한강문화재연구원·SH공사·동부건설(주)·포스코건설(주), 2010, 『서울 진관동유적Ⅱ』
    유적조사보고 제9책, pp.289~290, 658.

f. 서울 진관동유적Ⅲ 3지점-1호 출토 젓가락

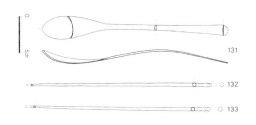

도 17
서울 진관동유적Ⅲ 3지점-1호 출토

3점의 구슬, 기본형 청동숟가락과 함께 출토된 젓가락이다. 이 젓가락은 상단을 연봉형으로 처리한 다음 홈을 돌아가면서 낸 보기 드문 형태로 정교하게 제작한 것이다. 그 아래로 젓가락을 잡는 부분은 단면을 육각형으로 처리하였고 이어서 두께를 줄여가며 단면 원형으로 제작하였다. 전체 길이 24.7cm, 두께 0.5cm이다.[33] 이와 동일한 형태의 젓가락은 같은 유적 D공구 2지점 198호에서도 출토되었는데 기본형 청동숟가락과 함께 출토되었다. 형태나 제작수법은 거의 동일하지만 길이가 19.8cm, 두께는 0.4cm로 조금 더 작다.[34] [도 17]

g. 인천 원당동유적 2-29호 출토 젓가락

장릉형숟가락, 청동합, 중국전(숭녕통보, 홍무통보) 등과 함께 출토되었다. 젓가락을 잡는 상단의 단면은 장방형이고 음식을 집는 하단의 단면은 원형이다. 젓가락의 7cm 지점에 2열의 음각선을 상하로 새겼다. 전체 길이 27.3cm, 두께 0.4cm이다.[35]

h. 남양주 평내유적 1지구 2호분 출토 젓가락

다량의 구슬, 벼루, 연봉형 숟가락과 함께 출토되었다. 젓가락을 잡

---

33 한강문화재연구원·SH공사·금호건설(주)·삼성물산(주)·대우건설(주), 2010, 『서울 진관동유적Ⅲ』 유적조사보고 제11책, pp.136~139, 423.

34 한강문화재연구원·SH공사·현대건설(주), 2010, 『서울 진관동유적Ⅳ(2권)』 유적조사보고 제16책, pp.220~223, 584.

35 한국문화재보호재단·인천시검단개발사업소, 2007, 『인천 원당동유적(Ⅰ)』, pp.134~137, 284.

는 상단의 단면은 장방형이고 음식을 집는 하단의 단면은 원형이다. 전체 길이 23.2cm, 두께 0.8×0.6cm이다.[36] [도 18]

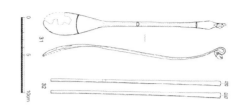

i. 서천 옥남리유적 43호 토광묘 출토 젓가락

청동합, 청동순가락, 구슬과 함께 출토되었다. 전체적으로 완형에 가까운 젓가락 한 쌍이다. 상단의 단면은 말각장방형이고 하단으로 가면서 두께를 줄여 원형으로 마감하였지만 한쌍이 같은 크기는 아니다. 전체 길이 24.3cm, 0.9×0.5cm이다.[37]

j. 청원 오창유적(I) 7호 토광묘 출토 젓가락

백자발, 백자완, 기본형 청동순가락과 함께 출토되었다. 한쌍으로 전체적인 상태는 양호하다. 상단의 단면은 장방형이고 아래로 가면서 두께를 줄여 단면 원형으로 마감하였다. 전체 길이 22.8cm, 두께 0.6cm이다.[38] [도 19]

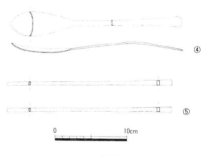

k. 전주 유상리유적 I지구 51호 토광묘 출토 젓가락

연봉형순가락과 함께 출토되었다. 젓가락을 잡는 상단의 단면은 방형이고 음식을 집는 하단의 단면은 원형이다. 전체 길이 25.7cm, 두께

---

36 기전문화재연구원·한국토지공사, 2001, 『남양주 호평·평내 택지개발지구내 문화유적 시·발굴조사보고서(I)−조선시대 분묘군−』 학술조사보고 제21책, pp.32~42, 131~136.

37 충청문화재연구원, 2008, 『서천 옥남리유적(날머리I·II유적·갓재골유적·원개들유적·우아실유적(본문)(사진)』, pp.182~186, 86.

38 한국문화재보호재단·한국토지공사, 1999, 『청원 오창유적(I)[본문][사진]』, pp.451~455, 29.

0.6cm이다.[39]

l. 청도 대전리 고려·조선묘군 27호 출토 젓가락

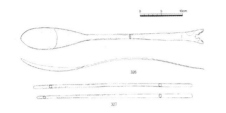

도 20
청도 대전리 27호 출토

백자발, 백자완, 청동숟가락, 청동합 등과 함께 출토되었다. 한쌍이 출토되었으나 두께나 크기가 맞지 않다. 상단의 단면은 장방형이고 아래로 가면서 두께를 줄여 단면 원형으로 마감하였다. 전체 길이와 두께는 각각 24.8cm×0.4cm, 24.2cm× 0.6cm이다.[40] [도 20]

m. 경산 신대·부적조선묘 Ⅰ-20호 출토 젓가락

청동숟가락, 분청사기발 등과 함께 출토된 것이다. 한 쌍으로 그 중 1점은 일부 훼손되었다. 상단의 단면은 장방형이고 아래로 가면서 두께를 줄여 단면 원형으로 마감하였다. 전체 길이 22.6cm, 두께는 각각 0.6cm, 0.4cm이다.[41] [도 21]

도 21
경산 신대·부적조선묘
Ⅰ-20호

n. 달성 본리리고분군 17호토광묘 출토 젓가락

청동합, 분청사기완, 쌍어형 숟가락과 함께 출토되었다. 젓가락의 상태는 전반적으로 양호한 편이지만 각각의 굵기는 다르다. 상단의 단면

---

39 전북문화재연구원·전주시, 2007, 『전주 유상리유적』, pp.72~74, 258~259.

40 성림문화재연구원, 2008, 『청도 대전리 고려·조선묘군 I』 학술조사보고 제19책, pp.105~108, 202.

41 성림문화재연구원, 2008, 『경산 신대·부적 조선묘군』 학술조사보고 제25책, pp.74~76, 375~376.

은 장방형이고 아래로 가면서 두께를 줄여 단면 원형으로 마감하였다.
전체 길이 22.3cm, 두께는 각각 0.6cm, 0.5cm이다.[42]

o. 김해 구산동유적 963호 출토 젓가락

기본형 청동숟가락과 함께 출토되었다. 젓
가락을 잡는 상단의 단면은 장방형이고 음식을
집는 하단의 단면은 원형이지만 그 단면의 크
기나 형태는 각각 다르다. 전체 길이 22.7cm,
두께 0.6×0.2cm이다.[43] [도 22]

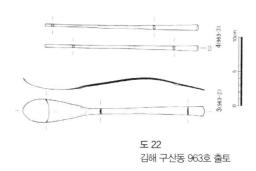

도 22
김해 구산동 963호 출토

p. 김해 구산동유적 999호 출토 젓가락

약시형 청동숟가락, 청동합, 백자완과 함께 출토되었다. 전체적인 상
태는 양호한 편이며 젓가락을 잡는 상단의 단면은 장방형이고 음식을
집는 하단의 단면은 원형이지만 그 단면의 크기나 형태는 각각 다르다.
전체 길이 23.7cm, 두께 0.4cm이다.[44]

q. 김해 구산동유적 1344호 출토 젓가락

연봉형 청동숟가락, 철제가위 등과 함께
출토된 것이다. 젓가락을 잡는 상단의 단면
은 방형이고 하단은 원형이다. 전체 길이
25.2cm, 두께 0.6cm이다.[45] [도 23]

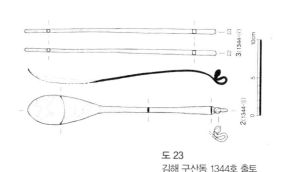

도 23
김해 구산동 1344호 출토

42 경상북도문화재연구원, 2007, 『대구 옥포 본리토지구획정리사업지구 내 달성본리리고
    분군 발굴조사보고서―본문―사진―』, pp.319~322, 249~252.
43 경남고고학연구소, 2009, 『김해 구산동유적―고려·조선묘군(4)―』, pp.194~197, 499~500.
44 경남고고학연구소, 2009, 『김해 구산동유적―고려·조선묘군(4)―』, pp.236~238, 524~555.
45 경남고고학연구소, 2009, 『김해 구산동유적―고려·조선묘군(5)―』, pp.228~231, 521~524.

r. 김해 구산동유적 1452호 출토 젓가락

청동합, 청동숟가락과 함께 출토되었다. 젓가락을 잡는 부분은 단면이 방형이고 음식을 집는 하단의 단면은 원형이다. 상단 끝에서 6cm 지점에 2열의 음각선을 상하로 새기고 음각선 사이에는 홈을 내어 죽절문을 표현하였다. 전체 길이 24.6~24.7cm, 두께 0.4cm이다.[46]

s. 창원 가음정유적 69호 출토 젓가락

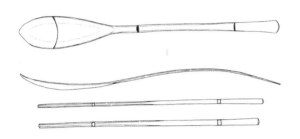

도 24
창원 가음정유적 69호 출토

소도자, 백자접시, 청동합, 쌍어형 청동숟가락 등과 함께 출토되었다. 젓가락은 비교적 유사한 형태를 하고 있다. 상단은 단면 장방형이고 아래로 갈수록 두께를 줄여 원형에 가깝게 만들었다. 전체 길이 23.1cm, 두께 0.4cm이다. 51호에서도 청동합, 쌍어형 청동숟가락과 함께 젓가락이 한 쌍 출토되었다. 전체 길이가 27.8cm로 긴 편이고 아래로 가면서 단면이 육각형에 가깝게 깎았다. 그리고 70호에서 출토된 젓가락은 1쌍이 출토되기는 하였으나 길이나 두께가 확연히 달라 당시 젓가락의 사용이 일반화되지는 않았음을 보여준다.

전체 크기 24cm×0.4cm, 23.3×0.4cm이다.[47] [도 24]

t. 창녕 영산 서리유적 829호 목관묘 출토 젓가락

청동합, 쌍어형 청동숟가락 등과 함께 출토되었다. 이 한 쌍의 젓가락은 전체적인 상태는 양호하고 제작 수법도 동일하지만 굵기가 다르고

---

46 경남고고학연구소, 2009, 『김해 구산동유적−고려·조선묘군(5)−』, pp.326~328, 585~586.

47 동아세아문화재연구원·창원시, 2009, 『창원 가음정 복합유적(하) 고려시대~조선시대』 발굴조사보고서 제29책, pp.130~137, 163~168, 239~253, 254~270.

또 한 점은 휘인 채로 출토되었다. 젓가락의 상단 단면은 팔각형으로 잡는 부분을 깎아서 만들었고 아래로 갈수록 원형에 가까워진다. 또한 6cm 지점에 2조의 음각선을 상하로 새기고 그 사이에는 약하게 홈을 내어 죽절문을 만들고자 하였다. 전체 길이 25.5cm, 두께 각각 0.45cm, 0.3cm이다.[48] [도 25]

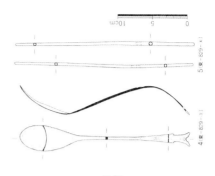

도 25
창녕 영산 서리유적 829호
출토

u. 진주 무촌2구5호묘 출토 젓가락

청동합, 청동숟가락과 함께 출토되었다. 젓가락은 거의 완형이지만 한쪽이 약간 짧다. 상단의 단면은 장방형이고 아래로 가면서 두께를 줄여 단면 원형으로 마감하였다. 전체 크기는 각각 18.2cm×0.3cm, 18.4×0.4cm이다.[49] [도 26]

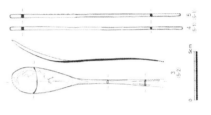

도 26
진주 무촌2구5호묘 출토

v. 진주 무촌3구85호묘 출토 젓가락

기본형 청동숟가락, 청동합과 함께 출토되었다. 남아 있는 상태도 좋지만 보기 드물게 거의 동일한 크기와 모양으로 제작된 것이다. 젓가락 상단의 단면은 장방형이고 아래로 가면서 두께를 줄여 단면 원형으로 마감하였다. 전체 길이 22.5cm, 두께 0.4cm이다.[50]

48 삼강문화재연구원, 2012, 『창녕 영산 서리 조선묘군—창녕 영산 서리 농공단지 조성부지 내 유적 시·발굴조사—본문, 도면, 사진』, pp.219∼220, 191.
49 경남고고학연구소, 2004, 『진주 무촌—고려·조선묘군(1)—』, pp.134∼135, 252.
50 경남고고학연구소, 2004, 『진주 무촌 II—고려·조선묘군(2)—』, pp.130∼131, 289∼290.

2) 조선시대 후기 젓가락

a. 양산 통도사박물관소장 「天啓」銘 젓가락

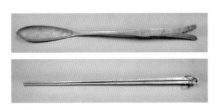

도 27
양산 통도사박물관소장
「天啓」銘 수저

통도사 박물관에는 천계3년 명이 새겨진 숟가락과 젓가락이 수장되어 있다. 수장 번호 142번 청동숟가락은 전체 길이가 47.5cm에 달하는 것으로 이면에는 「天啓三年通度寺施主儀寬」이라고 새겼고 아울러 수장 번호 145번 젓가락은 청동제로 전체 길이는 43.5cm에 이르고 「化儀寬天啓三年通度寺癸亥」라고 점각되어 있다. 천계 3년은 광해군 15년으로 계해년에 해당된다. 이 젓가락과 숟가락은 임진왜란이 끝이 난 다음 17세기에 접어들면서 무덤의 부장 풍습이 변하게 되는 단계에 조선시대 전기에 유행하였던 쌍어형 숟가락과 젓가락을 아마도 제의용으로 크게 제작한 것에 의미가 있다고 하겠다.[51] [도 27]

b. 망료저

도 28
망료저

망료기는 종묘대제의 마지막 절차인 망료례(望燎禮)에서 폐(幣)를 태우는데 사용하는 것이다. 이 중 망료저는 폐를 태울 때 집어 올려서 잘 타도록 하는 도구이다. 길이 54.5cm이다.[52] [도 28]

51 통도사성보박물관, 1994, 『통도사성보박물관 명품도록』, pp.110~111, 224; 2014, 『통도사성보박물관소장유물 명품』, pp.160~161, 316. 아울러 필자가 통도사 성보박물관 측의 협조를 받아 청동숟가락과 청동젓가락에 대한 조사를 완료하였다.

52 윤방언, 2002, 『조선왕조 종묘와 제례』, 문화재청; 국립고궁박물관, 2014, 『종묘』, pp.168, 176~177. 제사와 관련된 것으로 보이는 젓가락은 부산 기장 중리의 야산 정상부에서 분청사기 발과 함께 암반 위에서 젓가락 1벌이 발견되었는데 이것의 길이는 25cm 가량이다.(경남문화재연구원, 2006, 「기장 정관산업단지 진입도로부지 내 유적 발굴조사」, 현장설명회 자료 06-24.10)

c. 단원 김홍도 풍속화「주막」과「점심」

「주막」에는 국밥을 먹고 있는 사람의 손에 숟가락이 들려 있고「점심」
에는 두 사람은 숟가락을 들고 있고 두 사람은 젓가락을 들고 있어 18
세기 경 조선 사회의 젓가락 사용이 일반화되고 있음을 보여주고 있는
그림이다.[53] [도 29]

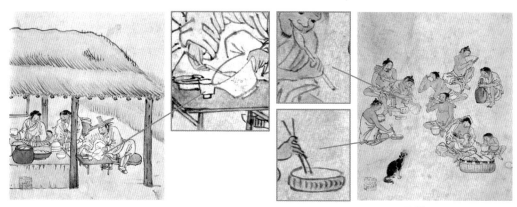

도 29
김홍도 풍속화 「주막」(좌)과
부분도, 「점심」(우)과 부분도

d. 긍재 김득신 풍속화「천렵도」

18세기 경에 제작된 것으로 강에서 천렵을 하고 난 다음의 풍경을
그린 것인데 여기에는 준비해 온 음식이나 천렵한 생선을 먹는 도구로
모두 젓가락을 들고 있다. 이 젓가락은 아마도 나무나 강변에 야생한 갈
대를 이용하여 만든 것으로 보인다.[54] [도 30] 한편, 기산 김준근 풍속도-
「농부뎜심먹고」,「미돌갈고」,「판수경닉고」 등에 밥을 먹는 장면이나 밥을
떠 놓은 장면이 묘사되어 있지만 젓가락은 그려져 있지 않다.[55] [도 31]

---

53   국립중앙박물관 소장 『단원풍속도첩』 중 「주막」, 「점심」.
54   간송미술관 소장 김득신 『풍속화첩』 중 「천렵도」.
55   숭실대학교 한국기독교박물관, 2008, 『기산 김준근 조선풍속도』.

도 30
긍재 김득신 풍속화 「천렵도」
전체(좌)와 부분(우)

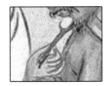

도 31
기산 김준근 풍속도
「농부뎜심먹고」
「미돌갈고」
「판수경닉고」

조선시대 젓가락 사용의 고고학적 검토

1) 고고자료로서의 젓가락

임진왜란이 발발하기 전까지 조선시대 전기의 분묘 부장은 고려시대의 부장풍습을 이어가고 있다. 조선이 개국하면서 일부지역에서는 주자가례에 따른 변화가 감지되기도 하지만 그것은 경기지역 일부에 한정되고 청동합이나 분청사기나 백자접시, 완, 철제가위, 청동숟가락과 젓가락 등을 부장품으로 선택하고 있었다. 조선시대 전기의 분묘유적이 조사 보고된 예는 상당히 많아서 여기서 일일이 젓가락의 출토 상황을 고찰하기 어려우므로 가장 많은 조선묘가 조사된 경남의 김해 구산동유적과 주변의 가음정동유적, 운암리유적, 초곡리유적, 죽곡리유적, 용지리유적, 황곡리유적 등의 경우를 두고 생각해 보기로 한다.[56]

---

56 경남고고학연구소, 2004, 『진주 무촌』.
경남고고학연구소, 2006, 『사천 덕곡리유적』.
경남고고학연구소, 2009, 『김해 구산동유적』.
우리문화재연구원, 2008, 『함양 황곡리유적』.
우리문화재연구원, 2009, 『의령 운암리유적』.

구산동유적에서 각 구간별 젓가락 출토상황은 구산동Ⅰ유적에서 젓가락 8쌍 출토, 숟가락 대비(91점) 9%, 평균 길이 25.6cm, 구산동Ⅱ유적에서 젓가락 7쌍 출토, 숟가락 대비(102점) 7%, 평균 길이 25.3cm, 구산동Ⅲ유적에서 젓가락 6쌍 출토, 숟가락 대비(106점) 6%, 평균길이 23.5cm, 구산동Ⅳ유적에서 젓가락 16쌍 출토, 숟가락 대비(91점) 18%, 평균 길이 24.6cm, 구산동Ⅴ유적에서 젓가락 10쌍 출토, 숟가락 대비(86점) 12%, 평균 길이 24.2cm, 구산동Ⅵ유적에서 젓가락 4쌍 출토, 숟가락 대비(100점) 4%, 평균 길이 25.3cm인데 구산동Ⅶ유적과 구산동Ⅷ유적에서는 젓가락이 출토되지 않았다. 이를 종합하면 구산동유적에서는 모두 51쌍의 젓가락이 출토되었는데 숟가락은 716점이 출토되어 7%의 비율을 보이고 평균 길이는 24.8cm이다.

그리고 죽곡리유적에서 젓가락은 3쌍 출토, 숟가락 대비(45점) 7%, 평균 길이 24.7cm, 가음정동유적에서 젓가락은 12쌍 출토, 숟가락 대비(28점) 43%, 평균 길이 23.9cm, 귀산동유적에서 젓가락은 2쌍 출토, 숟가락 대비(35점) 6%, 평균 길이 24.4cm, 덕곡리유적에서 젓가락은 8쌍 출토, 숟가락 대비(60점) 13%, 평균 길이 24.3cm, 용지리유적에서 젓가락 11쌍 출토, 숟가락 대비(90점) 12%, 평균 길이 23.6cm, 운암리유적에서 젓가락 14쌍 출토, 숟가락 대비(119점) 12%, 평균 길이 24.8cm, 초곡리유적에서 젓가락 3쌍 출토, 숟가락 대비(21점) 14%, 평균 길이 24.4cm, 무촌유적에서 젓가락은 6쌍 출토, 숟가락 대비(108점) 6%, 황곡리유적에서 젓가락 1쌍이 출토, 숟가락 대비(39점) 3%, 길이는 23.6cm이다.

우리문화재연구원, 2009, 『밀양 용지리 유적』.
우리문화재연구원, 2010, 『창녕 초곡리유적』.
동아세아문화재연구원, 2008, 『창원 귀산동 조선분묘군』.
동아세아문화재연구원·창원시, 2009, 『창원 가음정 복합유적』.
동아세아문화재연구원, 2010, 『김해 죽곡리유적Ⅱ』.

표 1 청동젓가락 출토 유구일람

유적명	유구명	길이 (cm)	비율 (젓가락쌍/숟가락)	유적명	유구명	길이 (cm)	비율 (젓가락쌍/숟가락)
구산동 I	29호	26.3	9% (8/91)	가음정	41호	23.1	43% (12/28)
	62호	24.0			48호	9.5(잔)	
	88호	28.3			51호	27.8	
	102호	24.9			69호	23.2	
	170호	잔존			70호	24.0	
	190호	25(잔)			72호	23.2	
	207호	25.6			73호	21.7	
	232호	24.3			75호	23.4	
구산동 II	278호	24.4	7% (7/102)	가음정	76호	23.5	43% (12/28)
	288호	23.0			78호	23.6	
	313호	23.5			82호	23.8	
	367호	26.8			83호	25.6	
	411호	29.2		덕곡리	A-15호	불량	13% (8/60)
	412호	25.1			A-17호	21.5	
	482호	24.9			A-19호	23.2	
구산동 III	511호	24.1	6% (6/106)		A-31호	26.4	
	557호	23.0			A-38호	23.0	
	615호	25.6			A-44호	24.2	
	630호	24(잔)			B-27호	27.3	
	682호	21.4			C-8호	불량	
	792호	2.7(잔)		용지리	12호	25.4	12% (11/90)
구산동 IV	894호	23.2	18% (16/91)		20호	23.6	
	896호	25.8			33호	20.6(잔)	
	926호	26.5			38호	23.6	
	935호	25.0			39호	21.1	
	963호	22.7			56호	24.1	
	972호	25.1			89호	21.4	
	999호	23.7			105호	25.0	
	1008호	21.6			112호	23.5	
	1039호	21.9(잔)			163호	25.4	
	1054호	15.1(잔)			165호	23.3	
	1079호	26.0		무촌	2구-5호	27.4	6% (6/108)
	1090호	24.2			3구-3호	23.0	
	1093호	27.3			3구-15호	24.0	
	1095호	24.2			3구-41호	23.0	
	1099호	26.0			3구-85호	22.4	
	1102호	22.7			3구-98호	24.8	

유적명	유구명	길이(㎝)	비율(젓가락쌍/숟가락)	유적명	유구명	길이(㎝)	비율(젓가락쌍/숟가락)
구산동 V	1326호	26.5	12% (10/86)	황곡리	A-34호	23.6	3%(1/39)
	1328호	21.6		운암리	I-5호	24.5	12% (14/119)
	1341호	22.5			II-18호	25.1	
	1344호	25.2			II-27호	24.1	
	1450호	23.0			II-33호	24.8	
	1452호	24.7			II-36호	25.2	
	1460호	24.6			II-39호	22.8	
	1466호	23.2(잔)			II-40호	22.9	
	1481호	26.7			II-42호	25.1	
	1489호	19.9(잔)			II-52호	25.1	
구산동 VI	1559호	24.2	4% (4/100)		II-60호	25.5	
	1696호	27.0			II-62호	23.0	
	1742호	24.8			II-73호	24.6	
	1787호	25.0			II-74호	27.6	
죽곡리	47호	25.9	7% (3/45)		II-91호	26.8	
	137호	23.5		초곡리	1호	22.3	14% (3/21)
	173호	20(잔)			6호	24.5	
귀산동	53호	24.1	6% (2/35)		31호	26.4	
	86호	24.7					

이와 같은 상황을 종합하여 보면 젓가락의 출토비는 가음정유적이 43%로 가장 높고 다음이 초곡리유적(14%)과 덕곡리유적(13%)이다. 구산동유적 전체의 젓가락 출토비는 7%로 낮은 편이지만 구산동Ⅳ와 구산동Ⅴ는 각각 18%와 12%로 높은 반면 구산동Ⅶ과 구산동Ⅷ은 젓가락이 한 점도 출토되지 않아 이와 같은 상황이 조사구역을 나눈 단순한 결과에서 비롯된 것인지 또는 유적의 조성 시기나 피장자 집단의 성향을 반영하는 것인지 지금으로서는 알기 어렵다. 다만 의령 운암리유적에서 Ⅱ-91호 이후 Ⅱ-174호까지 숟가락이 46점이 출토되는 상황에서 젓가락 1점도 출토되지 않은 것은 시기적인 차이거나 또는 장례풍습의 변화를

보여 주는 것으로 보아도 무방하지 않을까 싶다.[57] 어쨌건 젓가락의 숟가락 대비 출토비율은 10% 대를 겨우 유지하고 있는 정도인데 이것은 수저가 한 쌍으로 출토되는 비율인 것이다. 즉 앞서 정리한 유적 가운데 조선시대 전기로 보이는 숟가락과 젓가락만 두고 산출한 것이므로 조선시대 전기의 유물이 출토되는 전체 유구를 기준으로 출토비율을 따져 보면 10%에 훨씬 미치지 못할 것이 분명해 보인다. 이러한 상황은 지금 우리가 식탁에서 수저를 같이 사용하고 있는 경우와는 확실히 다른 것이다.

수저가 동반되어 출토되는 유구는 예를 들면 구산동 I -29호에서 동제유대완, 동완, 기본형 숟가락, 젓가락, 동인, 동제 집게, 동전, 구옥, 조옥, 고옥, 권옥 등이 출토되어 숟가락만 출토되거나 분청자나 백자 등 자기가 출토되는 유구보다도 부장품이 풍부한 경향이 있는 것도 사실이므로 젓가락의 사용은 그야말로 한정적이었다고 보는 것이 타당할 것으로 판단된다. 이러한 관점에서 본다면 가장 높은 수저 출토 비율을 보이고 있는 창원 가음정동유적은 상당한 경제적인 수준에 올라 있던 집단의 무덤일 가능성이 높다고 판단된다.

그리고 젓가락의 길이는 대체적으로 숟가락보다 짧은데 이것은 오늘날의 식탁에서 숟가락보다 길거나 거의 같은 길이를 유지하고 있는 것과는 다른 현상이다.[58] 또한 젓가락이 한 쌍으로 출토된다고 하여도 똑같이 제작되어 한 쌍을 이루는 것은 거의 없다시피 하다. 숟가락이나 젓가락을 주조로 만들지 않고 단조로 제작하여 그 형태가 완전히 같지 않은 것은 이해할 수 있으나 길이가 대부분 같지 않은 것은 그만큼 식탁에서 젓가락을 별로 사용하지 않았던 반증이라고 판단된다.[59]

---

57 정의도, 2011, 「경남지역 조선전기 숟가락연구」, 『문물』 창간호, pp.175~179.

58 아주 드물게 숟가락보다 길게 제작된 젓가락도 있다.(구산동 V-1466호) 이것은 당시 일반적인 경향이기 보다 아주 특별한 예이거나 평소에는 사용하지 않다가 장례 당시에 부장될 젓가락을 구하다보니 비롯된 것으로 생각된다.

59 또한 젓가락이 고려시대의 분묘에서 조선시대 전기까지 조성된 분묘에서 계속하여 출

2) 젓가락 사용의 확산

이와 같은 조선시대 전기까지의 상황이 지나고 나면 젓가락 사용은
또 다른 상황을 맞게 된다. 17세기를 지나면 장례 풍습이 일변하여 조선
시대 전기와 같은 부장품이 사라지고 그저 백자 사발 한 점이나 상평통
보 몇 개로 대치되고 말기 때문에 구체적인 실물로서 그 변화를 알기는
어렵다. 다만 김홍도나 김득신의 풍속화와 같은 회화 작품이나 조선시
대 말기의 수저, 그리고 일부 남은 사진 자료를 참고하면 일반 서민들도
젓가락을 사용하고 있다는 것이다. 실제로 우리나라의 식탁에서 숟가락
을 버리지 못한 것이 고려시대 원 간섭기에 유행하게 된 「국」 때문이라
는 연구 성과를 감안하면[60] 조선 후기에 들어서 젓가락 사용이 일반화되
게 된 것은 음식이 다양화되었기 때문이라고 생각한다. 말하자면 숟가
락만 있어도 밥과 국을 먹는데 별다른 불편이 없는 식탁을 유지하였으
나 음식물이 다양화되면서 젓가락의 필요한 식탁으로 변하게 되었다는
뜻이다.

음식사 연구 결과에 의하면 한식의 성립은 조선후기로 보고 있는데
여기에는 김치의 발달과 아울러 각 계층의 음식이 섞이게 되는 것도 하
나의 이유로 보았기 때문이다. 조선 전기는 신분질서가 엄격해 왕실과
양반, 그리고 서민들의 식습관이 섞이지 못했다. 그러나 임진왜란 이후
신분질서가 흔들리면서 평민들의 지위가 높아지자 음식문화도 달라지
기 시작한다. 말하자면 궁중식이 양반식에 영향을 주고 그 양반식은 다
시 평민식에 영향을 주게 되는 것이다.[61] 또 조선 후기에 이르러 외국에

토되는 것은 사실이나 그 기간에 걸쳐 젓가락의 출토 빈도수가 높지 않은 것은 적어도
원 간섭기 이후부터 조선시대 전기에 이르기까지 음식문화에 큰 변화는 없었던 것으로
보아야 할 것이다.

60   정의도, 2014, 「고려시대 청동숟가락」, 『한국고대숟가락연구』, 경인문화사, pp.265~269.
61   강인희, 1993, 「제3장 조선후기시대의 식생활-한식의 완성시대」, 『한국식생활사』 [제2

서 많은 식품이 수입되고 서서히 정착하게 된다. 고추를 비롯하여 후추, 호박, 고구마, 감자, 옥수수, 낙화생, 완두 등과 같은 다양한 식품들이 유입되고 수박이나 사과, 토마토, 녹두나물 등도 들어오게 되어 참으로 다양한 식품들이 수입되었다. 이러한 성황에 힘입어 조선의 음식도 아주 다양해지고 그 조리법도 많이 늘어나게 되는 것이다. 지금까지 남아 있는 많은 조리서들은 대개 17세기 중반을 지나거나 18세기 이후의 것들인데[62] 그것은 새로운 음식문화의 발전을 의미하는 것을 대변하는 것이다.

또한 젓가락의 사용이 보다 일반화되는 과정에는 성리학의 발달에 의한 가례가 집집마다 행하여졌던 것도 무관치 않다고 생각된다. 실제로 16·17세기에 들어서 각종 예서의 편찬이 이루어지고 있는 것은 곧 예속의 수용이 진행되고 있음을 말하는 것이다. 『朱子家禮』를 줄이거나 한글로 바꾸어 보급한 것이나 『家禮諺解』『喪禮諺解』『家禮喪葬三禮諺解』 등은 유교식 의례를 확산시켜 하나의 가치 기준으로 움직이게 하지 않았을까 하는 것이다. 말하자면 가례에 필수적으로 사용되는 수저는 그 모양도 일원화되어 갔겠지만 그 사용도 점차 확산되는 계기가 되었을 것으로 볼 수 있기 때문이다.[63] 이러한 추정은 조선 후기 유교의례가 확산되어 가면서 성립되는 음식의 발전과도 관련지어 생각해 볼 수 있으며 대표적인 것으로 김치의 정착과 발전을 예로 들 수 있다.

판], 삼영사, pp.287~300.

62 이성우, 1981, 「제3편 조리 및 식품가공서」, 『식생활사 문헌연구 한국식경대전』, 향문사, pp.279~398.
최준식·정혜경, 2004 「조선시대, 한식의 완성」, 『한국인에게 밥은 무엇인가』, 휴머니스트, pp.90~139.

63 유교를 건국이념으로 삼은 조선왕조는 유교식 제례문화를 왕실은 물론이고 일반 백성들에게도 널리 퍼뜨렸다. 제례문화의 보편화는 당연히 제상에 희생물로 오르는 짐승들의 수요를 증가시켰으며 아울러 제사에 따른 음복문화는 육류의 소비를 늘렸을 뿐만 아니라 그것을 재료로 하는 조리법의 발달을 가져오기도 하였다.(김상보, 2006, 『조선시대의 음식문화-음식을 통해 보는 조선시대·조선사람』, 가람기획, pp.19~23)

김치는 조선전기에 들어 유교 의례 음식으로 포함되게 되지만 조선 후기 들어 성리학적 시스템에 입각한 의례사가 김치의 확산에 중요한 단서가 된다. 즉 김치는 조선의 건국과 더불어 유교의례 정비가 이루어지면서 고려시대까지 국례의 음식으로만 확인되던 저채가 조선적으로 전환되는 계기를 마련한다. 또 저(菹)라는 한자어가 16세기 이후 일상생활에서도 보편적으로 쓰였던 것과 우리말 김치의 한자 표현인 침채(沈菜)가 제사용으로 쓰이게 된 배경도 유교 의례문화의 보급과 무관치 않다는 것이다. 즉 조선 후기 사회의 특유현상으로 유교적 의례문화와 특유의 조선 김치문화가 성립되고 저변화된다는 것이다.[64] 그러므로 조선시대 후기에 들어 성립되고 확산된 주자가례를 중심으로 한 유교의례는 앞 시대의 가치기준을 부정하거나 변화시켜 유교사회에 하나의 가치기준에 적합한 음식을 섭취하게 하거나 기물을 사용하게 되는 계기가 되었을 것이며, 이러한 상황에서 조선시대 전기에는 일부 집안이나 또는 일부 가문에서만 사용되던 젓가락도 하나의 가치관에 따른 동참이 이어져 젓가락의 사용도 점차 확산되어 나갔을 것으로 추정할 수 있다.

그리고 지금 남아 있는 조선시대 후기의 숟가락과 젓가락은 대부분 구한말에 사용되었거나 일제강점기에 사용되던 것으로 생각된다. 조선시대 후기에 들어서면 임진왜란 전까지의 장속이 일변하여 분묘에 부장하는 부장품이 모두 사라지고 백자 사발 한 점에 상평통보 한 두점을 넣거나 그나마 아예 넣지 않는 장속으로 변화하고 만다. 말하자면 주자가례를 기준으로 하는 장례풍속이 조선 전국에서 시행된 결과인 것이다. 오늘날의 발굴조사에서 묘광만 남아 있거나 또는 목관의 흔적이 있다고 하여도 아무런 부장품이 없는 분묘, 또는 내부에서 아무런 유물도 확인

---

64 박채린, 2013, 『조선시대 김치의 탄생-조선시대 김치문화의 성립과 김치 식속의 다면성 연구』, 민속원 아르케스007, pp.11~19, 101~154.

되지 않은 회곽묘는 대부분 조선시대 후기에 조성된 것으로 볼 수 있다. 그러므로 고고학적 자료로서 조선후기 사회의 숟가락이나 젓가락의 구체적인 변화를 가늠하기는 어렵다. 다만 토산물을 기본으로 하는 음식이 크게 변하지는 않았을 것이므로 조선시대 말기-구한말의 숟가락이나 젓가락은 조선시대 후기 19세기, 이르면 18세기의 숟가락이나 젓가락으로 보아도 무방하지 않을까 하는 것이다.

어쨌든 이 시기에 들면 -17세기 말~18세기- 숟가락의 술이 원형으로 변하게 되고 자루각은 거의 0도에 가까워지는 한편 젓가락도 상단의 잡는 부분의 단면이 방형으로 정착이 되고 아래로 갈수록 좁아들게 되며 크기는 숟가락이 20cm 내외, 술잎은 4cm 내외, 젓가락은 18cm 내외로 오늘날 국립민속박물관에 소장되어 있는 것과 같은 형태로 되어 지금 우리들이 사용하고 있는 수저의 형태를 갖추게 되는 것이다.[65]

65 국립민속박물관, 2007, 『한민족역사문화도감 식생활—국립민속박물관 소장품』, p.76, p.79.

05 맺음말

조선시대에 들어서면서 겪게 되는 가장 큰 사회적 변화는 정치 이념이 성리학으로 바뀌었고 성리학적 가치를 현실세계에 실현하기 위한 많은 조치가 이어졌을 것이다. 고려시대까지 숟가락과 젓가락, 그리고 많은 양의 도자기를 부장하는 풍습은 고려시대 이래 중국 북방민족과의 교류에서 시작된 것으로 성리학적 지배질서를 대변하는 장례서인 주자가례와 부합되지 않는 것이었다. 그렇다고 하여도 고려시대 이래의 장속이 변화하여 새로운 장속이 정착되기까지 전쟁과 기아 등의 상황을 합하여 200년이 넘게 소요되었다.

그리하여 조선 후기에 들어서면 장속은 일변하여 분묘에 수저를 부장하는 경우는 거의 사라지고 백자 사발에 상평통보 한 두점이 부장품의 전부이고 그나마 아예 넣지 않는 경우도 허다하다, 그러한 장속의 변화에도 숟가락은 조선시대 전체의 밥상을 지킨 것으로 보인다. 말하자면 장속은 변하였다고 하여도 밥과 국, 그리고 반찬을 주로 하는 구성은 변하지 않았다는 것이다.

앞서 지적하였다시피 조선전기 젓가락의 사용은 상당히 미미한 수준이다. 임진왜란과 병자호란이 끝이 나고 경신대기근을 지나 18세기에 들어 영정조시기 정국의 안정은 임란이후 조선에 유입된 새로운 음식물의 등장과 유교 제례의 보급으로 조리법의 발달과 새로운 조리서의 발간으로 이어지며, 김치나 젓갈과 저장음식의 발달 등 당시의 밥상을 더욱 풍부하게 하여주었을 것으로 생각된다. 이 시기에 제작된 풍속화에 젓가락을 들고 있는 사람들이 그려지게 되는 것은 젓가락의 사용이 확산일로를 걷고 있다는 것을 증명해주는 자료로 볼 수 있다. 젓가락 사용의 확대는 단언하기는 어려우나 성리학의 발달로 가례가 일반화되어 가는 것과도 무관치 않다고 생각된다. 그것은 가례에 있어 사용하는 그릇이나 도구, 음식들이 일원화되어 간다는 것으로 가례에 있어 음식을 덜거나 옮기는데 필수적인 젓가락 또한 그 사용이 일반화되어 가는 하나의 단초가 되었을 것은 분명해 보이기 때문이다.

김해 구산동분묘군 피장자 계층 연구

01 머리말

조선시대의 분묘에는 실생활에 사용한 것으로 생각되는 숟가락, 분청자와 백자, 도기, 청동합, 청동반지, 구슬 등이 주류를 이루며 집게, 가위, 귀걸이 등 각종 부장품이 출토된다. 지금까지 조선시대 분묘 출토유물에 대한 연구는 묘제와 함께 분청사기나 백자, 숟가락 또는 가위 등에 대한 편년과 각 기물에 대한 변화의 원인을 제도사적 측면이나 사회상의 변화와 관련하여 해석하고자 하는 방향으로 이루어지고 있다. 이러한 상황은 조선시대 고고학 연구가 일천하던 시절을 생각하면 상당한 발전을 이루었다고 할 수 있다.

그러나 고고학이 유적과 유물을 통한 과거 인류의 사회상을 복원하고 당시의 사람을 이해하는 것이라고 한다면 유물과 유구에 대한 편년 연구, 기물의 변화상에 대한 배경에 대한 고찰, 당대의 기록과 비교검토를 통한 제도사적 관점에서의 이해가 이루어진다고 하여도 그 사용 주체에 대한 연구가 결여되어 있다는 것은 부장된 기물을 사용하고 유구를 조성한 사람에 대한 이해가 결여되었다는 비판을 피하기 어려울 것이다.

김해 구산동분묘군은 2,400여기의 조선시대 분묘가 출토되었는데 분묘 수가 한눈에 헤아리기는 어려울 정도로 많기도 하지만 그 출토 유물의 다양함과 아울러 유물이 출토되는 위치나 상황 또한 다양해서 특정한 유물이 특정한 위치에서 출토된다고 말하기가 어려운 상황이다. [그림 1]

이번 글에서 필자가 제기하는 질문은 구산동분묘군의 부장품이 다양한 위치와 방식으로 출토되는 배경과 묻힌 사람들에 대한 것으로 조선 개국 이후 김해지역에서 고려 후기의 장례 전통을 이어받아 경운산 아래에 수많은 분묘를 조성한 사람들은 누구일지에 대한 답을 찾고자한 것이다. 필자의 논지가 아직 다듬어지지 않은 가설이라 전개에 무리가 많을 것으로 생각된다. 선배 동학의 많은 가르침을 바란다.

02

구산동분묘군에서 보이는 장례 절차(장법)

조선시대에 들어서면서 보이는 구체적인 유구의 변화는 석곽묘는 거의 사라져가고 토광묘가 주류를 이루게 되고 새롭게 회격묘가 등장한다는 것이지만 구산동유적에서 확인된 회격묘는 없었다. 부장품 또한 고려시대 부장품과는 다른 변화를 보이는데 청자가 분청자나 백자로 변하는 것은 물론이고 동곳이 부장품에서 점차 사라지고 지환이 새롭게 등장하며 길상문 동경에서 소형에 육자진언이 새겨진 병경이 유행하게 된다. 이마저도 임진왜란이 지나면 일부 남아 있는 예도 없지 않지만 부장품을 매납하는 경향은 거의 사라지고 묘광도 관 주위에 보강토를 채우던 것에서 이단굴광의 묘광으로 변하게 되는 양상을 보인다.[1]

그렇다면 토광묘가 일반적이라고 하고 부장품을 넣는다고 할 때 대체로 어떤 과정을 예상할 수 있을까. 간단하게 보면 묘광을 굴착하여 시

---

1 임진왜란 이후 부장품이 사라지는 것은 17세기에 들어 전국적인 피해를 입힌 대기근이라든지 주자가례를 보다 엄격하게 준용하게 되는 등 여러 가지 요인을 생각해 볼 수 있을 것이나 뚜렷한 배경이 확인된 것은 아니다.(정의도, 2013, 「조선후기 숟가락의 변화」, 「문물」 제3호, 한국문물연구원. 참조)

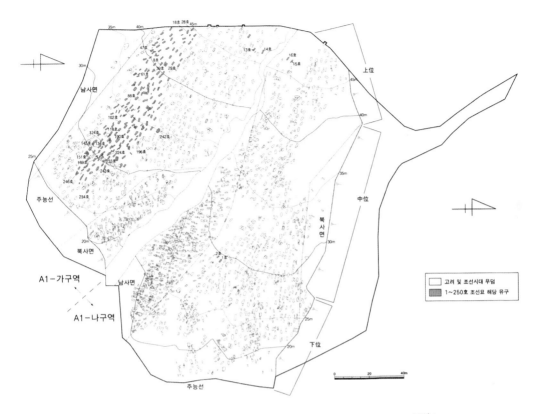

그림 1
구산동분묘군A1구역 고려 및
조선시대 무덤 배치도(경남고
고학연구소, 2010, 『김해 구
산동유적Ⅰ』)

신을 안치하고 그 위로 봉분을 조성하는 단계로 생각해 볼 수 있을 것이다. 그런데 부장품이 따로 없는 경우라면 이와 같은 과정에서 크게 벗어나지 않겠지만 여기에 부장품이 동반하게 되면 언제 어떻게 어느 위치에 넣게 되는가 하는 문제가 발생한다. 그런 점에서 구산동유적에서는 실로 다양한 장법이 확인되었다.

1) 유물의 출토위치

먼저 유물을 부장하는 위치에 대하여 검토하여 보기로 한다. 유물을 부장하는 위치는 크게 편방에 부장하거나 목관 주변을 둘러 목관을 고정하는 보강도의 바닥이니 중간, 또는 상부에 부장하거나, 때로는 관 내부 또는 관 상부, 그리고 봉토를 만들면서 부장하는 경우로 나누어진다. 구산동유적에서 유물이 부장되는 위치를 살펴보면 보강토 상부 또는 내부에 부장하는 경우가 434건, 편방을 만들어 부장하는 경우는 301건으로 편방에 부장하는 경우보다 보강토 내부 또는 상부에 부장하는 경우가 우세하다.

또한 관내에 부장하는 192건, 관의 상부에 부장하는 32건, 봉토 내에 부장하는 27건 등을 포함하면 모두 685건으로 주자가례에서 보이는 편방 이외에 유물이 부장되는 것이 확인되는 994건[2] 대비 69%에 이른다는 것이다. 이것은 고려시대 이래의 전통적인 장법이 조선 전기 김해 지역에는 강하게 남아 있음을 시사하는 것으로 보아도 무방할 것이다.

유물의 출토 위치를 좀 더 자세히 검토하면 다음과 같다. 편방은 묘광의 좌측이나 우측에 마련하게 되는데 편방은 묘광 상단과 같은 높이에 조성하는 경우와 묘광의 벽면을 파고 들어가서 조성하는 경우로 나눌 수 있다. 묘광의 상단 높이에서 조성하는 것이 238기로 전체 301건 중 80%에 가까운 비율을 보이고 묘광 벽을 파고 들어가 조성하는 편방은 일부 예외적으로 시행되었던 것으로 보인다. 그리고 편방은 피장자를 기준으로 하면 우측에 조성하는 경우가 전체 301건 중 212건으로 70%를 넘어 음이 좌측이고 양이 우측이라는 고대 관념에서 보면 역시 우측을 선호하였던 것을 알 수 있다.

한편 보강토 상부에 부장하거나 내부에 부장하는 경우는 434건으로 전체의 43%를 차지하여 가장 높은 비율을 보이고 있다. 이것은 앞서 지

---

2 유물이 부장되는 건수가 분묘 기수보다 많은 것은 1기의 분묘에서 여러 군데에서 유물이 출토되는 경우가 있기 때문이다. 예를 들면 1742호에서는 관 내부에서 동경, 편방에서는 동기편, 보강토 상단에서는 접시4점, 보강토 내에서는 가위와 유리옥이 출토되었다. 또한 이 건수에는 출토 위치가 불분명한 것도 포함되어 있다.

적하였다시피 김해지역에는 조선이 개창되고 성리학이 시대이념으로 채택되었다고 하여도 고려시대 이래의 장례풍습이 강하게 남아 있는 탓으로 볼 수 있을 것이다. 보강토 내에 유물이 부장되는 것은 크게 내부와 상부로 나누었는데 실제로는 보강토를 깔기 전 바닥에 부장품을 두는 경우 세월이 경과하면서 보강토가 바닥으로 깔려 내려가고 이에 따라 부장품은 떠오르기 마련이기 때문에 구체적으로 구분하기는 어려운 경우가 많아 보강토 내부라고만 구분한 것이다. 그리고 구체적으로 살펴보지는 않았지만 대체로 보면 보강토 내부에는 도자기류가 많이 출토되고 편방 내부에서는 숟가락과 젓가락, 동합 등이 도자기와 함께 출토되는 경우가 많았다. 또한 관 내부에서는 피장자가 생전에 착용하고 있던 반지 또는 구슬, 그리고 집게가 출토되는 것이 대부분이고 때로 철도자 서도(書刀), 침, 벼루가 출토되기도 하고 암키와가 부장되기도 한다.[3]

　유물이 부장되는 위치를 크게 보아서 이렇게 나누어 볼 수 있지만 사실 유물의 출토 상태를 자세히 살펴보면 결코 간단하지 않은 유물의 부장 당시의 상황이 드러난다. 숟가락만 두고 보아도 편방에 두는 경우와 보강토 상부에 두는 경우와 바닥에 두는 경우, 그리고 보강토와 관의 상부에 두는 경우, 관내에 두는 경우가 있다. 또한 숟가락과 자기를 나란하게 두는 경우도 있지만 숟가락 위에 완을 두는데 완을 정치하는 경우와 뒤집어 놓는 경우가 있고, 숟가락 위에 합을 올려 두거나 다수의 자기를 뒤집어서 올리거나 대접이나 완 위에 숟가락을 두는 경우도 있다. 또한 수저와 가위를 동합 위에 포개어 놓기도 하고 바닥에 젓가락을 놓고 그 위로 합을 둔 다음 다시 숟가락을 올려놓기도 한다. 한편으로는 가위를 놓고 그 위에 숟가락을 올린 위에 다시 대접을 올려두는 경우도

3　246호에서는 남단벽 가까이에서 철제가위와 환옥 17점이 출토되었는데 조사자의 의견에 따르면 출토위치나 상태로 보아 버선에 넣어서 매납한 것이라고 한다.

있고 비닥에 가위를 놓고 그 위에 완을 놓고 다시 숟가락을 놓고 그 위에 다시 대접을 올리는 경우도 있는데 경우에 따라서 대접을 바로 놓기도 하도 뒤집어 놓기도 하는 등 수많은 예외의 경우가 확인된다.[4]

2) 소결-문제점

이상에서 검토한 바와 같이 구산동유적은 400년이 넘는 시간동안 조성된 것으로 유물이 출토되지 않은 분묘는 알 수 없지만 유물이 출토된 분묘의 출토 상황은 그것이 어떤 배경에서 비롯된 것인지 간단하게 정리하기 쉽지 않다. 예를 들면 동일한 시기에 조성된 분묘 가운데 편방을 조성하여 부장품을 묻는 분묘와 부장품을 보강토에 매납하는 분묘가 구체적으로 어떤 차이가 있는지 알기 어렵다는 것이다. 보강토에 부장품을 매납한 분묘는 고려사회의 전통이 강하게 남아 있는 집단의 것이며 편방을 조성하여 부장품을 매납한 분묘는 고려사회의 전통에서 벗어나 주자가례를 알고 실천하려는 집단의 것으로 볼 수도 있겠지만 주자가례를 완전히 따랐다면 금속기나 도자기 대신 명기를 부장하여야 했기 때문에 어떻게 이해하여야 할지 아직은 분명하지 않다. 그렇다고 하여도 구산동분묘유적에서 나타나는 다양한 의식절차(제사절차)는 그야말로 당시 각 가문에서 행해지던 다양한 제례의식을 그대로 반영한 것으로 생각되고 이와 같은 사정은 구산동에 분묘를 조성한 사람들은 상장례에 대한 오랜 전통을 이어온 결과로 복잡하게 분화된 절차를 보여주는 집

---

4 1211호에서는 백자발의 구연부를 깨트려 관과 묘광 벽 사이에 삽입하고 깨트린 구연부는 관의 상부에 두기도 하고 또한 묘광 내부나 묘광에 붙여서 편방을 조성하여 부장품을 넣어두는 경우 말고도 1566호나 1575호처럼 묘광에서 일정한 거리를 두고 동전이나 그릇, 숟가락을 두는 경우도 있다.

단 또는 계층으로 이해할 수 있다.

어쨌든 이렇게 부장품의 종류도 다양하지만 유물이 출토되는 상황
도 언제 어떤 의식이 진행된 결과인지 추정하기도 쉽지 않다. 김해 구산
동을 발굴조사한 기관의 보고서에 따르면 유물이 매납되는 배경을 매장
삼제(埋葬三祭)라 하여 시토제(始土祭), 평토제(平土祭), 하관제(下棺祭)로 구분
하고 있다.[5] 평토제는 묘광의 어깨선 부근에서 기물군이 확인되는 것과
관련된 제사이며 하관제는 시상이 광벽과 접하는 곳의 상면이나 이보다
약간 높은 곳에서 출토되는 유물과 관련된 제사이고, 시토제는 하관하
고 보강토를 채우고 난 다음 관개 위에 명정을 덮는 다음 과정이 시토이
며 이때 치러지는 제사를 말하는 것이다.[6]

여기에서 편방이나 명정 등이 등장하는 것은 조선전기에 이르러 주
자가례에 따른 장례가 이루어졌을 것으로 보고 장례의 과정을 나누었는
지 알 수 없다. 또한 유물이 많이 출토되는 위치를 제사를 지낸 결과로
보았지만 반드시 제사를 지낸 결과로 보아야 하는지 단정하기 어렵다고
생각된다. 더구나 평토제는 장례 때 광중의 흙이 평토가 되면 신주를 만
들어 그 앞에 모셔놓고 제사를 지내는 상례의식으로 지금도 사용하고
있기는 하지만 하관제나 시토제는 새롭게 만든 용어로 사실 시토제는
구체적인 의미도 알기 어렵다.

구산동유적에서 조사된 조선시대 분묘에서 나타나는 편방이 주자가
례를 따라 조성된 것이라면 무덤을 만드는 것과 관련하여 제사를 지내
는 경우는 먼저 택일하여 묘역을 만들고 후토신에게 제사를 지내는 것
이 처음이고[7] 하관한 다음 명기와 지석을 내리기 전 묘소의 왼쪽에서 후

---

5 경남고고학연구소, 2004, 『진주 무촌Ⅰ·Ⅱ-고려·조선묘군-』

6 전게 주5)

7 后土氏는 땅을 주재하는 토지신이다. 『예기禮記』「월령月令」의 주에서 "오행 중 유독 토
   신에 대해서만 후라고 칭하는데, 후는 임금인 군을 뜻한다. 가운데에 있으면서 사행을
   통솔하므로 군이라고 칭하는 것이다."라고 하였다. 『운회』에서는 "땅을 후토라고 하는데,

도신에게 제시를 지내는 것이 전부이다.[8] 그러므로 평토제는 전거를 찾을 수 있지만 하관제나 시토제는 그 전거를 찾기 어렵다고 생각된다. 제사를 지냈다면 위 두가지 경우를 포함하여 경우에 따라 제사를 지냈을 것인데 조선시대 전기에는 아직 고려사회에서 전승되어 온 장례 풍습이 남아 있었을 것이고 또한 김해 구산동유적에서 주자가례를 따라 장례를 치른 분묘는 확인되지 않았으므로 당시의 상장례 절차를 복원하는 것이 이렇게 매장삼제라는 획일적인 이해가 아니라 다양한 위치에서 부장품이 출토되는 만큼 각각의 상황에 부합하는 구체적인 절차를 이해하고 복원하는 것이 바람직 할 것으로 생각된다.

한가지 생각해 볼 것은 『주자가례』에서 사용한 편방이라는 용어에 관한 것이다. 편방은 묘광을 흙으로 채우면서 절반에 미치면 명기를 묻고 그 위를 판자를 사용하여 덮는 공간을 말한다.[9] 즉 명기를 묻는 공간이 편방이므로 구산동분묘군에서 묘광 좌우로 부장품을 넣어두는 공간이 물론 한쪽으로 붙어 있어 편방이라고 부를 수 있기도 하겠지만 주자가례에 따라 장례를 치른 흔적이 전혀 보이지 않는 구산동분묘군에 보이는 편방을 그렇게 불러도 무방한 것인지, 그렇다고 벽장 형식으로 주로 신상을 모시기 위하여 조성된 감실이라고 부르는 것도 타당한 것으로 보기는 어려우므로 좀 더 검토할 필요가 있어 보인다.

두텁게 싣는다는 뜻을 취한 것이다. 옛 글자에서 후는 후와 통용하였다."라고 하였다. 이처럼 토지신에 대한 제사는 그 유래가 오래되었다. 주자는 그 기원을 중류(中霤) 제사에서 찾았다. 『주자어류』를 보면, "극단적으로 말하면 역시 참람한 듯하다. 그러나 이는 바로 옛사람들이 중류에 지내던 제사이다."라고 하였다. 『예기』 「교특생」의 기록을 근거로 하여, 주자는 집의 중심인 중류를 토신으로 보고 하늘에 제사를 지낼 수는 없으나 토신에 대해서는 민간에서도 제사 지낼 수 있다고 한 것이다.

8 朱熹 著·柳豊淵 譯, 2010, 『譯註 朱子家禮』, 儒敎學術院 成均館.

9 造明器 刻木爲車馬僕從侍女 各執奉養之物 象平生而小 准令五品六品三十事 七品八品二十事 非陞朝官十五事 藏明器等 實土及半 乃藏明器下帳筥筲罌於便房 以版塞其門

03

구산동분묘군의
지리적 위치와 출토유물

1) 구산동분묘군의 지리적 위치

김해는 낙동강의 서안에 위치하며 남쪽으로 부산시 강서구, 창원시 진해구 등 해안도시와 접하고 있고, 바다가 가까워 해양성 기후에 속한다. 김해의 북쪽과 동쪽은 낙동강이 흘러 밀양과 양산, 부산과 자연적인 경계를 이루지만 북동쪽의 무척산(703m)[10]과 신어산(630m)[11], 분성산(382m)[12]남서쪽의 대암산(674m), 정병산(566m), 불모산(801m)[13] 등의 산괴로 창원, 진해와도 분리되어 있다. 한편 김해의 중심지역인 동상동, 회현동, 부원동, 북부동 일대는 북동쪽의 분성산(327m), 북서쪽의 경운산(378m)을 배경으로 선상지 형태로 발달되어 있는데 그 중앙을 삼계동에서 발원하여 남쪽으로 흘러 화목동에서 조만강으로 합류하는 해반

---

10 『新增東國輿地勝覽』金海都護府 山川 食山 在府北三十里 南連盆山極高大
11 『新增東國輿地勝覽』金海都護府 山川 神魚山 神一作仙 在府東十里
12 『新增東國輿地勝覽』金海都護府 山川 盆山 在府北三里 鎭山
13 『新增東國輿地勝覽』昌原都護府 山川 佛母山 在府南三十里

친[14]이 흘러 긴해 시가지를 동서로 나누고 있다.

『신증동국여지승람』 산천조에는 분산을 진산으로 하고 이어서 가조산과 운점산이 부의 서쪽 5리에 있다고 하였는데 구산동분묘군이 위치한 경운산의 옛 이름으로 생각된다.[15] 구산동분묘군은 김해시 구산동 833-1번지 일대에 위치하는데 이곳은 김해읍성에서 북서쪽으로 2.5km(6~7리) 정도 떨어져 있다. 이 분묘군은 경운산을 배후로 하면서 해발 75m를 넘지 않는 서-동 경사면을 이루는 곳으로 김해 동상동에서 구산동으로 오려면 앞서 설명한 해반천과 순지[16]를 건너야 한다.

한편 역사적으로 볼 때 조선시대의 김해는 낙동강의 좌안에 위치하는 고을로 거읍 중의 하나였다. 김해부는 조선 초인 태종 13년(1413)에 김해도호부로 승격했으며, 세종 7년(1425)에 편찬된 경상도지리지에 의하면 경상도에는 유수부 1, 대도호부 1, 목 3, 도호부 6, 군 15, 현 40이라 하였는데 김해는 6개 도호부 중의 하나이며 아울러 기록된 군현 중 호구수가 경상도에서 가장 많은 도호부였다.[17] 그리고 세조 12년(1466)에 지방군제 개편으로 경상우도병마절도사 관하의 김해진관이 설치되었고[18] 인근의 동래읍성(세종28년, 1446)에 비하면 비교적 이른 시기에 석축읍성이 축조(세종16년, 1434)되어 김해도호부의 행정, 군사의 중심공간이 되

---

14 해반천에 대하여 기록된 지리지는 없고 다만 김해부내지도에 「河畔川」이라고 하였다.

15 『輿地圖書』 김해 산천조에 加助山은 관아 서쪽 5리에 있고 留民山이라고도 하는데 雲岾山에서 뻗어 나와 읍터의 바깥 백호를 이룬다고 하였고 雲岾山은 관아 서쪽 5리에 있으며 飛音山에서 뻗어 나온다고 하였다. 『海東地圖』를 보면 읍성의 동쪽은 분성산이, 서쪽은 유민산(가조산)이 둘러싸고 있는 것으로 그려져 있어 『輿地圖書』 산천조의 기록과 같다. 또한 『新增東國輿地勝覽』에 부의 서쪽 6리에 있다고 한 蕈池도 표시되어 있는데 이 못은 지금도 내외동 연지라는 이름으로 남아 있고 유적은 연지의 북서쪽에 위치하므로 慶雲山은 雲岾山으로 생각된다. 비슷한 시기의 『金海府邑誌』에는 加助山 在府西五里俗名流民山 雲岾山 在府西七里라 하여 가조산 북쪽에 위치한 것을 운점산으로 보고 있어 김해읍성에서 구산동분묘군까지의 거리는 2.5km로 지금의 경운산은 조선시대까지는 운점산으로 불리었다고 하겠다.

16 『新增東國輿地勝覽』 金海都護府 山川 蕈池 在府西北六里

17 『慶尙道地理志』 晉州道 金海都護府

18 『朝鮮王朝實錄』 成宗 19년 5월 25일

었다.[19]

2) 구산동분묘군의 출토유물

김해 구산동유적은 김해의 중심부인 대성동 북서쪽에 위치한 경운산의 동쪽 붕적사면에 해당하며 구릉말단부와 다수의 소구릉으로 이루어져 있다. 유적은 남쪽에서 북쪽으로 올라가며 A구역, B구역, C구역으로 나누어 조사되었으며 조선시대 분묘는 주로 A구역에서 출토되었다. 각 구역별로 조사된 유적을 살펴보면 A구역에서는 청동기시대 주거지 90기, 수혈 51기, 분묘 5기, 삼국시대 토기가마 1기, 고려~조선시대 분묘 2,434기가 확인되었다. B구역에서는 청동기시대 분묘 4기, 조선시대 건물지 2동, 고려~조선시대 분묘 85기와 C구역에서는 청동기시대 석곽묘 2기, 탄요 1기, 수혈 1기, 조선시대 분묘 10기 등이 조사되었다.[20]

부장품의 구성과 분묘 내 출토 위치는 분묘를 조성한 당사자 또는 집단의 매납 의도와 피장자의 사회적 신분도 함께 추정할 수 있는 중요한 근거로 볼 수 있다. 구산동 조선시대 분묘에서 유물이 출토된 분묘는 주된 매장공간인 A구역을 중심으로 볼 때 조사된 2,434기 가운데 908기에 달한다. 결국 유물이 출토되는 분묘의 비율은 37%로 1/3을 약간 상회하는 것인데 유물이 출토되지 않는 분묘가 2/3에 가깝고 이것은 유물이 출토되지 않은 경우가 유물이 출토되는 경우의 2배에 달한다는 것이다. 같은 묘역 내에 조성되었지만 유물이 출토되지 않는 분묘가 현재 발굴조사된 결과만을 두고 보았을 때 조성시기를 특정할 수 없는 상황에

---

19 『慶尙道續撰地理志』 晉州道 金海都護府
20 경남고고학연구소, 2009, 『김해 구산동유적Ⅰ~Ⅷ』.

서 유물이 출토되는 분묘의 시기 또는 조성 주체가 다르다고 단정할 수는 없다.

다만 지금까지의 연구성과를 감안하면 11세기 이후 고려가 중국 북방국가-요 또는 금과의 교류가 활발해지면서 통일신라 이래의 전통적인 장법에 변화가 있었고 이때 형성된 장법이 고려말을 지나 조선 전기 사회로 이어진 것으로 볼 수 있다. 분묘 내에 접시나 발 등의 일상 용기와 청동합, 숟가락, 가위, 가위, 동경 등의 금속기 등으로 구성되는 것이 일반적인 부장품이라고 할 수 있지만 숟가락이 가장 높은 출토율을 보이며 도자기가 다음으로 높은 비율로 출토된다.

그렇다면 유물이 전혀 출토되지 않는 분묘는 어떻게 볼 수 있을까 하는 것이다. 유구와 유물로서 조성시기를 판단하는 것이 고고학의 기본이라고 하면 유물이 출토되지 않는 유구의 시기를 판단할 수는 없다. 다만 동일한 형태의 유구가 하나의 공간에 조성되었을 때 상당한 수의 유구에서-구산동유적에서는 2/3-유물이 출토되지 않는 뚜렷한 경향이 보인다는 것은 동일한 시기에 유물이 부장된 경우와 부장되지 않는 경우로 나누는 것보다는 피장자를 위하여 기물을 부장하는 단계에서 기물을 부장하지 않는 단계로 변화해 간 것으로 이해하는 것이 보다 합리적인 판단이라고 생각된다.

이러한 판단에서 숟가락이나 도자기 등의 유물이 출토되는 분묘는 유물의 편년이 대체로 15~16세기에 해당되므로 조선전기에 조성된 것으로 보고 유물이 출토되지 않는 유구는 그 다음 시기, 그러니까 임진왜란 이후 17~19세기에 걸쳐 조성된 것으로 보아도 크게 잘못된 것은 아니라는 것이다.

구산동분묘군의 피장자

1) 구산동분묘군의 위치와 묻힌 사람들의 출신지

유물이 출토되는 분묘와 유물이 출토되지 않는 분묘를 시기를 따라 구분할 수 있는 것이면 다음으로 할 수 있는 질문은 유물이 출토되는 것보다 유물이 출토되지 않은 유구가 2배 가까이 많은 이유는 무엇일까? 그리고 유물이 출토되는 분묘에 묻힌 사람은 어디에 살던 사람일까 하는 것이다.

먼저 김해 구산동유적의 성격부터 생각해 보아야겠는데 분묘의 배치가 계획적이지 않고 경운산에서 남동향하는 구릉 경사면을 따라 조성되어 있어 어느 특정 가문이 아니라 한 마을 또는 집단의 공동묘지로 볼 수 있을 것이다. 또한 한 공간이 오랜 시간 동안 묘지로 이용되어 그곳에 묻히는 사람들의 신분 또한 큰 변화가 있지는 않았을 것으로 생각된다.

구산동유적에 묻힌 사람들은 유적의 위치로 보아 김해읍성이 위치하던 지금의 동상동 일대에 살던 사람이었을 것으로 생각된다. 구산동유적은 조선시대 김해읍성이 위치한 곳에서 북서쪽으로 2.5km 정도 떨어져 있고 해반천[21]을 건너 위치하기 때문에 망자가 살던 공간과 분리되는 지리적 조건이 1차적이다. [그림 2] 사람이 죽어서 묻히는 곳이 선영이 아니라면 자신이 살던 곳 주변에 무덤을 마련하게 될 것이고 그것도 수십리 떨어진 곳을 택하지는 않았을 것이기 때문이다.

이러한 추정은 예전의 김해도호부 좌부면과 우부면에 해당되는 경운산의 동서쪽과 분성산의 남서쪽으로 형성된 일원에서 확인되는 유적은 내동지석묘를 제외하면 지금의 동상동 즉 해반천의 동쪽에 위치하고 있는 것도 근거가 된다. [그림 3] 또한 1950년대에 촬영된 항공지도에 해반천의 동쪽으로만 민가가 형성되어 있는 것은 조선시대에도 해반천의 서쪽-즉 蓮池의 아래로는 민가가 없었던 것으로 볼 수 있으므로 구산동 분묘군에 묻힌 사람들은 김해읍성을 중심으로 거주하였던 것으로 볼 수 있는 자료이다.

조선시대 김해지역의 지리적 조건이나 행정구역의 명칭이 보이는 기록은 「경상도지리지」「세종실록지리지」「신증동국여지승람」「여지도서」 「김해부읍지」 등의 지리지와 「해동지도」와 「김해부내지도」 등에서 살펴볼 수 있다. 특히 호구수가 기록된 것은 조선전기에는 「경상도지리지」와 「세종실록지리지」가 있고 후기에 제작된 「여지도서」와 「호구총수」에는 김해지역의 상세한 방리명도 기록되어 있다. 기록으로 인구의 변화를 살펴보면 경상도지리지에는 1,290호, 남 6,142, 여 7,230, 합 13,872구[22], 세종실록지리지에는 1천 2백 90호, 6,642구라고만 하였다.[23] 그리고 숙종37년(1711)에 편찬된 김해부읍지에는 원호 6,632호, 인구 24,138호

---

21 『金海府內地圖』에는 河畔川이라고 하였다.

22 『慶尙道地理志』 金海都護府 戶一千二百九十 內男六千六百四十二 女七千二百三十九 合一萬三千八百七十二口

23 『世宗實錄地理志』 慶尙道 晉州牧 金海都護府 本府戶一千二百九十 口六千六百四十二。

연번	유적명	연번	유적명
1	신명 지석묘	11	구지봉
2	대성동 소성유적	13	대성동 고분군
3	수로왕릉 내 고인돌	14	대성동 유적
4	서상동 지석묘	15	봉황동 유적
5	회현리 지석묘	16	봉황토성
6	내동 지석묘	17	봉황대
7	구지봉 지석묘	18	회현리 패총
8	삼계동 두곡 고분군	19	봉황동 유적
9	구산동 요지	20	구지로 분묘군
10,12	구산동 고분	21	김해 읍성

그림 2
김해 구산동 일원 유적 분포도(경남고고학연구소, 2009, 『김해 구산동유적Ⅰ』) □ 구산동유적의 위치

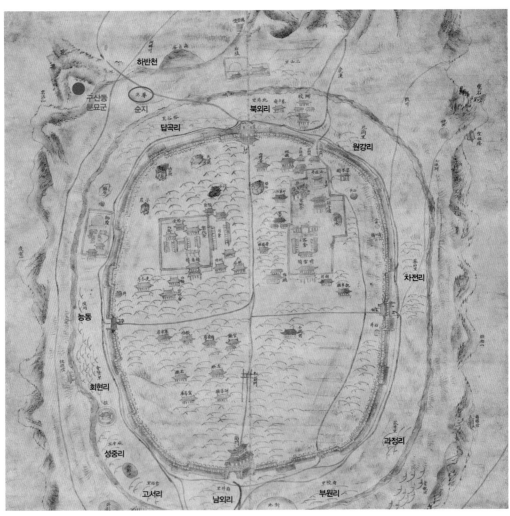

그림 3
『金海府內地圖』부분 (1800년
대 제작추정, 작자미상)

이며[24] 이보다 좀 늦게 영조35년(1759)에 편찬된 여지도서에는 원호는 8

천5백11호, 인구는 3만3천15명, 남자는 1만3천8백46명, 여자는 1만9천

9백79명[25], 정조13년(1789)에 작성된 호구총수에 기록된 김해의 인구는

24 『金海府邑誌』戶口辛卯式元戶六千六百三十二戶人口二萬四千一百三十八口
25 『輿地圖書』金海都隱_護府 坊里 己卯式 元戶八千五百十一戶 人口三萬千十五口 內男一
    萬三千八百四十六口 女一萬九千九百七十九口

9,107호 인구 35,833구, 남 15,750 여 20,083이라고 하였다.[26]

세종 7년(1425)에 편찬된 경상도지리지에 기록된 김해는 호 1,290, 구 13,872(남 6,642, 여 7,230)였는데 정조6년(1782)에 편찬된 호구총수에 의하면 호 9,107, 구 35,833(남 15,750, 여 20,083)으로 약 2.5배 증가하였다. 이것은 단순 수치로 이해하기는 어렵겠지만 조선 후기에 조성된 분묘가 조선 전기에 조성된 분묘보다 2배에 가까운 것은 이와 같은 상황을 반영한 것으로 볼 수 있을 것이다.

『海東地圖』에 읍성은 중심으로 좌부면과 우부면이 표시되어 있고「左部面 初竟邑內 終竟十里」,「右部面 初竟邑內 終竟十五里」라고 하여 읍성을 중심으로 한 지역은 좌부면과 우부면임을 알 수 있다. [그림 4]

『輿地圖書』 방리조에 좌부면은 관아에서 5리이며 우부면 또한 관아에서 5리라고 하여 읍성 일원은 좌부면 우부면에 포함되었고 활천면은 관아에서 10리 거리에 분성산을 넘어야 하므로 지리적으로 나뉘는 지역이다.[27]

그런데 김해도호부의 면와 리의 모든 명칭이 기록된『戶口總數』에는 김해지역 20개면 가운데 좌부면은 상단과 하단으로 나뉘어져 있고 14리 823호 3,169구이며 우부면은 18리 797호 3,295구라고 하였다.[28]

그러므로 좌부면과 우부면의 호구수는 1620호 6,464구에 이르고 김

26 『戶口總數』金海 面二十 里二百五 元戶九千一百七 口三萬五千八百三十三 男一萬五千七百五十 女二萬八十三
27 『輿地圖書』金海都護府 坊里 活川面距官門十里 左部面距官門五里 右部面距官門五里 활천면은 구한국지방행정구역명칭일람에 불암리, 지내리, 마마리, 삼방리, 어방리, 남역리 등이 포함되는 것으로 지금의 김해 동상동, 회원동 일원과는 떨어져 있다.(민긍기, 2005, 『김해의 지명』, 김해문화원, pp.146~154)
28 『戶口總數』金海 左部上端面 會溪洞, 元江, 上, 中, 下, 府院, 花井, 南山, 江倉 元戶五百五 口一千八百六十二 左部下端面 食滿浦, 內竹, 外竹, 海夫, 中坪 元戶三百十八 口一千三百七 右部面 北谷, 和亭, 馬亭, 三山, 沓谷, 北門外, 北門內, 西門, 西門外, 南門外, 古西門, 城中, 會賢, 內洞, 外洞, 興府院, 禿店, 瓮上店. 元戶七百九十七 口三千二百九十五

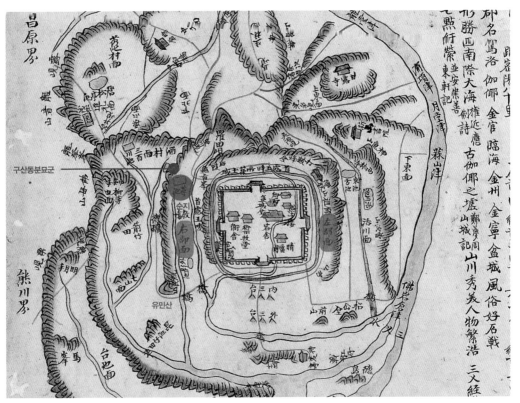

그림 4
「海東地圖」부분 (1750년대
초, 서울대학교 규장각소장)

구산동분묘군

해 전체로 보면 1,620/9,107호로 11%, 6,464구/35,833구로 18%의 비율을 점하고 있다. 이것은 18세기 말의 김해도호부 대비 좌부면과 우부면 인구비이므로 이 비율을 경상도지리지에 기록된 김해 호구수를 기준으로 계산하여 보면 13,872구×18% = 2,497구가 되어 조선시대 전기 김해 좌부면과 우부면의 인구수는 대체로 2,500구 내외가 된다.

구산동유적에서 확인된 조선시대 분묘는 2,434기인데 이것은 대체로 조선시대 전기간에 걸쳐 조성된 것으로 볼 수 있으므로 30년을 1세대로 잡으면 대체로 15세대 정도로 볼 수 있을 것이다. 2,434기를 15세대로 나누어보면 1세대 당 162기가 조성된 것으로 볼 수 있어 마을에 3세대 기준으로 잡으면 500명을 넘지 않는다.[29]

---

29 1758년에 편찬된 추성지에 기록된 담양도호부의 호구는 남 7,186명, 여자 9,569명(합

단순 계산으로는 2,434기 가운데 유물이 출토되는 908기가 조선전기때 조성된 것으로 보고 6세대로 나누면 각 세대별로는 150기가 되고 조선후기에 조성된 1,526기를 9세대로 나누면 170기가 된다. 말하자면 조선전기에 30년 단위로 150기의 분묘가 조성되었다면 1년 단위라면 5기의 분묘가 조성된 것이며 조선후기 들어 30년 단위로 170기의 분묘가 조성되었다면 1년 단위로는 19기 정도의 분묘가 조성되었다는 것이다. 여기서 만약 필자의 생각대로 구산동분묘군이 김해 좌부면과 우부면 사람들의 공동묘지라고 한다면 조선전기 동안 2,500명을 유지하였고 조선후기에는 6,464명으로 늘어난 집단 전체가 400년이 넘는 기간 동안 조성한 공동묘지라고 보기에는 2,434기의 분묘 수는 너무 작다는 것이다.

이와 같은 사정을 감안하면 일차적으로 생각할 수 있는 것은 김해 구산동분묘군에는 좌부면과 우부면 사람들 전체의 공동묘지는 아니라는 것이다. 그렇다면 여기에 묻힌 사람들은 과연 누구였을까. 먼저 생각해 볼 수 있는 것은 일단 구산동 운점산 아래 분묘를 쓸 수 있는 사람은 상당히 한정적일 수밖에 없다는 것이다. 또한 분묘를 조성하는데 필요한 묘광을 조성할 인력, 목관과 특히 조선전기에는 숟가락이나 분청사기, 백자와 함께 청동합, 집게, 가위, 동경, 동전, 구슬, 청동반지 등의 부장품을 마련하여야 했던 분묘 조성 당사자 집안은 사농공상이라는 계급으로 이루어진 조선 시대의 사회적 계급을 고려하면 당시 김해도호부 내에서는 어느 정도 사회적 지위를 갖춘 사람으로 보아야 할 것으로 생각된다.

16,755명)이고 이액은 250명이다. 이 기록을 참고하면 호구총수 간행 당시 35,833명이 거주하고 있었던 향리·수는 300명을 넘는 것으로 볼 수 있다.(이석희 지음·최인선 외 번역, 2020, 「국역추성지」, 담양군·순천대학교 문화유산연구소, 도서출판 이안)

2) 구산동분묘군에 묻힌 사람들의 계층

구산동분묘군에 묻힌 사람들이 어느 정도 사회적 지위를 갖춘 사람들이라고 한다면 김해지역에서 조선 전기 당시 지배층은 아니라고 하여도 어느 정도 사회적 지위를 갖춘 사람은 필자의 좁은 견해로는 당시의 향리층을 들 수 있을 것으로 생각된다. 조선시대 향리는 경국대전에는 본고을의 진성을 조사하고 섭호장, 정조호장, 안일호장의 직첩을 받은 자들로서 향역을 지는 자를 말한다. 이들은 중인신분으로 호장·기관(記官)·장교(將校)·통인(通引) 계열로 나누어지며 조선시대 향리는 개별적인 차이는 있지만, 전체적으로 볼 때 일정한 토지소유자였고 그 토지의 자영계층이었다.[30] 이렇게 당시의 향리는 그들이 토착한 지역에 확고한 경제기반을 가지고 있었기 때문에, 국가에서는 향리들의 세력을 규제하는 방식으로 경제적 보장 없이 향역을 수행하게 하고, 지방관아의 유지·운영비를 부담하게 하였던 것으로 일정한 사회적 지위와 경제적 기반을 갖춘 층으로 때로는 상당한 물품을 분묘에 부장하게 된다고 볼 수 있다.[31]

김해도호부의 정확한 이액(吏額)이 기록으로 남은 것은 없지만 19세기 조정에서 파악한 나주의 이액은 82~118명으로 기록되어 있고 누락된 향직이 많아 실제로는 더 많았을 것으로 본다.[32] 호구총수에 남아 있는 나주는 38면 769리, 17,633호, 57,782구로 김해의 35,833구보다 1.6

---

30 권기중, 2010, 「제2장 제1절. 향리층의 경제적 기반」, 『조선시대 향리와 지방사회』, 경인한국학연구총서88, pp.69~82.

31 15세기 이래 사족층은 읍치와 떨어진 곳에서 거주했으므로 구산동 고분군의 위치, 즉 읍성과의 거리를 고려할 때, 士族의 분묘로 간주하기는 어렵고 또한 15세기 후반~16세기 전반 김해의 대표적 사족이었던 조식의 장인 남평조씨 曹瑛의 세거지는 지금의 山海亭 일대이므로 이와 같은 사정을 반영하는 것으로 볼 수 있다.(이수건, 1984, 「제8장. 직촌고―조선 전기 촌락 구조의 일단면」, 『한국중세사회사연구』, pp.426~452)

32 나선하, 2006, 「조선 후기 나주향리 연구」, 전남대학교 대학원 박사학위논문, pp.13~19.

배 많다. 고려사 현종 9년에 향직의 수를 1천정 이상, 5백정 이상, 3백정 이상 등을 기준으로 정하였으므로[33] 조선시대에 들어서도 이액의 기준은 호구 수로 하였을 것인데 나주의 이액을 참고하면 조선 후기 김해도호부의 향직은 최소한 50~70명으로 산출된다.

그런데 이 수를 최소 향리층의 수로 본다고 하여도 이들의 직계가족을 포함하면 100명을 넘을 것이며 이들이 대부분 김해 구산동분묘군에 묻혔다고 가정한다면 세대별 150기~170기 정도의 분묘가 조성될 수도 있다고 보는 것이 필자의 생각이다.

그리고 부장품과 관련하여 고려하여야 할 것은 앞서 지적한 것처럼 부장품이 출토되는 위치와 부장품을 안치한 방법이 너무나 다양하여 특정한 경향을 띠고 있다고 보기 어렵다는 것이다. 이것은 토광묘를 위주로 하고 숟가락이나 도자기, 생활도구, 장신구 등을 부장하는 전통이 고려에서 조선사회로 승계되면서 그 장법의 전통이 수백년에 이르러 가문에 따라 다양한 절차와 상징으로 체화되었기 때문으로 볼 수 있지 않을까. 특히 구산동분묘군에서 분청사기나 백자 등이 출토되는 경우를 따져보면 분청자만 출토되는 151기, 분청과 백자가 함께 출토되는 33기, 백자만 출토되는 151기 등 모두 348기이다.[34] 이는 유물이 출토되는 분묘 908기의 38%에 불과하고 이 중에는 관사명 분청자도 포함되어 있

---

33 『高麗史』選擧志 鄕職 顯宗九年 定 "凡州府郡縣, 千丁以上, 戶長八人, 副戶長四人, 兵正·副兵正各二人, 倉正·副倉正各二人, 史二十人, 兵倉史各十人, 公須·食祿史各六人, 客舍·藥店·司獄史各四人. 五百丁以上, 戶長七人, 副戶長二人, 兵正·副兵正·倉正·副倉正各二人, 史十四人, 兵倉史各八人, 公須·食祿史各四人, 客倉·藥店·司獄史各二人. 三百丁以上, 戶長五人, 副戶長·兵倉正·副兵倉正各二人, 史十人, 兵倉史各六人, 公須·食祿史各四人, 客舍·藥店·司獄史各二人. 百丁以下, 戶長四人, 副戶長·兵倉正·副兵倉正各一人, 史六人, 兵倉史各四人, 公須·食祿史各三人, 客舍·藥店史各一人. 東西諸防禦使·鎭將·縣令官, 千丁以上, 戶長六人, 副戶長·兵倉正·副兵倉正各二人, 史十人, 兵倉史各六人, 公須史各四人, 客舍·藥店·司獄史各二人. 百丁以上, 戶長四人, 副戶長以下, 並同千丁以上州縣, 百丁以下, 戶長二人, 副戶長·兵倉正·副兵倉正各一人, 史六人, 兵倉史各四人, 公須·客舍·藥店·司獄史各二人."

34 김윤희, 2019, 「김해지역 조선전기 백자전개 양상-김해 구산동유적 출토품을 중심으로」, 『한국중세고고학』 6호, pp.41~67.

다. 다오 중요한 점은 조선 전기 사회에 백자는 왕실에서 분원을 두어 생산할 정도로 흔치 않은 기물로 볼 수 있지만 구산동분묘군에서는 그 출토 분묘 수를 보면 분청자에서 백자의 사용으로 아주 빠르게 넘어 갔다는 것을 알 수 있다. 이것은 구산동분묘군의 피장자와 그 후손들이 당시의 사회적 변화에 적극적으로 참여하고 있었던 층이라는 것을 반증하는 사례로 볼 수 있다.

그렇다고 하여도 이들을 당시 지배층을 구성하고 있던 성리학을 주된 가치로 삼았던 사람들로 보기는 어렵다. 「조선왕조실록」의 기사를 따르면 모든 상사를 「주자가례」를 따른다고 하였는데 주자가례에 따른 상사(喪禮)란 초종부터 복 입상주 호상 치관을 거쳐 성분 반곡 등의 순서에 따라 치르는 것을 의미한다. 분묘유적에서 발굴조사를 거쳐 확인 될 수 있는 것은 소렴 대렴에 따른 의복과 이불(小斂 大斂), 관(棺), 영구 도착 전 설치하는 영악(靈幄), 부인의 장막(婦人幄), 하관(乃窆), 회격(灰隔), 후토제사(后土祭祀), 장명기(藏明器), 하지석(下誌石) 등이다.[35]

우리나라에서 조사 보고된 15세기 이후의 사대부들의 분묘는 2009년까지 130건이 넘는다. 조사 결과에 의하면 이계류(1431~1489), 송효상(1430~1490) 등의 15세기대 인물, 정온(1481~1538), 일선문씨(1550~1560), 정응두(1508~1572), 정휴복(1507~1578) 등 16세기대 인물, 김여온(1596~1665), 이천기(1610~1666), 최원립(1618~1690), 최숙(1636~1698) 등 17세기대 인물, 남오성(1643~1712), 김기성(1752~1811), 이윤응(1818~ 1879), 김병학(1821~1879) · 한산이씨(김병국 자부, 1865~1915) · 여흥민씨(김병국 증손부, 1899~1933) 등 18~19세기대 인물들의 분묘에서 출토된 유물은 소렴 대렴에 사용되었던 의복과 이불, 명정, 명기 등이 주를 이루고 있어 주자

---

35 회암 주희 著·유풍연 譯, 2010, 「譯註 朱子家禮」, 유교학술원·성균관.

가례를 따라 장례를 치른 결과로 볼 수 있다.[36] 물론 조선 개국 이후 박익(1332~1398)묘[37], 온녕군 이정(1407~1454)묘[38], 강희안(1418~1465)묘[39]에서는 숟가락이 출토되고 있고 김흠조(1461~1528)의 묘에서는 도자기와 가위, 동경, 유리구슬 등이 출토된 예가 있지만[40] 이것은 고려시대 이래의 전통이 일부 남아 있는 것으로 사대부층의 주자가례에 의한 장례 절차가 확립되기 전까지의 과도기적인 상황으로 보아야 할 것으로 생각된다.[41]

그러므로 조선시대 사대부들은 고려 후기 들어 주자가례가 전래되면서 조성되기 시작한 것으로 보이는 문중의 선영에 조상의 분묘를 조성한 것으로 볼 수 있고 장례 절차 또한 고려와는 달리 주자가례에 따라 치른 것으로 이해할 수 있다.[42] 그러나 구산동분묘군에서 2,400기가 넘는 분묘가 확인되기는 하였으나 그 조성 상태로 보아 특정한 문중묘로 보기는 어려우며, 회격묘는 단 한 기도 출토되지 않았고 명기나 지석 또

---

36 최규순, 2009, 「우리나라 출토 복식의 발굴현황 분석」, 『제27회 학술발표자료집』, 단국대학교 석주선기념박물관 개관28주년기념, pp.105~112; 충주박물관, 2004, 『이응해장군묘 출토복식』; 국립부여문화재연구소, 2007, 『제주고씨 선산분묘 출토복식 연구』 고고직물Ⅰ, 학술연구총서 제43집; 울산박물관, 2013, 『학성이씨 일가묘 출토유물』, pp.170~174; 국립문화재연구소 문화재보존과학센터, 2012, 『진성이낭묘 출토유물보존』.

37 동아대학교 박물관, 2002, 『밀양 고법리벽화묘』 고적조사보고서 제35책.

38 이난영, 1992, 『한국고대금속공예연구』, 일지사, pp.137~138.

39 정종수, 1988, 「강희안묘 발굴조사보고」, 『미술자료』 41호, 국립중앙박물관.

40 영주시, 1998, 『판결사 김흠조선생합장묘 발굴조사보고서』.

41 김흠조의 묘에서 소렴대렴에 사용된 의복과 동경, 가위, 자기 등이 함께 출토된 것은 고려시대 이래의 전통에 조선시대 들어 확립되어 가던 주자가례에 의한 장례가 더해진 상황으로 볼 수 있다.

42 고려 묘지명에 선영은 蔡仁範(현종15년, 1024), 李顗(문종31년, 1077)에 보이지만 당시는 주자가례가 전래되기 이전 점을 쳐서 장례일을 잡은 시기의 것이다. 裵廷芝(충숙왕9년, 1322), 朴遠(충혜왕 복위2년, 1341), 崔文度(충목왕1년, 1345), 金光載(공민왕17~20년, 1368~1371?), 李齊賢(우왕2년, 1376), 尹侅(우왕6년, 1380), 韓脩(공양왕4년, 1392)의 묘지명에서는 문중 조상의 묘가 조성된 선영에 장사지냈다고 하여 주자가례가 전래된 이후 달라진 고려의 장례 풍습을 보여주고 있다.(김용선, 2001, 『개정판 고려묘지명집성 상·하』, 한림대학교 출판부 참조)

한 한 점도 출토되지 않았다. 그러므로 구산동에 묻힌 사람들은 일단 조선조 개국 이래 장례의 기본으로 삼았던 주자가례에 따라 이루어진 분묘는 없다고 할 수 있고 묻힌 사람들 또한 성리학의 가치의 따르던 사대부 가문의 사람들로 보기는 어렵게 된다.

한편으로 지적해 둘 것은 구산동분묘군 가운데 상당한 부장품이 출토되는 조선시대 전기의 피장자들을 사회적 지위와 경제적 기반을 가진 중인층(향리)이라고 하여도 이들은 당시 조정에서 장례절차의 기본으로 삼았던 주자가례와는 다른 고려사회로부터 계승된 장법을 이어나가고 있었던 점도 이들이 조선 창업에 참여한 사람들의 후손이라기보다는 고려 후기 사회의 가치기준을 이어가는 호족층의 후손들이었다고 보아도 무방할 것으로 판단된다.

맺음말

05

구산동분묘군은 조선시대 분묘가 2,400기 이상 출토된 유적이다. 이 유적에는 출토유물의 유무에 따라 나누면 조선 전기의 묘 900여기와 조선 후기의 묘 1,500여기가 확인되었다. 2,400여기라는 수는 분명 적지 않은 수라고 하겠으나 그 분묘의 조성기간이 400년이 넘는다고 하면 1년에 조성된 분묘는 5~6기에 불과하다.

필자는 먼저 이 구산동분묘군에 묻힌 사람들은 김해도호부 좌부면과 우부면에 살았던 사람들로 볼 수 있고 김해읍성이 위치한 좌부면과 우부면에서는 해반천을 건너 위치하며 거리도 분묘로 조성하기에 그리 멀지 않은 6~7리(2.5km) 정도 떨어져 있다.

그리고 당시의 호구수로 보아 구산동유적이 공동묘지의 성격을 띠고 있지만 조선시대 전반에 걸쳐 좌부면과 우부면에 살았던 호구수를 감안하면 이곳 사람 모두를 위한 묘지는 아니라고 보았다. 아울러 조선 전기의 무덤에서 주로 출토되는 숟가락과 청동합, 그리고 도자기와 장신구 등의 유물이 출토되고 부장품의 출토 위치나 매장 방법이 참으로 다양하게 확인되는 것으로 보아 고려 후기 사회 이래의 장례 전통을 이

새받은 사람들이며 과사명 분청사기나 새롭게 등장하는 백자와 같은 기물로 먼저 받아들일 수 있는 계층으로 상당한 사회적 기반이 있는 계층의 무덤으로 볼 수 있었다.

그러나 조선 개국이후 주자가례에 의한 장례를 치른 사대부층의 무덤이 다수 확인되고 있기 때문에 회격묘나 명기가 전혀 출토되지 않은 구산동유적에서 확인되는 조선시대 전기 무덤의 주인공은 성리학을 새로운 가치이념으로 삼고 주자가례에 의한 장례를 실천한 사대부층으로 보기는 어려웠다. 이와 같이 조선전기 김해지역에 사대부층이 아니면서 어느 정도 사회적 또는 경제적 기반을 가진 층은 일단 중인층 또는 향리층이 아닐까 추정해 보았는데, 조선시대 후기 다른 지역에서 확인되는 이액을 기준으로 보았을 때 구산동유적에서 확인되는 조선전기 무덤의 수와 근접하는 것으로 생각된다.

조선시대 후기에 들어서면 성리학이 당대의 유일한 가치로 등장하지만 좌부면 우부면 지역 인구 증가에 따라 조성된 분묘에서는 뚜렷하게 주자가례에 따른 장례를 지낸 사례는 확인되지 않았다. 이것은 구산동유적이 조선 전기 이후 동일한 집단에 의하여 공동묘지로 사용된 것을 보여주는 것으로 생각되는데 이러한 상황은 한편으로 조선 후기 들어 더욱 심각해진 계급의 분화로 사대부의 장례절차를 따르지 못하였을 가능성도 적지 않다고 생각된다.

이와 같이 구산동분묘군에 묻힌 사람들에 대한 일단의 생각을 정리하여 보았지만 어느 정도 타당한 견해로 볼 수 있을지 그리고 이러한 정황이 다른 지역에서 분청자나 백자, 숟가락이 출토되는 조선분묘군의 피장자로 확대 적용할 수 있을지 아직 시론적 과정에 있어 논지의 전개에 문제점이 적지 않을 것이다. 그렇다고 하여도 필자 스스로는 지금까지 조선시대 분묘 출토 유물에 대한 연구가 도자기나 숟가락, 장신구 등에 대한 유물 중심으로만 이루어지고 있을 뿐 그 사람들에 대한 논의는 전혀 이루어지고 있지 않은 현실에 대한 반성적 접근을 시도한 것만으로 이 글의 의미를 찾고자 한다. 선배 동학의 많은 가르침을 바란다.

영문초록

1. Study on kitchen tools during united Silla Period
-spoons and memorial services-

Spoons are used for people to eat the liquid part of a dish and food. Spoons made during united Silla period include those that have sharp edge of sulip and thin and long handle (Wolji type I), those that have round sulip and thin and long handle (Wolji type II), those that have round edge of sulip and maximum width is located on the higher place than part 4 and have a handle with broad width (Bunhwangsa type), and those that have willow leaf shaped sulip and thin handle (Hanumul type). There is a type that has a wide handle which is connected from sulip and that has round sulip like Wolji type I (Wolji type I -a).

Wolji type and Bunhwangsa type seem to have been used at the almost same time. Hanumul type seems to have appeared in 9th century. Wolji type II is found only in Anapji, which suggests that people who used it were extremely limited or it was made only short period. Wolji type I has been discovered in Gyeongju district and other districts, which suggests that a certain class of people used it and Wolji type I and type II used at the same time.

Considering a spoon owned by Jungchangwon in Japan, Wolji type I and type II appear to have been used as a set and to have been made and used in 7th century at the latest and Wolji type I seems to be used until the late 9th century centering in Gyeongju district. One piece of Bunhwangsa type was excavated in Wolji but it seems that Bunhwangsa type and Wolji type I −a were used at the same time in the provinces. It is estimated that Wolji type II disappeared in a short time and only Wolji type I was used or Wolji type II was used with Bunhwangsa type as a set but I am not positive about it.

That any chopstick has not been unearthed in Gyeongju district is doubtful. Chopsticks that are estimated to have been used during three kingdoms period were unearthed. A set of spoon and chopstick which is estimated to have been introduced to Japan from Tang dynasty is possessed in Jungchangwon in Japan. It remains to be seen whether using wolji type spoon set instead of chopstick was customs of the time or it has not been unearthed yet.

Spoons have been unearthed primarily in places in Gyeongju district which are related to water such as well and wolji. For wolji, it is not known how a spoon was unearthed. On the other hand, a spoon which was unearthed in a well in Gyeongju district is proven that it was buried while the well was destroyed intensionally. People who lived during Shilla period believed that a dragon lives in a well and the founder of Shilla period was born and a well is mystical and therefore it is estimated that they held a memorial service and buried things that were used in memorial service when they destroyed a well to appease spirit.

Receiving reservoirs were built in a fortress made to prepare a fight during three kingdoms period and united Shilla period and scissors, sword, horse gear and farming tools have been unearthed in receiving reservoirs and all types of antiquities unearthed are included in relics unearthed in wolji. Therefore, it is estimated that weapons or horse gear unearthed in a receiving reservoir symbolize the military and were buried as a result of memorial service and spoons or scissors were dedicated to a dragon that was believed to live in a receiving reservoir and supervise water when people held a shamanist service to pray for rain or bumper harvest.

Busosan relic or Pyeongsan relic in Hwanghae Province is estimated to have been used in memorial service. Sunghwangsa temple was located at the top of Busosan mountain and Pyeongsan relic is estimated to have been unearthed in Sunghwang fortress in Sansungri, which implies that they are an offering which is concerned with memorial service. It is estimated that spoons were devoted to a deity as a tool symbolizing a thing to eat in a shamanist service to pray bumper harvest as well as they were used as a tool for people to eat food during unified Shilla period.

keywords

united Shilla period, spoons, form classification, wolji, well, suhyul, Jungchangwon, dragon god

2. The Bronze Spoon of The Tang Dynasty
-Completion and New Change-

A small amount of the bronze spoons were found in the tombs of the Northern and Southern Dynasties, but some earthenware laddles are included as burial goods. One of the most remarkable changes in the Tang Dyanasty, bronze spoon, the completed style of bronze spoon has appeared, which is used from Liao(遼) to Yuan(元).

Changes in the Tang spoons can be largely divided into former and latter period. The most typical relics of the preceding period were excavated from the tomb of 李景由. It can be seen as the former period of Tang, that the basic form of this round front and square rear leaf with a thin, long handle is completed. Available with the same period of spoon, there is a silver plated spoon buried in the Shosoin(正倉院) of Japan.

The vessels in gold or silver from the Middle East and the Mandang period become more diverse and more luxurious, but spoons also share the ark. The 22 spoons excavated from the remains of 浙江省興县窖藏, that is chronicled in the latter part of the Tang Dynasty, are all pointed at the tip of the handle. And the round front of the spoon with the slightly angular shape of the part leading to the spoon are not much different from the preceding time. However, when put the spoon on the floor, the angle of the leaf and the angle of the handle are larger than the preceding time, forming a cross section "S". The spoon excavated from 江苏丹徒丁卯桥窖藏 is almost identical type looking at the angle and shape as the spoon excavated from 浙江省兴县窖藏. In addition, spoons featuring the same cross section are also being unearthed at 西安扶风县 法门寺 地宫. As such, the spoon which had changed into the shape of the "S" section, led to 遼 金, which led to the introduction of the Goryeo Dynasty.

keywords

spoon of Tang, burial goods, change of former and latter, completion and new change, succession, spread and embrace of spoon

3. A Study on Traditional Spoon in Early Koryeo Era during Unified Shilla

Spoon of Koryeo era was changed through exchange with northern region of China and in this study, how spoon before such exchange was used was observed. For this objective, in what background spoon buried in stone-lined tomb together with Haemurigub Cheongjawan in early Koryeo - at latest before early 11c - was derived was reviewed. Such spoon was discriminated in pattern from cross sectional ´S´-shaped spoon being mainly excavated from pit tomb together with diversified things. The writer considered that stone-lined tomb was a traditional tomb ritual in unified Shilla and a tradition of burying spoon or feeding product was popularized in some class of unified Shilla society was proved by bronze ladle excavated from stone-lined tomb during unified Shilla era at Yongjeong-dong, Cheongju.

By the way, as unified Shilla implemented Hanwa policy, this tradition was eventually changed together with partial change of tomb ritual and grave goods and this change was presumed to be derived from Tang dynasty. So to speak, as a tradition of burying whole living things in brick-layered tomb of Tang was passed down to Shilla society, graving method being represented by

Bakjang was considered to be partially changed and this change was handed down to unified Shilla as a tradition up to around 11c. However, as conflict between Koryeo and Georan was eliminated and a lot of Georan people was migrated to Koryeo and tradition of unified Shilla was strongly influenced by Yo from middle of 11c, shape of spoon and contents of buried goods were considered to be changed.

Looking back, on the other hand, as a result of reviewing archaeological data, it was learned that spoon of Yo and unified Shilla succeeded that of Tang but spoon of early Koryeo was not changed to Yo style by succeeding Tang spoon but remained as spoon since unified Shilla. This result is understood that since foundation of Koryeo, spoon being used in some class of unified Shilla was changed to northern region style from the tradition of unified Shilla as its using class was extended and exchange with northern region of China was increased. As an early stage of its foundation, as Koryeo harbored strong hostility against Yo by called it brutal kingdom due to fall of Balhae and they were hesitant in changing their own culture through exchange with outside world while claiming legitimacy for their own culture, change of spoon shape like this is considered to fully reflect the situation at that time.

keywords

spoon, early Koryeo era, tradition of unified Shilla, feeding product, Yo, foreign relation, cultural change

4. The Change of Spoon during late Goryeo Period

Introduced from the Northern area in the early Goryeo in 11th century, the spoon which was 0.2cm in its thick had been buried in the tombs. The spoon had become thicker than before during late Goryeo period with particularly the head part of more than 0.4cm up to 0.7cm. This kind of change has not been reached to the conclusion of Won's influence.

The tradition of burying th spoon can usually be found from the royal tombs as much as bureaucrat's and it had not been changed until the late Goryeo society when Neo-confucianism had commenced. To a certain extent, the increase of burying spoon can be the clue for the novel introduction of the meals such as several types of soups. Even though, it is highly unrelated to the fact of thickened spoon head and so the emerging of lotus-peak type spoon can be the completion of Goryeo-type spoon.

Even so far, it cannot be concluded that the change of the meal types during late Goryeo are influential to the changes of the spoons. Also the meals of late Goryeo seemed to be continued until early Joseon which could not find the clear evidence of transition of the spoon types.

In the mean time, most classes in the society held similar funeral traditions in the early Goryeo period which had been changed afterwards within few classes in the late Goryeo society. However, this kind of changes of funeral customs could not affect overall Goryeo community which had been resulted burying tradition of spoons and life commodities in the Joseon Dynasty.

keywords

spoon, Goryeo tradition, burial goods, types of spoons, Goryeo society

5. 'Cheongye'[天啓] and 'Choe, Malnam[崔末男]' engraved bronze spoons kept in Tongdosa Seongbo Museum-Appendix. Bronze spoon kept in Daegu Donghwasa and Milyang Pyochoongsa

Regarding bronze spoon and chopsticks kept in Yangsan Tongdosa Seongbo Museum, that in Daegu Donghwasa Seongbo Museum and that in Milyang Pyochoongsa Seongbo Museum, its manufacturing time and background were observed.

First, spoon and chopsticks of Tongdosa were total 12 pairs and in view of its engrave, size and shape, 3 pairs of spoon in which Cheongye[天啓] was engraved and that in which Choe, Malnam[崔末男] was engraved were divided. Each size of Cheongye spoon/chopsticks is 47cm and 43.5cm and that of Choe, Malnam 38cm and 35cm and that of Daegu Donghwasa 45.5cm and 40.2cm and that of Milyang Pyochoongsa is 33cm and 26cm.

In case of spoon and chopsticks of which manufacturing time is clear (3rd year of Cheongye (15th year of Gwanghaegun, 1623) and that engraved with Donghwasa, its manufacturing time is similar as its size or model is similar and spoon and chopsticks in which Choe, Malnam was engraved was considered to be manufactured at around end of 17c as ratio scoop(Ratio between length and width of a spoon part that scoops food) is bigger than preceding one. Spoon of Pyochoongsa is a formalized twin-fish type and as its ratio scoop is bigger, it was considered to be manufactured after 18c.

Spoon having size around 40cm was considered to be used for ancestral rite and it was judged that spoon for ancestral rite was manufactured at temple as Confucian style rite was accepted under the situation that interference of Confucianism was unavoidable due to a policy of worshipping Confucianism and suppressing Buddhism.

Such situation was observed in terms of the fact that shape of Buddhist tool remained at temple is not different from ancestral rite tool being used at shrine and it was also confirmed that Confucianism styled ancestral tablet remained at a lot of temples in the name of wooden tablet and additionally, in high priests' portrait, portrait of high priest sitting on a chair was handed down and such chair was used in Confucianism styled rite.

In addition, it is considered that Maehwa(plum/梅花), chrysanthemum, bamboo(竹), flower paintings(花卉) were left in temple wall as Confucian idea was reflected in Buddhist temple.

What is regrettable is that even one piece of spoon was not designated as cultural properties representing food culture tradition of our country notwithstanding that it represents our food culture. If it was not designated as it is too common, it is also not acceptable as an excuse.

Furthermore, 3 pieces of spoon being introduced this time is rare data in which clear manufacturing time of '3rd year of Cheongye', a place called 'Tongdosa' and Hwajoo(the chief executive of charity) name called 「化 仅寛」 were left as inscription.

There is every reason to designate spoon that is food cutlery representing our valuable food culture as cultural properties and personnel concerned shall designate spoon as cultural properties and take it as a symbol of protecting our valuable food culture tradition within the shortest time possible.

keywords

spoon & chopsticks, inscription, twin-fish type, ratio scoop, Tongdosa, Donghwasa, Pyochoongsa, Buddhism, Conficianism, influences, ancestral rite

6. Use of Chopsticks during Joseon Dynasty reflecting the archaeological evidences

The biggest social event during the novel Joseon Dynasty would be the introduction of the Neo-Confucianism to the social system and political ideology, and there must have been several attempts to accept the new concept in their society.

The tradition of Goryeo which buried diverse objects such as spoons, chopsticks and celadon to the tombs had been commenced since Goryeo was highly involved with the Northern people in China. According to the Confucian Ritualism, however, which was main initiative of Joseon idealism of that time, the tradition of Goryeo was not in accordance with the Joseon. In the meantime, the tradition of the funeral had kept changed since Goryeo, and this took more than 200 years to settle the funeral system of Joseon.

During the late Joseon, the tradition of funeral had been changed which buried less spoons or few white celadon and coins into the tombs. To a certain extent, no more burial goods were usually found in the tombs. Although the funeral system had been changed, it should be highlighted that spoons were still the main utensils of dining during the Joseon Dynasty. Therefore, the primary dining composition was still rice, soup and dishes.

From the evidence found in the tombs, the usage of chopsticks of early Joseon was quite rare. After the Japanese Invasion, Manchu Invasion and Great Famine, Joseon's cuisine from the ingredients to diet, preserving techniques and publication of new recipe had been introduced in 18th Joseon.

Given the painting which was drawn in this period, people who hold chopsticks were the solid evidence that chopsticks were highly used in this period. Also it is presumed that chopsticks were developed with the normalization of auspicious confucian ceremony. During the ceremony, the utensils such as dishes, tools and foods seem to be unified which resulted the requisite use of chopsticks for the ceremony.

keywords

chopsticks, spoons, Joseon Dynasty, Japanese Invasion, Tradition of Goryeo, Neo-Confucianism, Ritual Ceremony, paintings

7. A Study on the Class of the Buried Person in Gusan-dong Site, Kimhae

In Gusan-dong Site, more than 2,400 tombs of Chosun Dynasty have been excavated, and the number of the existing remanent whose relics were excavated is more then 900. People buried in this Gusan-dong Site were lived in the left side and right side of Kimhaedohobu金海都護府 according to the location of relics.

And, the relics of Gusan-dong are the cemeteries according to the placement state of its existing remanent, but considering the number of households lived in the left side and right side throughout the Chosun Dynasty, they are not the tombs for all these people. Moreover, the relics such as spoon, bronze thing, pottery and accessories excavated mainly in the tomb at the early period of Chosun are excavated, and its excavation location and burial type were varied. This indicated that the buried people have inherited the funeral tradition since the society at the latter period of Koryo, and that they were of the class accepted first with a Buncheongware or new white porcelain, with considerable social basis.

However, as numerous tombs of noblemen who were buried by confucian ritualism after the foundation of Chosun are verified, those buried people at the tomb in the early period of Chosun, which was identified in the relic of Gusan-dong with no Hoekyuk tomb灰隔墓 or Myungki明器 excavated did not seem to be the noblemen that having the Neo-confucianism as new value philosophy, practiced the funeral by confucian ritualism. Like this, it was estimated that the class being not the noblemen of Kimhae at the early period of Chosun, has the social or economic basis to some extent was first the middle class or Hyangri 鄕吏 class, but it is thought to be approximated to the number of tombs at the early period of Chosun identified in the relics of Gusan-dong from Eaek 吏額 identified in the other zone at the latter period of Chosun.

Entering the latter period of Chosun, the neo-confucianism is appeared as unique value of that time, but in the tomb formed according to the increased population in the left and right side, no case of having a funeral according to the confucian ritualism was identified. This indicated that the relics of Gusan-dong has been used as a cemetery by the same group after the early period of Chosun, but this situation has no less possibility that they could not follow the funeral arrangement of nobleman due to the differentiation of class more criticized at the latter period of Chosun.

keywords

Gusan-dong Chosun cemetry, Gusan-dong Site, Grave goods, Eaek, Class, Hyangri, Confucian ritualism, Tradition

나가는 글

숟가락에 대한 글을 쓰다 보니 사람들이 이제 또 쓸게 있습니까 하고 물어보기도 한다. 사실 공부의 길에는 끝이 없다. 공부를 할수록 느끼는 말이다. 소크라테스가 말했다. 너 자신을 알라. 누군가 물었다. 당신은 당신 자신을 알고 있습니까? 소크라테스가 답했다. 적어도 내가 나를 모른다는 것은 알고 있다. 그런 말도 있다. 유한한 인생에 무한한 지식을 좇는 것은 위험한 일이다.

어쨌거나 숟가락이 왜 지금의 형태를 하고 있으며 길이는 왜 그 정도이며 재료는 어떻게 하여 스텐레스가 주가 되었으며 지금도 많은 숟가락에 인삼이며 꽃이며 용과 같은 문양을 새기고 있는지 필자는 다 모른다. 또한 숟가락의 재료-금수저, 은수저, 흙(도기)수저, 나무수저 등-가 가지고 있는 구체적인 함의가 어떤 것인지, 왜 청자나 백자로는 숟가락을 잘 만들지 않는지도 모른다. 또한 숟가락의 재료에 따라 무게가 모두 다르겠지만 그것이 어디까지 받아들여지고 어디부터는 받아들여지지 않는 것인지도 알지 못한다.

고고학자는 사물의 변화를 연구하고 그에 대한 답을 할 수 있기를 바라는 사람들이다. 삼국시대 이후 고려시대를 거쳐 조선시대에 이르기까지 숟가락과 젓가락의 길이가 구체적으로 어떻게 변하였으며 또 그 이유는 무엇이냐고 물어보면 더욱 궁색해 진다. 여기에는 웬만한 고려 조선분묘에서 출토되는 숟가락과 젓가락을 각 부분별로 모두 계측을 한 다음 그 결과를 연구하여 답하여야 하는데 시간과 돈이 허락하지 않으니 마음만 가득할 뿐이다. 또한 오늘날 일본을 바라보면 일제강점기에 당시 한국 사람들이 일본 식문화와 함께 들이닥친 일본의 젓가락을 어떻게 바라보았을지 궁금하다. 질문에 질문을 만들어 끝없이 이어진다. 사실 알고 있는 것보다는 모르고 있는 것이 더 많다.

　사물은 그 자체로서도 의미가 있지만 그것이 속해 있는 한 단위에서 서로의 관계를 좀 더 깊이 이해하면서 보면 그 기능을 잘 파악할 수 있게 된다고 생각한다. 숟가락은 밥을 떠먹고 국을 떠먹는 도구이니 이론적으로는 식도구와 깊은 관련이 있을 수밖에 없다. 이런 관점에서 숟가락이 밥그릇, 국그릇, 반찬그릇, 밥상 등과 함께 이해하여야 할 대상으로 본다면 지금까지 필자가 해 온 숟가락에 대한 작은 연구는 식도구 전반을 이해하기 위한 시작에 불과한 것이 된다.

이렇게 생각해 오면 필자가 찾아낸 고고학적 사실은 얼마 되지 않고 하찮은 것일지도 모르겠다. 그러나 지식이 힘을 발휘하는 것은 그 얼마 되지 않는 지식이 쌓이고 쌓였을 때라고 생각한다. 작은 물로서는 물레방아를 돌릴 수 없지만 물이 모여서 물길을 이루고 도랑을 만들면 물레방아도 돌릴 수 있고 수력발전소의 터빈을 돌릴 수 있다. 작은 지식이 거대한 지식의 세계에 조금이라도 보탬이 되었다면 그것으로 족하다. 하여 다음의 길을 준비하는 것이다.

아직 필자 앞에는 적지 않은 과제가 남아 있다. 일본에는 10세기 이전의 숟가락은 남아 있지만 13세기만 넘어가면 숟가락을 사용하지 않는다. 여러모로 우리와는 다른 일본이지만 숟가락을 이른 시기에 버린 이유도 알고 싶다. 중국은 우리에게 숟가락을 전해 준 나라지만 이제 중국 사람들은 숟가락을 쓰지 않는다.「筷子」를 쓴다. 스스로 쾌자 종주국이라고 한다. 맞을 것이다. 그런데 일본은 나름 젓가락 종주국을 중국에게 내 줄 생각이 없다. 지난 젓가락 국제학술대회에 나가서 알게 된 사실이다. 일본에 있는 유수한 백화점에 있는 생활잡화코너에 가면 젓가락만 따로 팔고 정말 다양한 재질과 문양과 가격의 젓가락을 파는 가게도 성업 중이다. 필자는 대한민국을 숟가락 종주국이라고 자처하고 싶은데 우리나라는 숟가락만 따로 파는 가게는 없다. 왜 그럴까? 우리 문화에 대한 자부심, 자긍심, 아니 우리 문화의 정체성에 대한 자각이 부족한건 아닐까?

중국의 음식문화와 관련된 숟가락 공부는 아직 많이 남아 있다. 숟가락과 젓가락의 시작이 중국이니 두말할 여지가 없다. 어떻게 제사도구가 개인 식도구가 되었는지 이번 책에서 대충 얼버무렸지만 구체적인 과정은 아직 잘 모른다. 또 명나라가 건국되면서 숟가락을 더 이상 쓰지 않게 되는데 중국의 북방과 남방의 식생활에서 비롯된 숟가락과 젓가락의 사용에 대한 구체적인 상황은 필자는 알지 못한다. 중국고고학에 정통해야 하는 이유가 여기 있고 중국 글과 말에 능통해야 하는데 족탈불급이다. 그래도 부족한대로 책을 읽고 글을 쓰고자 하는 것은 어제보다 오늘 조금 더 아는 게 많아졌다는 생각이 들기 때문이다.

어쨌거나 숟가락은 우리 식탁문화를 대표하는 도구가 되었다. 역사적인 결과로서 증명이 되며 이웃나라와 비교해서도 우리 식탁문화의 정체성 같은 것이 되었다. 김장을 담그기와 나누기가 세계문화유산으로 지정되었다고 들었다. 필자는 식탁에서 시종일관 숟가락을 사용하는 식탁문화가 우리 먹거리 역사를 증명하는 것이며 고고유물로서는 오늘날까지 그 과정을 증명하는 핵심 도구라고 생각하여 유네스코 세계문화유산으로 지정되어도 부족함이 없다고 믿는다.

참고문헌

史書 및 地理志

『慶尙道續撰地理志』

『慶尙道地理志』

『高麗圖經』

『高麗史』

『國朝五禮儀』

『金海府內地圖』

『金海府邑誌』

『東國李相國集』

『三國史記』

『三國遺事』

『禪家龜鑑』

『新增東國輿地勝覽』

『輿地圖書』

『禮記』

『朝鮮王朝實錄』

『朱子家禮』

『春官通考』

『海東地圖』

『戶口總數』

辭典

경인문화사, 2015,『한국도자사전』

국립문화재연구소, 2001,『韓國考古學事典』

중국대백과전서출판사, 1998,『중국대백과전서-고고학』

圖錄

간송미술관 소장, 김득신『풍속화첩』

국립가야문화재연구소, 2008,『한국의 고대목기』연구자료집 제41집

국립경주문화재연구소, 2006,『특별전 분황사 출토유물』특별전 도
　　록 제2책

국립고궁박물관, 2014,『종묘(宗廟)』

국립공주박물관, 2010,『새로운 만남 백제의 목기』

국립공주박물관, 2011,『무령왕릉을 격물하다』

국립민속박물관, 2007,『한민족역사문화도감 식생활-국립민속박물
　　관 소장품』

국립부여박물관, 1998,『중국낙양문물명품전』

국립중앙박물관 소장,『단원풍속도첩』

국립중앙박물관, 2008,『고려왕실의 도자기』

궁중유물전시관, 2004,『종묘대제문물』

奈良國立博物館, 1988,『第40回 正倉院展』昭和 63年

奈良國立博物館, 2002,『第54回 正倉院展』平成 14年

奈良國立博物館, 2015,『第67回 正倉院展』平成 27年

奈良國立博物館, 2018,『第70回 正倉院展』平成 30年

대구방짜유기박물관, 2008,『방짜유기에 담긴 혼』

東京國立博物館, 1998,『宮廷の榮華 唐女帝 則天武后と その時代展』

東京美術館, 1998,『唐の女帝·則天武后と その時代展, 宮廷の榮華』

불교중앙박물관, 2007,『2007 상설전』

삼성미술관 리움, 2004,『삼성미술관 소장품선집 고미술』

西安市文物保護考古所, 2012,『西安文物精華-金銀器』, 世界图书出
版公司

서울시립대학교박물관, 2009,『고려인의 영원한 삶 단양 현곡리』
발굴성과전

숭실대학교 한국기독교박물관, 2008,『기산 김준근 조선풍속도』

新潟縣近代美術館, 1999,『中國の正倉院 法門寺地下宮殿の祕寶
「唐皇帝からの贈り物」』展圖錄

大阪市立東洋陶磁美術館, 2015,『新發見 高麗青磁 -韓國水中考古
學成果展-』日韓國交正常化50周年記念 國際交流特別展

진홍섭 편저, 1985,『국보 5.공예』, 예경산업사

香江出版有限公司, 1999,『法門寺』

통도사성보박물관, 1994,『통도사성보박물관 명품도록』

통도사성보박물관, 2014,『통도사성보박물관소장유물 명품』

單行本

강인희, 1993,『한국식생활사』[제2판], 삼영사

고경희, 1989,『안압지』빛깔있는 책들 28, 대원사

국립가야문화재연구소, 2008,『한국의 고대목기-함안 성산산성을
중심으로-』연구자료집 제41집

국사편찬위원회, 2003,『한국사』, 탐구당

권기중, 2010,『조선시대 향리와 지방사회』경인한국학연구총서88, 경인문화사

김상보, 2006,『조선시대의 음식문화-음식을 통해 보는 조선시대· 조선사람』, 가람기획

김용선, 2001,『개정판 고려묘지명집성 상·하』, 한림대학교 출판부

金龍善 編著, 2012,『高麗墓誌銘集成 第五版』, 한림대학교 출판부

김재만, 1999,『契丹·高麗關係史研究』, 국학자료원

나종진 지음·정대영 옮김, 2012,『중국고고학-위진남북조』, 영남문화재연구원 학술총서 8, 사회평론

마르티나 도이힐러 지음·이훈상 옮김, 2013,『한국의 유교화 과정-신유학은 한국사회를 어떻게 바꾸었나』, 너머북스

문화재청, 2002,『조선왕조 종묘와 제례』

민긍기, 2005,『김해의 지명』, 김해문화원

박채린, 2013,『조선시대 김치의 탄생-조선시대 김치문화의 성립과 김치 식속의 다면성 연구』, 민속원 아르케스007

尹瑞石 著·佐佐木道雄 譯, 2005,『韓國食生活文化 歷史』, 明石書店

이난영, 1992,『한국고대금속공예연구(韓國古代金屬工藝研究)』, 일지사

李西興, 1994,『陝西青銅器』, 陝西人民美術出版社

이석희 지음·최인선 외 번역, 2020,『국역추성지』, 담양군·순천대학교 문화유산연구소, 도서출판 이안

이성우, 1981,『식생활사 문헌연구 한국식경대전』, 향문사

이수건, 1984,『한국중세사회사연구』, 일지사

이해원, 2010,『중국의 음식문화』학술연구총서 73, 고려대학교출판부

정의도, 2014,『한국고대순가락연구』, 경인문화사

齐东方, 1999,『唐代金银器研究』, 中国社会科学出版社

齐东方 지음·이정은 옮김, 2012, 『중국고고학 수·당』, 영남문화재연구원 학술총서 9, 사회평론

朱天舒, 1998, 『辽代金银器』, 文物出版社

최준식·정혜경, 2004, 『한국인에게 밥은 무엇인가』, 휴머니스트

한국국학진흥원 연구부, 2014, 『일기를 통해 본 조선후기 사회사』, 새물결

한국문화재조사연구기관협회, 2013, 『성곽조사방법론』, 사회평론아카데미

湖南省博物館, 2009, 『湖南宋元窖藏金銀器發現與硏究』, 文物出版

論文

基信祐爾, 2011, 「契丹墓の 壁畵に 見る 風俗」, 『草原の王朝 契丹』, 國立九州博物館

김국보, 2008, 「조선후기 경상도지역 고승진영 연구」, 동아대학교 대학원 박사학위논문

김윤희, 2019, 「김해지역 조선전기 백자전개 양상-김해 구산동유적 출토품을 중심으로」, 『한국중세고고학』 6호

나선하, 2006, 「조선 후기 나주향리 연구」, 전남대학교 대학원 박사학위논문

나종진 지음·정대영 옮김, 2012, 『중국고고학-위진남북조』

內藤榮, 2018, 「正倉院所藏の朝鮮半島遺物」, 『정창원 소장 한반도 유물 국제학술심포지엄』, 국립문화재연구소

박남수, 2018, 「정창원 매신라물해를 통해 본 신라 물품 교역」, 『정창원 소장 한반도 유물 국제학술심포지엄』, 국립문화재연구소

박일훈, 1963, 「경주 삼릉석실고분-전 신라신덕왕릉-」, 『미술자료』 8, 국립중앙박물관

신은제·허선영, 2011, 「14세기 동기의 유행과 그 의미 : 고려시대 분묘유적을 중심으로」, 『석당논총』 51, 동아대학교석당학술원

윤성재, 2009, 「고려시대 식품의 생산과 소비」, 숙명여자대학교 박사학위논문

이경미, 2007, 「한국고대 용봉문양의 역사고고학적 연구」, 성균관대학교 사학과 박사학위논문

이난영, 1975, 「한국시저의 형식분류」, 『역사학보』 67, 역사학회

이난영, 1977. 6, 「부소산 출토 일괄유물의 재검토-그 연대를 중심으로-」, 『미술자료』, 국립중앙박물관

이종민, 2002, 「한국의 초기청자 연구」, 홍익대학교 대학원 박사학위논문

이종수, 2014, 「탐라와 몽골의 음식문화 유사, 상이점」, 『인문과학연구』 22, 동덕여자대학교 인문과학연구소

이희인, 2017, 「나말여초 분묘 변화에 대한 시론적 검토-중서부지역을 중심으로-」, 『한국중세고고학』, 창간호

장남원, 2009, 「10~12세기 고려와 요·금 도자의 교류」, 『미술사학』 23, 한국미술사교육학회

전승창, 2001, 「용인 서리요지 출토유물 검토」, 『용인서리 고려백자 요지의 재조명』, 용인시·용인 문화원

정의도, 2007, 「고려시대 철제가위연구」, 『경문논총』 창간호

정의도, 2007, 「제장으로서 산성연구:진산을 중심으로」, 『문물연구』 제11호, 동아시아문물연구학술재단·한국문물연구원

정의도, 2007, 「한국고대청동시저연구-고려시대」, 『석당논총』 38, 동아대학교 석당학술원

정의도, 2008, 「청동순가락의 등장과 확산-삼국시대~통일신라시대-」, 『석당논총』 42, 동아대학교 석당학술원

정의도, 2009, 「무령왕릉 출토 청동시저연구(武寧王陵 出土 靑銅匙箸研究)」, 『선사와 고대』 30, 한국고대학회

정의도, 2009, 「송·요·금·원묘 시저 및 철협 출토경향-고려묘 부장품과 관련하여-」, 『문물연구』 제15호, 재단법인 동아시아문물연구학술재단

정의도, 2010, 「송은 박익선생묘 출토유물의 고고학적 해석」, 『선사와 고대』 제33호, 한국고대학회

정의도, 2011, 「경남지역 조선전기 숟가락연구」, 『문물』 창간호, 한국문물연구원

정의도, 2012, 「조선시대 분묘출토 유물의 지역성-김해구산동유적과 은평 진관동유적의 비교연구-」, 『문물』 제2호, 한국문물연구원

정의도, 2013, 「고려전기 분묘 출토 쌍어형숟가락 연구」, 『동아문화』 15, 동아세아문화재연구원

정의도, 2013, 「조선후기 숟가락의 변화」, 『문물』 제3호, 한국문물연구원

정의도, 2013, 「Ⅲ. 성곽의례와 제사」, 『성곽조사방법론』, 한국문화재조사연구기관협회, 사회평론아카데미

정의도, 2014, 「양산 용당 가야진사」, 『문물』 제4호, 한국문물연구원

정의도, 2016, 「중세고고학의 진전을 위하여-고고철학적 시대구분론-」, 『한국고고학보』 100, 한국고고학회

정의도, 2017, 「고려후기 숟가락의 변화」, 『한국중세고고학』 창간호, 한국중세고고학회

정의도, 2017, 「통일신라 전통의 고려초기 숟가락연구」, 『한국중세고고학』 2호, 한국중세고고학회

정의도, 2018, 「중국당대숟가락-완성과 새로운 변화-」, 『문물』 제8

호, 한국문물연구원

정종수, 1988, 「강희안묘 발굴조사보고」, 『미술자료』 41호, 국립중앙박물관

주경미, 2007, 「화엄사 서오층석탑 출토 사리장엄구의 고찰」, 『2007 상설전』, 불교중앙박물관

秦浩, 1983, 「唐代金銀器的分期-兼論江苏丹徒出土唐代金銀器的时代」, 江苏考古学会

채웅석, 2017, 「고려전기 다원적 국제관계와 인식대응」, 『고려의 국제적 개방성과 자기인식의 토대』, 제 114회 한국중세사학회 학술대회자료집

최규순, 2009, 「우리나라 출토 복식의 발굴현황 분석」, 『제27회 학술발표자료집』, 단국대학교 석주선기념박물관 개관28주년기념

최응천, 2018, 「정창원 금속공예의 연구현황과 과제」, 『정창원 소장 한반도 유물 국제학술심포지엄』, 국립문화재연구소

한혜선, 2016, 「고려 전기분묘 출토 자기해무리굽완의 확산과 소비 양태」, 『한국중세사연구』, 한국중세사학회

홍보식, 2004, 「통일신라의 장·묘제」, 『통일신라시대의 고고학』, 제28회 한국고고학대회자료집

報告書

경남고고학연구소, 2004, 『진주 무촌 I·II-고려·조선묘군』

경남고고학연구소, 2005, 『창녕 말흘리유적』

경남고고학연구소, 2006, 『사천 덕곡리유적』

경남고고학연구소, 2009, 『김해 구산동유적 I~X』

경남문화재연구원, 2006, 「기장 정관산업단지 진입도로부지 내 유적 발굴조사」 현장설명회 자료06-24.10

경상북도문화재연구원, 2007,『대구 옥포 본리토지구획정리사업지구 내 달성본리리고분군 발굴조사보고서』

경상북도문화재연구원·영진전문대학, 2014,『칠곡 송정리 산45-2번지유적(Ⅱ구역)』학술조사보고 제213책

경주문화재연구소, 1994,『경주서악지역 지표조사보고서』, 학술연구총서 7

경주문화재연구소, 1995,『헌강왕릉 수습조사보고서』, 학술연구총서 10

경주시·신라문화유산연구원, 2015,『경주 천관사지(3차)-유적정비를 위한 학술조사보고서-』조사연구총서 제76책

경주시·신라문화유산연구원, 2016,『경주재매정지-유적정비를 위한 학술발굴조사보고서-』조사연구총서 제84책

『考古』, 1955~2010, 科學出版社

고려대학교박물관·경기도·한국토지개발공사, 1992,『전주이씨 태안군묘(쌍분) 발굴조사보고서』

국립경주문화재연구소, 2002,『신라왕경』발굴조사보고서

국립경주문화재연구소, 2005,『분황사』발굴조사보고서

국립경주문화재연구소, 2012,『경주 동궁과 월지Ⅰ』발굴조사보고서

국립경주박물관, 2002,『국립경주박물관부지내 발굴조사보고서-미술관부지 및 연결통로부지-』학술조사보고서 제15책

국립부여문화재연구소, 2007,『제주고씨 선산분묘 출토복식연구』고고직물Ⅰ, 학술연구총서 제43집

국립문화재연구소 문화재보존과학센터, 2012,『진성이낭묘 출토유물보존』

국립부여문화재연구소, 2009,『왕흥사Ⅲ』학술연구총서 제52집

국립중원문화재연구소, 2008,『중원의 산성』

국립해양문화재연구소, 2010,『태안 마도 1호선』

국립해양문화재연구소, 2011,『태안 마도 2호선』

국립해양문화재연구소, 2012,『태안 마도 3호선』

공주대학교 박물관·대전지방국토관리청, 2003,『염창리고분군』

기전문화재연구원·에스제이종합건설, 2005,『용인 보정리 소실유적 시·발굴조사 보고서』

기전문화재연구원·한국토지공사, 2001,『남양주 호평·평내 택지개발지구내 문화유적시·발굴조사보고서Ⅰ-조선시대 분묘군-』학술조사보고 제21책

기호문화재연구원·경기도시공사, 2011,『광교신도시문화유적Ⅴ-광교신도시 개발사업부지 내 3지구 유적발굴조사- 12·13·14지점』

김재원·김원룡, 1955,『4286년 발굴보고 경주노서리 쌍상총, 마총, 138호분』,국립박물관 고적조사보고 제2책

김재원·윤무병, 1961,『감은사지발굴보고서』국립박물관 특별조사보고 제2책, 을유문화사

대구광역시 달성군·한빛문화재연구원, 2015,『달성 성하리유적Ⅳ-고려·조선시대편-』학술조사보고 41

동서문물연구원·한국토지주택공사, 2012,『울산 복산동 손골유적』

동아대학교 박물관, 2002,『밀양 고법리벽화묘』고적조사보고 제35책

동아세아문화재연구원, 2008,『창원 귀산동 조선분묘군』

동아세아문화재연구원, 2010,『김해 죽곡리유적Ⅱ』

동아세아문화재연구원·창원시, 2009,『창원 가음정 복합유적』발굴조사보고서 제29책

동훈·우리문화재연구원, 2010,『창녕 힐마루골프장 예정부지내 창녕 초곡리유적』학술조사보고 31

『文物』, 1950~2010, 文物出版社

문화공보부 문화재관리국, 1973, 『무령왕릉』

문화공보부 문화재관리국, 1978, 『안압지』

문화재연구소 경주고적발굴조사단, 1990, 『경주 용강동고분 발굴조사보고서』

문화재청·재)대한불교조계종 유지재단 문화유산발굴조사단, 2008, 『한국의 사찰문화재 전국사찰문화재일제조사 대구광역시/경상북도Ⅰ』

문화재청·재단법인 불교문화재연구소, 2008, 『한국의 사찰문화재 전국사찰문화재일제조사 대구광역시/경상북도Ⅱ』

문화재청·재단법인 불교문화재연구소, 2009, 『한국의 사찰문화재 전국사찰문화재일제조사 경상남도Ⅰ』

문화재청·재단법인 불교문화재연구소, 2010, 『한국의 사찰문화재 전국사찰문화재일제조사 부산광역시/울산광역시/경상남도Ⅱ』

문화재청·재단법인 불교문화재연구소, 2011, 『한국의 사찰문화재 전국사찰문화재일제조사 경상남도Ⅲ』

문화재청·사단법인 성보문화재연구원, 2008, 『한국의 사찰벽화 사찰건축물 벽화조사보고서/경상남도』

문화재청·사단법인 성보문화재연구원, 2009, 『한국의 사찰벽화 사찰건축물 벽화조사보고서/경상남도』

문화재청·사단법인 성보문화재연구원, 2010, 『한국의 사찰벽화 사찰건축물 벽화조사보고서/대구광역시·경상북도』

문화재청·사단법인 성보문화재연구원, 2011, 『한국의 사찰벽화 사찰건축물 벽화조사보고서/대구광역시·경상북도』

문화재청·사단법인 성보문화재연구원, 2014, 『한국의 사찰벽화 사찰건축물 벽화조사보고서/전국』

삼강문화재연구원, 2012,『창녕 영산 서리 조선묘군-창녕 영산 서리 농공단지 조성부지 내 유적 시·발굴조사』

陜西省考古研究院·法门寺博物·市文物馆·宝鸡市文物局·扶风县博物馆, 2007,『法门寺考古发掘报告上·下』, 陜西省考古研究院田野考古报告 第45號, 文物出版社

서울문화유산연구원, 2012,「서울 도봉서원 복원사업부지내 매장문화재 발굴조사 약식보고서」

서울시립대학교박물관·한국도로공사, 2008,『丹陽 玄谷里 高麗古墳群』학술총서 제4집

성림문화재연구원, 2008,『경산 신대·부적 조선묘군』학술조사보고 제25책

성림문화재연구원, 2008,『청도 대전리 고려·조선묘군Ⅰ』학술조사보고 제19책

성림문화재연구원, 2008,『청도 대전리 고려·조선묘군Ⅱ』학술조사보고 제20책

신라문화유산연구원, 2016,『경주 노동동 12번지유적-경주역사도시문화관 건립부지 발굴조사 보고서-』조사연구총서 제82책

영남대학교박물관, 2000,『권수와 권경남 부자 묘의 조사보고서』학술조사보고서 제34책

영주시, 1998,『판결사 김흠조선생 합장묘 발굴조사보고서』

우리문화재연구원, 2008,『함양 황곡리유적』

우리문화재연구원, 2009,『밀양 용지리 유적』

우리문화재연구원, 2009,『의령 운암리유적』

우리문화재연구원, 2010,『창녕 초곡리유적』

우리문화재연구원, 2014,『창녕 화왕산성 내 집수시설』

울산박물관, 2013,『학성이씨 일가묘 출토유물』

원광대 마한백제문화연구소·진안군·한국수자원공사, 2001,『수천리고려고분군』

임효재·최종택, 1990,『한우물』호암산성 및 연지발굴조사보고서, 서울대학교 박물관

전남대학교 박물관·광주광역시도시공사, 1999,『광주 쌍촌동 주거지』

전북문화재연구원·전주시, 2007,『전주 유상리유적』

浙江省文物考古所学刊, 1981,「陈元甫 姚桂芳 临安县唐水邱氏墓发掘报告」

浙江省文物考古所學刊, 1981,「臨安縣 唐 水邱氏墓 發掘簡報」

『中國考古集成 華北卷-北京市, 河北省, 天津市, 山西省編/ 華北卷-河南省, 山東省編/ 華東卷-江蘇省, 安徽省編/ 華東卷-江西省, 上海市, 浙江省編, 東北卷』

『中国考古集成』[华北卷 北京市 天津市 河北省 山西省] [华北卷 河南省 山省] [华北卷] [华东卷 江苏省 安徽省] [华东卷 上海市 江西省 浙江省]

중앙문화재연구원·SH공사·두산건설㈜·금호건설㈜, 2009,『은평뉴타운 제2지구C공구 내 은평 진관동분묘군IV』발굴조사보고 제156책

중앙문화재연구원·SH공사·두산건설㈜·금호건설㈜, 2010,『은평뉴타운 제2지구C공구 체육시설부지내 은평 진관동분묘군VI』발굴조사보고 제167책

중앙문화재연구원·중소기업진흥공단·논산시, 2001,『논산 지방산업단지부지내 논산원북리유적』발굴조사보고 9

충북대학교 중원문화연구소·보은군, 2005,『보은 삼년산성』중원문화연구총서 제46책

충주박물관, 2004,『이응해장군묘 출토복식』

충청문화재연구원, 2008,『서천 옥남리유적(날머리 I · II 유적·갓재골유적·
　　원개들유적·우아실유적)』

한강문화재연구원·SH공사·동부건설(주)·포스코건설(주), 2010,『서
　　울 진관동유적 II 』유적조사보고 제9책

한강문화재연구원·SH공사·금호건설(주)·삼성물산(주)·대우건설(주),
　　2010,『서울 진관동유적 III 』유적조사보고 제11책

한강문화재연구원·SH공사·현대건설(주), 2010,『서울 진관동유적
　　 IV 』유적조사보고 제16책

한국문화재보호재단 경주시, 2007,『경주 북문로 왕경유적 II -서부
　　동 북문로 도로개설구간(봉황로~서성로)내 시·발굴조사보고서-』
　　학술조사보고 제191책

한국문화재보호재단·인천시검단개발사업소, 2007,『인천 원당동유
　　적 I 』

한국문화재보호재단·탑스리빙월드, 2010,『경주 동천동 696-2번지
　　유적-공동주택 신축부지 발굴조사보고서』학술조사보고 제
　　222책

한국문화재보호재단·한국토지공사, 1999,『청원 오창유적 I 』

한국문화재보호재단·한국토지공사 경북지사, 2000,『대구칠곡3택지
　　(2·3구역)문화유적 발굴조사보고서 I · II · III 』학술조사보고 제
　　62책

한국문화재보호재단·한국토지공사, 2000,『청주용암유적 I · II 』, 학
　　술조사보고 74

한국토지주택공사·경남문화재연구원, 2010,『부산 고촌 택지개발
　　사업지구 내 고촌유적(I 지구)』

수록된 글의 출전

이 책에 실린 각 논문은 아래에 게재된 것을 수정 · 보완한 것이다.

1. 「통일신라시대 식도구 연구-숟가락과 의례」, 『석당논총』 제73집, 동
   아대학교 석당학술원, 2019

2. 「中國 唐代 숟가락- 완성과 새로운 변화」, 『문물』 제8호, 한국문물연
   구원, 2018

3. 「統一新羅 傳統의 高麗 初期 숟가락 研究」, 『한국중세고고학』 제2호,
   한국중세고고학회, 2017

4. 「고려후기 숟가락의 변화」, 『한국중세고고학』 창간호, 한국중세고고
   학회, 2017

5. 「통도사 성보박물관 소장 「天啓」 銘과 「崔末男」 銘 청동수저」, 『문물』
   제6호, 한국문물연구원, 2016

6. 「고고자료로 본 조선시대의 젓가락 연구」, 『문물연구』 제29호, 재단
   법인 동아시아문물연구학술재단, 2016

7. 「김해 구산동분묘군 피장자 계층 연구」, 『문물』 제10호, 한국문물연
   구원, 2020

찾아보기

ス

ㅊ

정의도

부산출생.

l'université de Toulouse. 3ème cycle de l'histoire
et civilization docteur ès lettres

재단법인 한국문물연구원 이사장 겸 원장

사단법인 한국성곽학회 회장

한국중세고고학회 회장

동아대학교 사학과 겸임교수

• 연구저서 및 연구논문

『한국고대숟가락연구』『영남의 고고학』『성곽연구조사방법론』

「양산 가야진사」「통일신라 식도구 연구-숟가락과 의례-」「제장으로서 산성연구」

「용인 할미산성」「장도 청해진설 비판」 등이 있다.

jefsabre@gmail.com

한국 고대 숟가락 연구 2

초판 인쇄 : 2020년 11월 23일
초판 발행 : 2020년 11월 30일

지은이 : 정의도
펴낸이 : 한정희
펴낸곳 : 경인문화사
주　소 : 경기도 파주시 회동길 445-1 경인빌딩 B동 4층
전　화 : 031-955-9300
팩　스 : 031-955-9310
이메일 : kyungin@kyunginp.co.kr
홈페이지 : http://www.kyunginp.co.kr

값 27,000원
ISBN 978-89-499-4926-0　93910